청춘, 고전에 길을 묻다 3

청춘, 고전에 길을 묻다 3

초판1쇄 인쇄 2023년 2월 13일
초판1쇄 발행 2023년 2월 24일

기획   단국대학교 교양기초교육연구소
지은이   김민수 김원중 김유미 김주언 백주진 성은애 윤승준 이봉우 이유진 조헌국
            김은석 나예림 여지우 조건희 오태연 유승주
펴낸이   이대현
편집   이태곤 권분옥 임애정 강윤경
디자인   안혜진 최선주 이경진
마케팅   박태훈

펴낸곳   도서출판 역락
출판등록   1999년 4월 19일 제303-2002-000014호
주소   서울시 서초구 동광로 46길 6-6 문창빌딩 2층 (우06589)
전화   02-3409-2060
팩스   02-3409-2059
홈페이지   www.youkrackbooks.com
이메일   youkrack@hanmail.net

ISBN 979-11-6742-526-3 04080
      979-11-6742-331-3 04080(세트)

이 책은 2022년 대한민국 교육부와 한국연구재단의 지원을 받아 수행된 연구임.
(NRF-2022S1A5C2A04092622)

청춘,

고전에 길을 묻다

3

단국대학교 교양기초교육연구소

역락

100세 철학자 김형석 교수는 문화적으로 세계인의 정신적 지주가
된 나라로 영국, 프랑스, 독일, 러시아, 미국을 들면서, 이들 나라의 공
통점은 국민의 절대 다수가 100년 이상 독서한 나라였다는 데 있다고
한 바 있다. 그러면서 1970년대 대기업 대졸 신입사원 연수에 특강을
하러 가면 대학 시절 고전을 10권 이상 읽은 사람이 있는지 묻곤 했는
데, 안타깝게도 10권은커녕 5권도 읽은 사람이 없었다고 하기도 했다.

1917년 콜럼비아대학의 존 어스킨(John Erskine) 교수는 일주일에 한
권의 고전을 읽고 토론하는 우등교육과정(General Honors Course)의 개설
을 제안했는데, 그가 이와 같은 프로그램을 제안한 것은 진정으로 교육
받는 최선의 방법은 과거의 위대한 고전들에 몰입하는 것이라고 여겼
기 때문이다. 이 고전 읽기 프로그램은 현대 문명(modern civilization) 강좌
와 함께 콜럼비아대학의 교육을 대표하는 양대 축을 형성하면서 미국
대학에 커다란 영향을 끼쳤다.

위대한 저서 읽기 프로그램(Great Book Program)으로 널리 알려진 시
카고대학의 허친스(Robert M. Hutchins) 총장은 1929년 30세의 젊은 나이
로 총장에 취임했는데, 취임 이듬해인 1930년 그는 교수들에게 일주일
에 2시간씩 학생들과 한 권의 위대한 저서에 대해 토론하는 시간을 갖
자고 제안했다. 시카고대학의 오랜 전통으로 뿌리내린 이 위대한 저서

읽기 프로그램은 이후 세인트존스칼리지의 Liberal Education 프로그램으로 이어지면서 지금까지도 세계적인 관심의 대상이 되고 있다.

1970~80년대 우리나라에서도 독서 운동이 뜨겁게 일어났다. 1968년 자유교육협회 주관으로 시작되었던 자유교양대회가 그 대표적인 것이라 할 수 있는데, 이 대회는 초·중·고 학생들을 대상으로 고전 읽기를 장려하기 위한 것이었다. 그런데 지정 도서를 읽고 시험을 통해 우수한 성적을 거둔 학생들을 선발하여 시상하는 대회를 운영하다 보니, 본래의 취지와는 달리 과도한 경쟁을 부추겨 고전 독본을 강매하고 학부모 부담을 가중시키는 등 부작용이 나타나면서 1975년 중단되고 말았다. 이후 학교마다 독서 진작을 위한 개별적인 노력을 기울여 왔으나, 입시 위주의 교육 풍토 속에서 그 참뜻을 살려 나가는 데에는 한계가 있었다.

독서 교육에 대한 인식의 전환은 2000년대 들어 대학에서 일기 시작했다. 동덕여자대학교는 기존의 「대학국어」를 「독서와 토론」으로 개편하면서 학생들과 함께 책을 읽고 토론하는 교육을 시작했다. 이후 숙명여자대학교, 덕성여자대학교, 중앙대학교, 부산대학교, 동국대학교를 비롯한 많은 대학에서 고전 읽기 교육을 실시하고 있다. 단국대학교에서도 2020년부터 「명저읽기」라는 교과목을 교양필수 교과목으로 개설하여 운영해 오고 있다. 고전 읽기 교육은 학생들 스스로 책을 읽고 이야기를 나누면서 자신이 생각지 못했던 것을 동료 학생들로부터 듣고 배울 수 있는 기회를 제공한다는 점에서 교육적 효과가 기대 이상으로 크다. 책을 읽으면서 스스로 자신의 세계를 넓혀감과 동시에 그에 대해 이야기를 나누는 과정에서 다시 한번 자신의 세계를 확장하고 깊이 있게 만드는 경험을 하게 되기 때문에, 학생들 스스로 자신의 변화와 성장을 체감하고 발견하게 하는 것이 고전 읽기 교육이라고 할 수 있다.

단국대학교 교양기초교육연구소는 『청춘, 고전에 길을 묻다』 세 번째 책을 세상에 내놓는다. 이번 세 번째 책 역시 우리 학생들이 고전 명저를 읽고 함께 이야기하며 생각을 넓혀가는 데 조금이나마 도움이 될 수 있기를 바란다. 이번 세 번째 책이 앞서 펴낸 두 권의 책과 차이가 있다면, 학생들이 필진으로 직접 참여했다는 점이다. 질문자로서만이 아니라 답변자로서 학생들이 스스로 생각하고 느낀 것을 글로 풀어내게 함으로써, 우리 학생들이 책을 통해 어떤 생각을 하고 어떻게 변화하며 성장해 가는지를 직접 확인할 수 있는 기회가 되도록 한 것이다. 교수와 학생의 질문과 답변, 생각과 글이 한 데 어우러지면서 고전 명저를 매개로 한 교학상장의 장을 실천할 수 있게 된 것을 기쁘게 생각하며, 그 기쁨을 함께 나눌 수 있는 교수와 학생들이 더 많아지기를 기대한다.

끝으로 귀한 글을 보내주신 교수님들과 학생들, 그리고 『청춘, 고전에 길을 묻다』 3권이 세상에 빛을 볼 수 있도록 애서 주신 교양기초교육연구소 식구들에게 애정 어린 감사의 마음을 전한다. 아울러 난삽한 원고를 보기 좋게 편집해 주시고 예쁘게 만들어주신 도서출판 역락에도 깊은 감사를 드린다.

2023년 2월
단국대학교 교양기초교육연구소
소장 윤승준

제2부 : 개인의 삶과 공동체의 질서

제3부 ː 과학으로 보는 인간과 지구의 미래

제1부

—

문학, 인간의 삶과 역사

고난에 맞서는 인간의 지혜

―호메로스, 『오뒷세이아』

성은애

이렇듯 누군가 부모님에게서 멀리 떨어져 낯선 나라의 풍요한 집에 거한
다 해도 고향땅과 부모보다 달콤한 것은 아무것도 없는 법이라오. 자, 나
는 그대에게 내가 트로이아를 떠난 후 제우스께서 내게 지우신 고난에 찬
여정에 관해서도 말씀드리겠소이다.

호메로스의 두 서사시

단비   호메로스Hómēros; Homer[1]라는 작가는 어떤 사람인가요? 간단히
소개해주세요.

---

1   그리스어 고유명사는 로만 알파벳으로 변환하여 철차를 표기하고, 많이 사용되
는 영어식 철자가 있는 경우 함께 표기한다.

성 교수 호메로스는 고대 그리스의 시인입니다. 고대 서사시의 대표작인 『일리아스』와 『오뒷세이아』를 썼다고 알려져 있습니다. 워낙 옛날 사람이라 신원에 대한 내용이 역사적 사실로 확정되어 있지 않고 전해지는 토막 정보들만 있습니다.[2]

호메로스   출처: iStock

단웅이 개인사가 거의 알려져 있지 않고, 『일리아스』와 『오뒷세이아』라는 두 작품으로만 알려져 있다면, 이 두 작품이 한 사람의 작품이라는 증거는 있나요?

성 교수 그것도 좀 애매하긴 합니다. 호메로스가 단일한 실존 인물인지, 아니면 두 서사시를 기록한 집단을 지칭하는 이름인지, 『일리아스』와 『오뒷세이아』가 과연 한 사람의 작품이라고 볼 수 있을 것인지조차도 여전히 논란이 되고 있습니다. 두 작품이 이오니아 방언으로 쓰인 것으로 봐서 두 작품을 텍스트로 기록한 사람이 소아시아의 이오니아 지역 출신이라는 주장은 대체로 받아들여지고 있는데요, 완성도가 꽤 높다는 것을 제외하면 두 작품의 소재나 스타일이 매우 다르기도 해서, 두 작품이 서로 다른 시기에 다른 사람에 의해 쓰였다

---

2 호메로스의 정체에 대한 논란과 기타 내용은 『청춘, 고전에 길을 묻다 2』에 수록된 「일리아스」편에 자세히 기술되어 있으니 참고하기 바란다.

는 설도 있습니다. 이 모든 문제가 '호메로스 문제'라는 이름으로 오랜 세월 동안 논쟁과 연구의 대상이 되었다는 정도만 지적하고 넘어가지요.[3]

단비 두 작품의 스타일 차이는 구체적으로 어떤 것을 말하나요?

성 교수 『일리아스』가 트로이 전쟁의 한 국면에서 벌어지는 영웅들끼리의 장대한 투쟁을 보여준다면, 『오뒷세이아』는 신과 영웅의 이야기가 아니라 주인공의 초자연적인 모험담에 집중한 '로맨스' 장르[4]에 가까운 형태를 보여줍니다. 『일리아스』가 인간들 사이의 전쟁을 사실주의적으로 아주 생생하게 묘사하면서 동시에 신들 사이의 갈등을 병행하여 보여준다면, 『오뒷세이아』는 신들의 역할은 최소화된 대신 괴물이나 마법사 등 초자연적인 현상이 인간 오디세우스에게 계속 고난을 선사하고 그것을 오디세우스가 기지와 용기로 헤쳐 나가는 스토리로 되어 있다는 차이가 있지요.

---

3 이 내용 역시 『청춘, 고전에 길을 묻다 2』에 수록된 「일리아스」편을 참조하기 바란다.

4 중세 유럽에서 유행하던 기사를 주인공으로 한 모험담. 초자연적인 현상이나 인물이 등장하고, 사실이 아니거나 과장된 스토리를 갖고 있다. 기사는 자신이 연모하는 숙녀를 위해서 목숨을 건 모험을 감행하기 때문에 후에 '로맨스'라고 하면 연애 스토리를 말하는 것으로 의미가 변했고, 다른 한편으로는 사실주의와 반대 개념으로 즉 '판타지'라는 의미로 사용되기도 한다.

『오뒷세이아』와 트로이 전쟁

단뭉이 『오뒷세이아』라는 제목은 무슨 뜻인가요?

성 교수 『일리아스』(영어식으로 '일리아드')가 트로이의 고대 명칭이었던 '일리움'의 노래라는 의미라면, 『오뒷세이아』(영어식으로는 '오디세이') 는 트로이 전쟁의 영웅들 중 한 명인 오디세우스에 관한 이야기라는 뜻입니다. 즉 트로이의 목마를 고안하여 그리스 연합군의 승리에 핵심적인 공을 세운 오디세우스가 전쟁 후 귀향하는 과정과 고향인 이타케에 돌아와서 원래의 일상을 회복하기까지의 복수극을 그린 서사시입니다.[5]

단비 트로이 전쟁에는 오디세우스만 참전한 것이 아니고, 이타케는 고대 그리스의 도시국가 중에서도 규모가 아주 작은 변방의 국가라고 할 수 있는데, 굳이 오디세우스를 주인공으로 삼은 이유는 무엇일까요?

성 교수 트로이 전쟁에는 고대 그리스의 모든 도시국가들이 참전했기 때문에, 전쟁이 끝난 후 전쟁 영웅들이 고향으로 귀환하는 이야기도 무수히 많았을 것으로 추측됩니다. 아킬레우스는 트로이에서 전사했으니 귀향 스토리가 없지만, 총사령관 아가멤논은 승리를 거두고 트로이의 공주 캇산드라를 포로로 잡아 고향 아르고스로 돌아갔는데

---

5 트로이 전쟁에 관한 배경 이야기는 『청춘, 고전에 길을 묻다 2』에 수록된 「일리아스」편을 참조하기 바란다.

바로 왕비 클뤼타이메스트라에게 죽임을 당하고,[6] 전쟁의 원인이 된 헬레네와 재회한 메넬라오스는 자신을 버리고 파리스를 따라간 헬레네를 용서하고 함께 스파르타로 귀환[7]하지요. 트로이 측에도 헥토르를 비롯한 많은 영웅들이 사망하고, 여성들은 포로로 잡혀가는 고난의 후일담이 있습니다.[8] 로마 시인 베르길리우스Publius Maro Vergilius 70-19 BC는 아이네이아스Aineias가 가족들과 트로이 유민들을 데리고 트로이를 빠져나와 역시나 험난한 방랑을 거쳐 지금의 이탈리아 반도 라티움[9]에 정착하여 라비니움을 건설하는 과정을 서사시 『아이네이스』 Aeneis로 썼지요. 지금까지 텍스트가 전해진 작품들이 이정도이니까, 트로이 전쟁의 후일담을 다룬 작품들이 당시에는 훨씬 더 많이 있었

6 　이것이 아이스퀼로스의 '오레스테스 3부작(오레스테이아 Oresteia)', 즉 〈아가멤논〉, 〈제주를 바치는 여인들〉, 〈자비로운 여신들〉의 모티프가 되었다. 아가멤논은 〈아가멤논〉에서 아내 클뤼타이메스트라의 손에 찔려 죽는데, 이 에피소드는 호메로스의 『오뒷세이아』에 이미 나와 있다. 그래서 아이스퀼로스는 자신의 비극이 "호메로스의 잔칫상에서 남은 부스러기로 만든 것"이라고 하였다.

7 　호메로스의 『오뒷세이아』에서 오디세우스의 아들 텔레마코스는 아버지의 소식을 알아보려고 이미 귀향하여 안착한 메넬라오스와 헬레네를 만나러 라케다이몬(=라코니아, 스파르타)으로 간다. 에우리피데스의 비극 〈헬레네〉는 파리스와 트로이로 간 것은 헬레네의 허상이며, 실제의 헬레네는 이집트의 왕 프로테우스에게 붙들려 있었다는 설정을 취하고 있다.

8 　대표적으로 헥토르의 부인 안드로마케의 스토리가 있다. 에우리피데스의 비극 〈트로이아의 여인들〉과 〈안드로마케〉는 트로이 패망 이후 안드로마케가 포로로 잡혀 아킬레우스의 아들 네오프톨레모스와 살게 되는 과정, 네오프톨레모스와 메넬라오스의 딸 헤르미오네의 관계, 네오프톨레모스의 죽음과 헬레노스와의 결혼 등이 묘사된다. 프랑스 고전주의 작가 장 라신(Jean Racine 1639-1699)의 〈앙드로마크〉도 안드로마케를 주인공으로 삼은 극이다.

9 　고대 로마가 성장한 지역을 말함. 현재의 로마 시에서 서남쪽으로 20km 가량 떨어진 콜리 알바니 산을 중심으로 한 평야지역.

을 것으로 추측되고 있습니다. 어떻게 보면 오디세우스라는 영웅을 다룬 이 작품이 후대 사람들에게 더 사랑을 많이 받아서 살아남게 된 것이라고도 할 수 있지요.

단웅이 오디세우스라는 영웅이 유독 사랑받게 된 이유는 무엇일까요?

성 교수 아마 고대 그리스의 문학 작품 중에서 오디세우스는 가장 개성이 강한 인물일 것입니다. 오디세우스가 고향에 돌아오기까지 이런 정도의 고난을 경험한 것은 결정적으로 그가 바다의 신 포세이돈과 대립하게 되었기 때문이에요. 1권을 보면, 포세이돈이 아이티오페스족에게로 간 틈을 타서 올림포스 신들이 오디세우스의 귀향을 몰래 결정해버려요. 아테나가 오디세우스를 도와주기는 하지만, 아무래도 포세이돈의 눈치를 봐야 하니까 전면적으로 도와주기는 힘든 상황이라고 할 수 있습니다. 게다가 칼립소는 오디세우스에게 자신의 남편이 된다면 자신처럼 불멸의 존재가 될 수 있다고 유혹하기까지 하거든요. 그러니 굳이 이타케로 돌아가지 않아도 충분히 편안하게 영생을 누릴 수 있는 선택지가 있었던 셈이죠. 그러나 오디세우스는 영생의 유혹을 뿌리치고 척박하고 초라한 고향으로 돌아가겠다고 해요. 기왕 집을 떠난 지 20년이나 지났는데 귀향이 뭐 별거냐 생각할 수도 있고, 돌아가고 나서도 상황이 불확실하고 난관이 예상되지만, 그럼에도 불구하고 돌아가겠다고 결단한 것 자체가 감동적인 면이 있어요. 게다가 불굴의 의지와 뛰어난 지략으로 고난을 하나하나 극복하는 과정 자체가 인간적 미덕의 승리라고 할까, 신들과 대립하지 않으면서도 동시에 신의 분노를 넘어서서 본인의 능력으로 자신의 목적을 쟁취하는 스토리이기 때문에 독자들의 공감과 사랑을 받는 것이 아닌가 합니다.

단비　트로이라는 고대 도시의 존재는 '역사적 사실'로 입증되었잖아요. 그러면 트로이 전쟁 이후의 스토리를 다룬 『오뒷세이아』는 역사적 사실과 무관한 순수 판타지인가요?

성 교수　트로이 전쟁 자체가 트로이에서 발굴된 유물로 확실히 입증되었다고 보기는 어렵지만, 당시 그리스 지역의 미케네 문명의 존재, 그리고 그리스 지역의 도시 국가들과 소아시아 지역과의 군사적 분쟁 등은 역사적 사실이라고 할 수 있습니다. 반면 트로이 전쟁이 끝난 후 연이어 괴물과 만나고 귀향이 지연되는 등 오디세우스가 겪은 고난의 디테일은 완전히 판타지에 속한다고 할 수 있죠. 외눈박이 거인 폴뤼페모스나 사람을 짐승으로 변신시키는 키르케, 노래로 뱃사람들을 홀리는 세이렌, 진퇴양난의 고난을 묘사한 스퀼라와 카륍디스 등은 『일리아스』에 묘사된 영웅들의 결투와 같은 수준의 '사실'이라고 할 수는 없으니까요. 그런 면에서 마법사가 등장하고 용감한 기사가 불을 뿜는 용과 싸우는 중세 기사도 로맨스와 더 가깝다고 한 것입니다. 그러나 이 작품에 묘사된 당시의 문화라든가 세계관 등은 당대 현실의 반영이라고 할 수 있을 것 같아요. 가령, 어떤 지역을 통치하는 왕족의 가족 구성(그리스어로는 오이코스oikos라고 합니다)이 대가족과 음유시인, 양치기, 농부 등의 집단들이 하나의 경제단위로 통합되어 있는 상황을 반영한 것이라든가, 크세니아ˣᵉⁿⁱᵃ[10]라고 불리는 손님 접대의 문화가 플롯의 진행에 핵심적인 역할을 하는 것 등을 보면, 고대 그리스인들의 세계관이 현실적으로 잘 그려져 있다고 볼 수 있겠습니다. 또한 『일리아스』에 비해서 올림포스 신들의 역할이 매우 제한되어 있는 것을 보면, 조금 더 인간의 세계에 중점을 두고 있다고 볼 수 있을 것 같습니다.

고대 서사시의 전승 과정

단웅이　이 작품은 고대 서사시라는 장르에 속한다고 하는데, 이 서사시라는 장르에 대해서 알고 싶습니다.

성 교수　서사시Epic Poetry는 일반적으로 고대 영웅들의 뛰어난 행적을 다루는 장편 이야기시라고 정의할 수 있습니다. 호메로스는 『일리아스』와 『오뒷세이아』라는 두 편의 고대 영웅 서사시를 쓴 작가로 알려졌지요. 서사시 장르에 대한 기본적인 설명은 이 문답식 해제의 『일리아스』편을 참조하시면 되겠습니다.

10　중앙에 집중된 권력이 통치하는 근대국가의 개념이 아직 없었고 해적이나 도적들의 위협이 늘 도사리고 있었던 고대 그리스에서 여행은 결국 손님을 환대하며 우정을 쌓아나가는 신뢰의 연쇄에 의지할 수밖에 없었다. 고대 그리스인들은 크세니아의 미덕을 매우 중시했고, 신들이, 특히 제우스가 낯선 나그네로 변장하여 찾아올 수도 있다고 믿었으며, 따라서 여행자들을 환대하는 것이 인간의 도리라고 생각했다. 찾아온 손님을 환대하면 나중에 자신이 그 지역으로 여행할 때 보답을 받을 수 있고 안전한 여행을 할 수 있다고 여겼던 것이다.

음유시인 데모도코스

단비 『일리아스』가 가지고 있는 서사시의 일반적인 특징 이외에
『오뒷세이아』만의 특징은 어떤 것이 있을까요?

성 교수 일단은 『오뒷세이아』 가운데 시인 호메로스의 신원과 서사시
의 기원을 짐작할 수 있는 캐릭터가 등장한다는 점을 들 수 있을 것
같습니다. 바로 데모도코스Demodokos라는 인물인데요. 눈먼 음유시인
으로서 궁정의 연회에 초빙되어 트로이 전쟁 이야기를 노래로 들려
주는 역할을 하지요. 8권의 내용에 따르면, 뮤즈가 그를 너무 사랑
하여 좋은 것과 나쁜 것을 다 주었다고 합니다. 즉 시력을 빼앗은 대
신 아름다운 노래를 부를 수 있는 능력을 주었다는 것이죠. 이를 보
면 그 당시에 시각 장애인이 음유시인으로 생계를 꾸리는 상황을 사

람들이 일반적으로 받아들이고 있었음을 알 수 있습니다.[11] 물론 음유 시인이 다 시각 장애인인 것은 아니지만요. 여기서 중요한 것은 시인이 '쓰는 사람'이 아니라 '노래하는 사람'이라는 개념이 받아들여지고 있었다는 점입니다. 즉 서사시가 기본적으로는 구전 시oral poetry에서 비롯되었다는 것을 보여주는 거죠.

단웅이 그 밖에 스토리의 중간에서부터in medias res 이야기를 시작하는 것이라든가, 반복되는 수식어 같은 서사시의 특징적인 기법이 여기서도 동일하게 사용되는 것인가요?

성 교수 그렇습니다. 흔히 알려진 오디세우스의 모험담은 오디세우스가 이타케로 귀향하기 직전 마지막 머무른 파에아케스족의 나라에서 오디세우스가 연회장에 모인 사람들에게 자신의 신분을 밝히며 트로이 전쟁 이후의 모험담을 이야기해주는 형식의 플래시백으로 처리되거든요. 9권에서 12권까지가 우리가 알고 있는 '오디세우스의 모험' 이야기예요. 그러다 13권부터는 오디세우스가 이타케로 귀환하여 원래의 자기 자리를 찾아가기까지의 과정이 묘사됩니다. 일종의 복수극 스토리가 작품의 절반을 차지하는 데 이 부분에는 판타지의 요소가 거의 등장하지 않아요. 그러니까 스토리 자체는 오디세우스가 귀

---

11 시각 장애인은 신들로부터 다른 능력으로 보상받았다는 관념이 있었음을 알 수 있다. 음유 시인 말고도, 앞을 못 보는 예언자 테이레시아스는 시각장애인이지만 미래를 볼 줄 아는 '제 2의 시각'을 가졌다고 여겨졌다. 시각 장애 외에도 신체적 장애가 있는 대장장이 신 헤파이스토스처럼, 신체의 장애가 있는 경우 비장애인이 갖지 못한 특별한 능력 한 가지를 보상으로 받는다는 개념을 갖고 있었던 것으로 보인다.

향하기 직전에서 시작되어 오디세우스의 '모험'은 나중에 플래시백으로 처리된다는 겁니다.

단비 처음에 오디세우스의 아들이 주인공처럼 등장하는 것도 특이합니다.

성 교수 그렇습니다. 1권부터 4권까지는 오디세우스가 본격적으로 등장하지 않아요. 1권에서 올림포스 신들이 오디세우스의 거취를 놓고 토론하는 장면을 보면 우리가 흔히 알고 있는 오디세우스의 모험은 이미 과거의 일이고, 오디세우스는 마지막으로 칼륍소에게 붙들려 있는 상태인 것으로 나오지요. 1권부터 4권까지는 오디세우스의 아들 텔레마코스가 아버지의 소식을 알아보려고 퓔로스와 라케다이몬으로 가서 오디세우스를 아는 사람들에게 오디세우스의 행적을 물어보고 이야기를 듣는 것으로 이루어져 있어요. 이 부분을 따로 떼어내서 〈텔레마케이아〉Telemacheia; Telemachy라고도 해요. 오디세우스가 집을 떠날 때 갓난아기였던 텔레마쿠스가 스무 살이 되어 아버지를 찾아나서는, 일종의 성장 서사로 읽을 수 있지요.

단웅이 그래서 그런지 같은 서사시 장르라도 『일리아스』에 비해 훨씬 이야기가 다채롭고 역동적인 것 같습니다.

성 교수 그렇습니다. 『일리아스』와 마찬가지로 총24권으로 이루어져 있지만, 아킬레우스의 분노와 전투에 집중되어 있는 『일리아스』에 비해서, 『오뒷세이아』는 1-4권은 오디세우스의 아들 텔레마코스의 모험담이고, 5권에서 12권까지는 오디세우스가 이타케로 돌아오기까지의 모험담으로 구성되어 있어요. 모험담도 현재와 과거를 오가면서 여러 장소들이 등장하고 서로 다른 모험의 에피소드가 다양하게 열거되기 때문에 지루할 새가 없는 것이 특징입니다. 11권에서는 저승(=하데스)에 다녀오기도 하고요. 그러다가 13권부터 24권까지는 이타케에 돌아온 오디세우스가 페넬로페에게 구혼하는 자들이 우글거리는 궁전에 거지로 변장하고 들어가 복수하는 과정이 세밀하게 묘사되어 있기 때문에, 작품의 설정과 어조가 급격하게 바뀌어 다채롭다는 느낌을 줍니다. 아마 이러한 이유들로 인해서 『일리아스』보다 대중적으로 많이 읽히고 각색도 많이 되는 것으로 보입니다. 이야기의 순서는 『일리아스』가 앞서지만, 고대 서사시라는 장르를 처음 읽게 된다면 『오뒷세이아』부터 읽는 것이 좀 더 편한 접근법일 수 있을 것 같습니다. 실제로도 처음 읽으면 대개의 독자들이 『오뒷세이아』가 훨씬 재미있다고 하는 경향이 있어요. 물론 조금 더 페이스가 느리고 지루한 대목도 있는 『일리아스』에 먼저 도전해서 읽어낸다면 『오뒷세이아』는 대중적인 스토리라서 훨씬 쉽게 읽어낼 수 있을 겁니다.

단비 『일리아스』나 『오뒷세이아』 같은 구전 서사시가 일단 기록으로 만들어지고 난 후에는 어떻게 현대까지 전승되었을지 궁금합니다. 처음에는 파피루스에 기록되었다고 알고 있습니다.

성 교수 맞습니다. 호메로스의 두 서사시는 총 24권으로 이루어져 있는데, 처음에 텍스트가 기록된 파피루스 두루마리 1개가 1권이었을 것이라고 추측하고 있습니다. 혹은 내용상 하루가 마무리되는 지점,

아니면 연회에서 음유시인의 1회 공연에 맞는 분량이 1권으로 설정되었다는 설도 있습니다. 어쨌든 텍스트로 기록된 이후에도 음유시인의 공연은 계속 이루어졌을 것입니다. 공연하는 사람마다 원본 텍스트를 조금씩 수정하거나 자기 나름대로 각색해서 불렀을 것이고요. 마치 가수들이 공연마다 조금씩 애드리브를 다르게 하는 것처럼 말이죠. 그러다가 기원전 6-5세기경, 호메로스의 '정본' 텍스트를 확정하려는 움직임이 포착됩니다. 아테네의 참주들이 문학과 예술을 후원하면서 호메로스의 텍스트 편찬도 시도했던 것이죠. 그래서 이오니아 방언으로 되어 있던 호메로스의 텍스트에 아테네 방언(소위 '아티카' 방언)이 첨가됩니다. 문헌학자들의 연구에 의하면 대략 기원전 530년경에 아테네에서 호메로스의 텍스트가 정비되었을 것으로 추측되어요. 물론 그 이후에도 텍스트가 옮겨지면서 조금씩 없던 내용이 추가되거나 수정되었을 것으로 판단하고 있습니다. 그러다 기원전 4세기경부터 시에 대한 학문적인 연구가 시작되어서, 기원전 300년경의 알렉산드리아 도서관 등에서 호메로스의 텍스트에 대한 본격적인 보존과 연구가 시작된 것으로 보입니다.

단웅이 그런데 우리는 어차피 고대 그리스어에서 번역된 텍스트를 읽게 되잖아요. 현대 그리스어와도 많이 다르다고 알고 있어요. 각 언어별로 호메로스의 번역이 엄청난 작업일 것 같아요.

성 교수 그렇습니다. 일단 영어권의 경우를 보면, 18세기에 와서야 그리스어 고전들이 본격적으로 번역되기 시작해요. 그런데 라틴어는 중세 시대부터 유럽 지식인들의 공용어였기 때문에 르네상스 시대에 전파된 그리스 작품이나 문헌들은 대개 라틴어 번역본이었다고 보시면 돼요. 라틴어는 지식인들이라면 거의 필수로 배웠지만, 그리스어는 대학 교육을 받은 사람들 중에서도 그리스에 관심이 있는 특별한 사람들이 배우는 언어였기 때문에, 대부분의 독자들은 자국어로, 그렇지 않으면 라틴어로 호메로스를 읽을 수밖에 없었지요. 낭만주의 시인인 키츠John Keats 1795-1812의 시 〈채프먼의 호머를 처음 보고〉On First Looking into Chapman's Homer는 대학교육을 받지 못한 키츠가 조지 채프먼 George Chapman 1559-1634의 호메로스 번역본을 보고 새로운 세계를 접한 환희를 노래한 것입니다. 무엇보다도 호메로스의 서사시는 운율과 정확한 표현이 중요한 '시'이기 때문에, 내용만 산문으로 풀어쓰면 원문의 느낌이 사라지지요. 물론 산문 번역보다 시 번역이 훨씬 어렵기 때문에, 호메로스 번역은 아직까지도 완전히 해결되지 않은 어려운 과제라고 할 수 있습니다. 현재까지도 계속 새로운 번역본들이 각 언어로 나오고 있으니까요.

단비   우리나라의 경우는 어떤가요? 대개 어린이용으로 간추려져서 번역된 동화책이나 만화책도 많은 것 같습니다만.

성 교수   어린이용으로 축약된 것을 제외하고 '완역본'을 기준으로 하면, 호메로스의 한국어 번역은 초창기에는 대부분 영어본을 중역한 것이었다고 보입니다. 게다가 운문을 살리지 않고 그냥 소설책처럼 산문으로 번역한 것들이 대부분이었어요. 최초로 고대 그리스어 원전을 번역한 판본은 바로 천병희(단국대 명예교수1939~2022)[12] 번역본입니다. 영어본, 독어본을 참조했다고 밝히고 있지만, 기본적으로는 옥스퍼드대 출판부에서 발간한 그리스어판 〈호메로스 전집〉*Homeri Opera*을 번역 저본으로 쓰고 있다고 해요. 그리스어 고전 번역에서는 '레전드'라고 할 수 있지요. 현재 한국에서 시판되는 대부분의 그리스 고전은 천병희 교수의 것이라고 보시면 됩니다. 대학시절부터 『일리아스』에 반해서 평생 사명감을 가지고 고전 번역을 해 오신 분이니 정말 존경받아 마땅하다고 생각됩니다. 이제 차세대 고전 번역가가 나오길 기대해봐야죠.

영웅 오디세우스

단웅이 오디세우스는 어떤 개성을 가지고 있고, 왜 그리스를 대표하는 영웅이라고 하는지요?

성 교수 오디세우스는 『일리아스』의 영웅 아킬레우스와 전혀 다른 성격을 지니고 있고, 비극적 영웅 헥토르와도 다릅니다. 오디세우스에 따라다니는 수식어들을 보면 그의 개성을 짐작할 수 있는데요. 그에

---

12 횔덜린을 전공한 독문학자로서 독일 하이델베르크 대학교에 유학하여 북바덴 주정부에서 실시하는 라틴어, 그리스어 검정 시험에 합격하고 귀국 후에 『일리아스』 번역을 필두로 하여 라틴어, 그리스어 고전 번역에 매진하였다. 1980년대 초부터 최근까지 수십 권의 그리스 로마 고전저작들을 '원전 번역'하여 '국보급 원전 번역가'로 알려졌다. 단국대학교 독어독문학과에 재직하다 2004년에 정년퇴임하였다.

오디세우스　　　출처: iStock

게 가장 자주 따라붙는 수식어는 "지략이 뛰어난"입니다. 즉 고대 영웅 전사들이 보편적으로 가지고 있는 신체적 위력이나, 전투 능력보다는 재빠른 판단력, 처세술, 언변 등이 강조되는 것이죠. 이는 『오뒷세이아』가 전쟁 이야기가 아니라 고난을 극복하고 고향으로 돌아가는 내용이기 때문에, 전투에서의 능력보다는 돌발 상황에 대처하는 능력이 더 중요하기 때문이기도 합니다. 『일리아스』에 등장한 오디세우스는 트로이 전쟁 중 갈등을 겪는 아가멤논과 아킬레우스 사이를 중재하는 역할을 한다거나, 트로이 진영에서 정보를 빼오는 일을 하는 등, 언변 좋은 지략가로서의 면모를 드러낸 바 있어요. 또한 그리스 신화의 다른 에피소드에도 종종 등장하는데, 트로이 전쟁에 참전하기를 거부하는 아킬레우스의 정체를 밝혀 출정하도록 유도한다든가, 아킬레우스가 죽은 후 그의 갑옷을 물려받게 된다든가, 트로이 전쟁에서 승리하는 데 핵심적인 역할을 하는 헤라클레스의 활을 가져오거나 '트로이의 목마'를 고안하여 승리의 결정적인 계기를 마련하는 등, 주로 신체적인 능력보다는 머리를 써서 사람들 사이의 의사소통을 원활하게 하거나 기발한 꾀를 내어 문제를 해결하는 능력이 출중한 것으로 나옵니다.

트로이 목마

단비　"지략이 뛰어난" 것 외에 다른 특징들도 있나요?

성 교수　"라에르테스의 아들"이라는 수식어도 종종 등장해요. 고대 서
　　사시의 영웅들은 개인으로서보다는 특정한 가문의 일원으로서 전쟁
　　터에 나가고, 가문의 명예를 위해서 무력을 사용하는 경향이 많기 때
　　문에, 아버지의 이름과 함께 등장하는 것이 흔한 일이죠. "고귀한"이
　　라는 수식어도 마찬가지고요. 그 외에 오디세우스에게서만 보이는
　　수식어로는 "불운한"이 있는데, 이는 트로이 전쟁에서 승리하고도
　　10여년을 고향에 돌아가지 못하고 방랑해야 했던 오디세우스의 처지
　　를 설명한 것이죠. 본인의 잘못으로 벌을 받은 것이 아니라, 정말 운
　　이 나빴다는 뜻입니다. 바다를 관장하는 포세이돈의 분노 때문에 배
　　만 타면 풍랑을 만나고 표류하게 되지만, 올림포스의 나머지 신들은

오디세우스를 가엾게 생각하는 상황이니까요. 또 다른 수식어는 "현명한"인데 이는 "지략이 뛰어난"과 통하는 얘기라고 할 수 있겠습니다. 특이한 것은 "참을성 많은"이라는 수식어인데, 이는 가령 아킬레우스처럼 본인의 감정을 숨기지 않고 즉각 드러내는 영웅과는 차이가 있지요. 지략이 뛰어난 성격과 연결되는 지점이기도 해요. 어떤 감정이 생기더라도 미래에 벌어질 상황을 고려하여 희로애락의 감정을 즉시 드러내지 않고 때를 기다릴 줄 안다는 뜻이죠. 아킬레우스 같은 영웅은 자신의 욕망과 열정에 충실하여, 죽음을 무릅쓰고 자신이 원하는 방향으로 전력질주 하지만, 오디세우스는 고향에 돌아가서 가족을 만난다는 최종 목표를 위해서 한순간의 열정에 휘둘리지 않고 차근차근 합리적으로 생각하고 필요에 따라서 한걸음 물러나거나 절제할 줄 안다는 것입니다.

단웅이 『일리아스』와는 전혀 다른 영웅상을 보여준다는 것인가요?

성 교수 그렇습니다. 미국의 방송인 파디먼Clifton Fadiman 1904-1999은 『오뒷세이아』가 "우리의 한계가 아닌 가능성을 강조하며, 죽음과 맞선 용기가 아니라 고난에 맞서는 지성을 보여준다"고 요약합니다. 아킬레우스가 자신의 죽음을 예견하면서도 운명에 맞서 돌진하는 고귀하고 웅대한 전사의 모습을 보여준다면, 오디세우스는 신과 괴물들이 설정해놓은 고난을 순전히 자신의 지략과 능력을 이용하여 슬기롭게 극복하고 마침내 가족과 함께 하는 일상을 회복하는 영웅이지요. 아킬레우스가 반인반신이라면, 오디세우스는 신들의 사랑을 받는 인간 영웅입니다. 이 이야기에서는 특히 아테나가 오디세우스를 도와주는

데, 그리스 신화에서 신들이 이렇게까지 인간에 대해 세심하게 배려
하는 경우는 매우 드물다고 할 수 있습니다.

단비 그렇게 보면 아킬레우스보다 인격적으로 훨씬 완벽한 영웅이
라고도 할 수 있겠군요. 아킬레우스보다 전사로서의 능력은 조금 떨
어진다고 할 수 있지만, 아킬레우스는 어차피 반인반신이니까요. 오
디세우스의 인간적인 약점은 없나요?

성 교수 지략이 뛰어난 오디세우스이지만 인간인지라 실수를 합니다.
과정이 어찌되었든 결과적으로 함께 참전했던 부하들과 함대를 다
잃어버리고 혼자 이타케로 귀향할 수밖에 없었다는 것은, 군 통수권
자로서 실패했다고 할 수밖에 없잖아요. 물론 불가피한 상황도 있었
고 부하들의 실수도 있었지만, 가령 한껏 기지를 발휘해서 키클롭스
의 섬에서 탈출하면서 자신의 신분을 의기양양하게 밝힌 것이 오히
려 포세이돈의 분노를 사는 결과를 초래했으니, 이것은 결정적인 실
수라고 할 수 있겠습니다. 복수의 과정도 완벽하진 않습니다. 이타케
에 돌아와서 거지 행색으로 궁전에 들어가 상황을 파악하는 것까지
는 지략가 오디세우스다운 행보인데, 구혼자들과 그들에게 협력했
던 하인들을 모두 학살하는 식으로 복수한 것은 결과적으로 또 다른
폭력을 유발할 가능성이 높다고 할 수 있지요. 24권에서 실제로 죽
은 구혼자들의 가족들이 무기를 들고 몰려와 일촉즉발의 위기상황
을 만들기도 합니다. 아테나가 중재하여 마무리하지 않았더라면 내
전이 발발하는 상황입니다. 보는 관점에 따라서 오디세우스의 능력
을 부정적으로 보는 경우도 있는데요. 전쟁에서 패하고 함락된 트로

이인들의 관점에서 보면 오디세우스는 속임수에 능하고 상황에 따라 말을 바꾸는 책략가라는 이미지가 강하고, 따라서 트로이의 유민들이 건설했다고 전해지는 로마 제국의 시대에는 오디세우스의 이미지가 그다지 좋진 않았어요. 16세기 영국의 해군이자 탐험가로 알려진 프란시스 드레이크Sir Francis Drake 1540-1596가 스페인에서는 해적 드라코El Pirata Draco로 불리는 것에서도 볼 수 있듯이, 한 민족의 영웅이 다른 민족에게는 악의 화신으로 보이기도 하는 것이죠.

신들의 역할

단웅이 『일리아스』와 『오뒷세이아』는 둘 다 그리스 신화의 세계에 속하는 내용이고, 그래서 올림포스 신들이 인간의 삶에 아주 깊게 관여하고 있는 우주관을 보여주잖아요. 두 작품에서 신들의 역할에 차이가 있을까요?

성 교수 이 서사시의 배경이 되는 시대는 결국 인간이 '신과 함께' 사는 시대였기 때문에, 호메로스는 고대 비평가의 표현처럼 "인간을 신처럼, 신을 인간처럼" 묘사한 것으로 알려져 있어요. 『일리아스』에서는 신들끼리 그리스 편과 트로이 편으로 나누어 서로 싸우기도 하고, 심지어 고통을 겪기도 해요. 아레스와 아프로디테는 인간 전사에게 부상을 당하기도 하며, 제우스는 자신의 아들인 사르페돈의 죽음을 예견하고도 막지 못해요. 물론 신들의 고통은 금방 사라져서 인간의 비극과는 비견할 수 없는 정도입니다만. 『오뒷세이아』에도 올림포스 신들이 나오기는 하지만, 1권에서 오디세우스의 귀향을 위해 의논하는 장면에만 등장하고, 주로 아테나가 지속적으로 인간 세상에 내려와서 오디세우스의 귀향을 도와줍니다. 오디세우스의 귀향을 막는 것은 주로 포세이돈인데, 다른 올림포스 신들은 오디세우스에게 호의적이지만 포세이돈의 눈치를 보는 상황이고, 포세이돈이 자리를 비우게 되어서야 비로소 오디세우스의 귀향을 논의해요. 아테나는 계속 오디세우스를 도와주면서도 자신의 삼촌뻘 되는 포세이돈과 정면 대결하는 것은 되도록 피하려고 하지요.

단비　『일리아스』에 비해서 신들의 역할이 상대적으로 축소된 것이라고 볼 수 있을까요?

성 교수　꼭 그렇다고 볼 수는 없을 것 같습니다. 신들이 양편으로 나뉘어 갈등하지 않는다 뿐이지, 오디세우스의 귀향에 이모저모 관련되어 있으니까요. 특이한 것은 그 과정에서 신들이 이 모든 과정이 '정의'Justice의 개념에 걸맞게 진행되느냐 하는 일에 촉각을 곤두세운다는 점입니다. 가령 오디세우스가 부하들을 잃은 상황에서, 이것은 오디세우스의 책임도 아니고 그렇다고 신들의 악의에 의한 것도 아닌 식으로 설정하는 것이죠. 이러저러한 일을 하면 안 된다고 미리 경고했는데도 그들이 그 말을 듣지 않아서 화를 당한 것이라는 식입니다. 오디세우스가 이타케에 와서 구혼자들을 학살하기 전에 구혼자들에게도 경고가 주어져요. 다만 그들이 그 경고를 무시했기 때문에 학살당한 것이다, 라는 식입니다. 현실적으로 생각하면 오디세우스가 구혼자들을 학살한 것이 과도한 복수이고 끔찍한 폭력이지만, 구혼자들은 그들이 그동안 저지른 잘못에 대한 합당한 벌을 받은 것이라고 마무리됩니다. 오디세우스의 아내인 페넬로페나 오디세우스의 아버지 라에르테스 역시 구혼자들이 참혹하게 죽은 것을 알고 나서도 그것이 오디세우스의 폭력에 의한 것이 아니라, 신의 심판이라고 생각하는 것을 볼 수 있습니다. 사람들은 현실에서 벌어진 이 모든 일들이 결국은 신의 뜻이라고 정당화하고, 신들 역시 자기들이 조금이라도 관여한 모든 인간사가 결국엔 정의롭게 마무리되었다고 합리화하는 경향을 보입니다. 신들이 편을 갈라 싸우는 『일리아스』와 조금 다른 점이라고 할 수 있겠습니다.

단웅이 그렇다고 해도 그리스 신화의 신들은 어쨌든 선하다고도 할 수 없고 전지전능하지도 않은 것 같습니다.

성 교수 맞습니다. 엄청난 능력을 가진 불멸의 존재이기는 하지만, 신들이 완벽하게 선하고 정의로운 존재도 아니고 '운명'을 거스르지도 못합니다. 그렇다고 완벽한 운명론도 아니고요. 기본적으로 다신교에서는 흔한 일입니다만, 신들끼리도 갈등하는 상황이기 때문에, 인간의 자유의지와 그에 따른 행동이 매우 중요한 비중을 차지해요. 기독교 등 유일신교에서 신의 섭리와 인간의 자유의지 간에 발생하는 복잡한 신학적, 철학적인 문제들이 그리스 신화에서는 발생하지 않는 거죠. 아테나는 오디세우스에게 용기를 불어넣어주고 상황에 맞게 변장시켜주는 등 도움을 제공하지만, 결정적으로 아테나가 오디세우스에게 승리를 안겨준다고 보기는 어려워요. 오히려 오디세우스가 승자이기 때문에 아테나의 축복을 받는다는 편이 정확한 설명일 것입니다.

오디세우스와 여성

단비 『오뒷세이아』에서는 아테나 여신을 비롯하여 여성 인물들이 좀 더 큰 비중을 차지하고 있는 것 같습니다. 전쟁 영웅에 초점을 맞춘 서사시가 아니라서 그럴까요?

성 교수 『일리아스』는 전쟁터에 나간 남자들에 관한 시라고도 할 수 있을 것입니다. 그만큼 스토리의 폭이 좁은 대신 강렬하지요. 반면에 『오뒷세이아』는 주인공이 가족과 함께 하는 일상으로 돌아가기 위해 분투하는 내용이기 때문에, 자연히 여성 인물이 큰 비중을 차지할 수밖에 없습니다. 『일리아스』처럼 신과 전쟁영웅에만 초점이 맞춰지는 것이 아니라, 여성 혹은 여신이 큰 비중을 차지하지요. 그 외에도 동물, 괴물, 하인, 외국인, 여행자, 장인, 거지, 선원 등 다채로운 계층의 인물 혹은 생명체들이 등장하는 것이 특징입니다. 아킬레우스는 자신과 비슷한 처지의 전쟁 영웅들만 상대하는데 반해, 오디세우스는 자신과 성별과 지위가 다른 매우 다채로운 캐릭터, 혹은 집단을 계속 상대해가며 귀향의 과업을 수행합니다. 그래서 오디세우스가 경험하는 모든 사건들은 판타지임에도 불구하고 전쟁 영웅의 위대한 행적이라기보다는 일상에 가까운 현실적 갈등을 헤쳐 나가는 과정처럼 보이는 것이죠.

단웅이 오디세우스가 아킬레우스와는 전혀 다른 종류의 영웅이듯이, 이러한 현실적인 갈등 상황에서는 요구되는 미덕도 다를 것 같습니다.

성 교수 그렇습니다. 오디세우스는 구혼자 중 누구도 시위를 당기기 어려운 묵직한 활을 당겨 12개의 도끼 자루를 통과시키는 위력을 보여주고, 수많은 구혼자들을 학살할 정도로 무공이 뛰어난 사람이지만, 결말까지 오는 데에는 지략과 상황 판단 능력이 결정적인 역할을 한 것이죠. 또한 『오디세이아』에는 영웅뿐만 아니라 다양한 계층들의 인물들이 많이 등장하는데, 이런 계층의 인물들에게는 '충성심'loyalty이 가장 중요한 덕목으로 요구됩니다. 오디세우스의 부하들도 오디세우스의 경고나 충고를 귀담아 듣고 지켰더라면 무사히 귀향할 수도 있었을 것이라는 얘기죠. 오디세우스가 구혼자들에게 복수한 후, 그동안 일관되게 충성을 바쳤던 하인들은 보상을 받고, 구혼자들에게 협력한 하녀들은 죽임을 당해요. 무엇보다도 20년간 구혼자들을 통제하며 남편을 기다렸던 페넬로페의 '의리'(!)는 이 작품에서 핵심적인 요소입니다. 특히 남편 아가멤논에게 앙심을 품고 있다가 귀향하자마자 살해한 클뤼타이메스트라와 대비하는 설정이 반복되어 나옴으로써, 페넬로페의 미덕을 부각하고 있지요. 텔레마코스 역시 얼굴도 모른 채 20여년을 떨어져 살던 아버지에게 충성스러운 아들 역할을 잘 수행합니다. 『오뒷세이아』에서 강조되는 또 한 가지 중요한 미덕은 '자제력'입니다. '참을성 많은'이라는 수식어에서도 알 수 있듯이 오디세우스는 끓어오르는 감정을 잘 다스려 미래를 도모하는 성격 덕분에 귀향할 수 있었습니다. 오디세우스는 페넬로페에게 다른 사람인 척하고 오디세우스의 소식을 전하는데, 남편의 소식을 들은 페넬로페가 펑펑 우는데도 흔들리지 않고 냉정을 유지하지요. 텔레마코스 역시 거지로 변장한 아버지를 구혼자 안티노오스가 모욕하는 장면을 보게 되지만, 화를 내는 대신 말없이 고개를 저으며 복수의 계획을 되새깁니다. 이러한 미덕은 성별을 가리지 않고 요구됩니다. 페넬로페 역시 오랜 세월 동안 구혼자들에게 시달리면서도 흔들림 없이 차분하게 구혼자들을 통제합니다. 오디세우스가 자신의 신원을 밝혔는데도 바로 기뻐하고 감격하는 대신 확증[13]이 나올 때까지 의심하며 오디세우스를 시험하기도 하지요. 지략이 뛰어나고 자제력이 강한 영웅 오디세우스에 어울리는 아내임을 보여줍니다.

단비　여성 인물이 많이 등장하는 만큼, 여성에 대한 태도도 『일리아스』와는 좀 다르게 보입니다.

성 교수　네. 물론 두 서사시가 남성적인 관점에서 쓰인 만큼, 여성은 한마디로 알 수 없는 존재라는 기본적인 설정이 공통적으로 깔려 있습니다. 다만 전쟁 중에는 여성이 대체로 무기력한 피해자로 묘사될 수밖에 없는 측면이 있고, 전쟁이 끝난 후 귀향하는 이야기에서는 좀 다를 수 있다고 보시면 될 것 같습니다. 특히 아테나는 물론이고 칼립소나 키르케는 신의 범주의 속하는 캐릭터니까 『일리아스』에서처

13　오디세우스는 땅에 박혀 있는 나무를 잘라서 그대로 신혼 침대를 만들었고, 이는 문자 그대로 '움직일 수 없는' 결혼의 유대감을 상징한다. 페넬로페는 오디세우스가 둘만의 비밀인 이 침대 이야기를 하자 비로소 눈앞에 있는 사람이 남편이라는 것을 인정한다.

럼 일방적으로 전리품이나 성적 욕망의 대상으로 묘사되지는 않지요. 여성은 여전히 알 수 없는 존재이긴 하지만, 훨씬 유능하고 당당한 캐릭터로 그려집니다. 가령 오디세우스는 자신을 7년간 붙들고 있던 아름다운 칼립소가 왜 갑자기 자신을 보내주는지 이해하지 못합니다. 마법으로 부하들을 변신하게 만든 키르케 역시 오디세우스로서는 이해할 수도 없고 이길 수도 없는 무서운 존재이지만, 어렵사리 고향에 가겠다는 이야기를 꺼냈을 때 억지로 머무르지 말라며 선선히 보내줍니다. 인간인 나우시카 역시 자신의 꿈에 따라 오디세우스와 결혼까지도 고려하지만, 고향의 아내에게 돌아가겠다는 오디세우스에게 매달리지 않고 그를 선뜻 보내주지요. 『오뒷세이아』에는 늙은 하녀 에우리클레이아로부터 트로이 전쟁의 원인이 된 아름다운 헬레네에 이르기까지 온갖 계층의 다양한 여성 인물들이 등장하고, 각각의 인물들이 서로 다른 개성을 뽐내며 매우 흥미롭고 생생하게 그려져 있습니다. 여성의 활동 반경이 제한된 시대이기는 하지만, 여신의 경우에는 그런 한계를 훌쩍 넘어서는 것이 가능하고, 인간 여성의 경우에도 제한된 상황 속에서나마 최선을 다해 자신의 개성을 당당하게 드러내는 인물들을 볼 수 있습니다.

『오뒷세이아』의 가치

단웅이   그렇다면 『일리아스』와 구분되는 『오뒷세이아』만의 가치는 무엇일까요?

성 교수 일단 아킬레우스와 전혀 다른 타입의 영웅을 보여준다는 점을 들 수 있겠습니다. 아킬레우스는 전사의 영광이 없는 채로 미미하게 오래 살기보다는 트로이에서 장렬하게 죽는 삶을 택했지만, 오디세우스는 가족이 있는 고향으로 어떻게든 귀향하기를 원했고, 아마도 나이 들어 자기 집 침대에서 조용히 숨을 거두는 결말을 원했을 것입니다. 그러한 삶을 위해서 오디세우스는 거지로 변장하거나 도움을 구걸하거나 심지어 속임수를 쓰는 일도 마다하지 않습니다. 그럴듯한 거짓말도 잘하지요. 고귀한 영웅 전사가 되기보다는 생존자가 되고자 하는 오디세우스가 오히려 현실 속의 인간에 더 가깝다고 말할 수 있을 것입니다. 그는 용감하고 유능한 전사이기도 하지만, 영광 속에 죽기보다는 조금 모양이 빠지더라도 살아남는 길을 택하는 인간이지요. 아킬레우스는 반인반신이지만, 오디세우스는 단란하고 화목한 인간의 가정에서 태어나 자랐습니다. 페넬로페와 텔레마코스, 그리고 아버지 레아르테스에 대한 오디세우스의 태도를 보면 좋은 아들, 좋은 아버지, 좋은 남편이라는 느낌이 듭니다. 11권에서 저승에 간 오디세우스는 죽은 영웅 아킬레우스를 만나 최고의 전사라는 영광스러운 자리에 있다고 치켜세우지만, 아킬레우스는 죽은 자들 가운데 최고의 자리보다 지상에서 가장 불쌍한 운명이 낫다고 합니다. 개똥밭에 굴러도 이승이 낫다는 속담을 떠올리게 하지요. 『일리아스』의 영웅주의에 대한 『오뒷세이아』의 대답은, 결국 생존하는 데 성공한 사람은 아킬레우스 못지않은, 어쩌면 그보다 더 빛나는 영웅이라는 것입니다.

단비   현대 독자들에게 좀 더 현실적으로 다가오는 이야기라고 할 수도 있겠네요.

성 교수   그렇습니다. 험한 세상에서 살아나가는 방법이라고 할까, 복잡한 상황에 대한 판단력이나 일시적인 열정이나 감정에 휘둘리지 않고 신중하게 처신하는 법을 오디세우스가 보여주고 있는 것이죠. 또한 주변 인물들을 통해서 가족이나 신뢰할 수 있는 공동체의 중요성을 강조하고 있다고도 할 수 있어요. 이 모든 설정들이 그리스 신화의 판타지적 요소로 감싸여 있지만, 그 내용을 들여다보면 매우 현대적이고 사실적이라는 것을 알 수 있지요. 신들의 앙심 때문이든 괴물 때문이든, 인간의 삶은 불행과 고난으로 가득 차있다는 것이죠. 오디세우스의 행보는 인간이 그 엄청난 고난을 어떻게 받아들이고 극복할 것인가, 라는 질문에 대한 하나의 대답이라고 볼 수 있어요. 오디세우스가 아름다운 칼립소와의 영생을 거부하고 미래가 불확실한 고향 이타케로의 귀환을 선택한 것의 의미를 생각해본다면, 『오뒷세이아』가 현대 독자들에게도 여전히 사랑받고 또 여러 매체로 다양하게 각색되는 이유를 알 수 있을 것입니다.

참고 문헌

1. 번역본

호메로스, 『오뒷세이아』, 천병희 옮김, 2015년 개정판, 숲, 2015.

2. 저서

강대진, 『호메로스의 오뒷세이아 읽기』. 그린비, 2020. '강대진의 고전산책' 시리즈 중의 하나. 서구 문학 최초의 모험담과 복수극이라고 할 수 있는 이 서사시를 모험과 귀향, 일상의 복원이라는 관점에서 읽음.

아서 C. 클라크, 『2001: 스페이스 오디세이』, 김승욱 옮김, 황금가지, 2017. 호메로스의 서사시를 우주시대로 옮겨 새로운 지평을 보여준 1968년작 SF. 같은 해 스탠리 큐브릭의 영화로도 제작됨.

제임스 조이스, 『율리시스』 제4개역판, 김종건 옮김, 어문학사, 2016. '율리시스'는 '오디세우스'의 라틴어식 이름으로, 오디세우스의 방랑을 20세기 초 아일랜드 더블린에 사는 리오폴드 블룸의 하루 일과로 변형. 모더니즘 문학의 대표작. 조이스 번역에 평생을 바친 김종건 교수의 네 번째 개정판.

클로디 아멜, 프레데릭 코셰, 『아도르노와 호르크하이머의 오뒷세이아』, 이세진 옮김, 열린책들, 2014. 『계몽의 변증법』이 제기하는 난해한 철학의 문제들을 『오뒷세이아』의 에피소드에 적용하여 재조명함.

Bloom, Harold. *Bloom's Guides: The Odyssey*. New York: Chelsea House, 2007. 기본적인 안내서. 배경지식과 장 별 요약 분석 및 다양한 비평적인 견해들이 수록되어 있음.

Fowler, Robert. Ed. *The Cambridge Companion to Homer*. Cambridge: Cambridge UP, 2004. 호메로스의 전기적 사실들을 둘러싼 논란 및 대표작에 대한 기본적인 비평과, 서사시 기법, 젠더 등의 비평적인 이슈들을 다양하게 다룸.

Griffin, Jasper. *Homer: The Odyssey*. Cambridge: Cambridge UP, 2004. 기본적인 안내서. 작품 요약과 주제별 비평이 수록되어 있음.

Manguel, Alberto. *Homer's* The Iliad *and* The Odyssey: *A Biography*. London: Atlantic Books, 2007. '세상을 뒤흔든 책' 시리즈의 일부. 호메로스의 서사시들이 그 이후의 서구 문학과 문화에 미친 영향을 역사적 관점에서 서술함.

3. 기타 매체

1968 〈2001: 스페이스 오디세이〉(2001: A Space Odyssey). 스탠리 큐브릭 감독이 아서 C. 클라크의 동명 소설을 영화로 만들어 영화사에 한 획을 그음. 배경 불문하고 '오디세이'가 방랑과 모험의 대명사로 쓰이게 되는 데 기여.

1979 〈지옥의 묵시록〉(Apocalypse Now). 프란시스 포드 코폴라 감독 영화. 조지프 콘라드의 『어둠의 속』(Heart of Darkness)에서 영감을 받아 베트남 전쟁에 휘말린 주인공의 방랑과 모험담을 보여줌.

2015 〈마션〉(The Martian). 앤디 위어의 동명 소설을 원작으로 리들리 스콧 감독이 영화화. 화성에서 펼쳐지는 로빈슨 크루소 풍의 생존기이며, 이 역시 모험 끝에 일상으로 귀환하는 스토리라는 점에서 『오뒷세이아』의 영향 하에 있다고 평가됨.

2018 〈어쌔신 크리드: 오디세이〉 유비소프트 퀘백이 개발한 게임 '어쌔신 크리드' 시리즈 중 하나. 고대 그리스를 배경으로 하고 있으며, 주인공은 오디세우스가 아니지만, 방랑과 모험의 스토리를 주로 하며 '운명을 선택하라'는 표어에 따라 이야기의 방향을 선택할 수 있게 설정됨.

4. 사진 자료

iStock 홈페이지(https://www.istockphoto.com/kr)

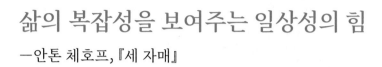

삶의 복잡성을 보여주는 일상성의 힘

—안톤 체호프, 『세 자매』

김유미

저리도 명랑하고 씩씩한 음악 소리를 듣고 있으니 살고 싶어져! 오, 하느님! 세월이 지나가면 우리는 영영 떠나가고, 결국엔 잊히겠지. 우리의 얼굴, 목소리, 우리가 몇 명이나 있었는지 다 잊힐 거야. 하지만 우리의 시련이 우리 뒤에 살아갈 사람들에게는 기쁨으로 바뀔 거야. 이 세상에는 행복과 평화가 오고, 사람들은 지금의 우리를 따스한 말로 기억하면서 우리에게 감사할 거야. 오, 사랑하는 내 동생들아, 우리 삶은 아직 끝나지 않았어. 살아가는 거야! 음악이 저리고 명랑하고 즐겁게 울리는 걸 들으니, 우리가 왜 사는지, 왜 고통을 받는지 알게 될 날도 머지 않은 것 같아……. 그걸 알 수만 있다면, 알 수만 있다면!

생활비를 벌기 위해 글을 쓰기 시작한 체호프

단비   체호프가 유명한 작가라는 것은 잘 알고 있습니다. 아마 다른

안톤 파블로비치 체호프　　출처: iStock

친구들도 「귀여운 여인」이나 「개를 데리고 다니는 여인」 등 단편소설집에서 한 편 쯤은 읽어봤을 거예요. 이 분이 극작가라는 것을 들어보기는 했는데 구체적인 작품을 읽어보지는 못했어요. 극작가로서의 체호프가 궁금하네요.

김 교수　희곡은 공연을 통해 연극으로 보는 경우가 많아서 책으로 접하게 되지 않는 경향이 있어요. 체호프 작품에서도 책으로 읽을 경우 소설이 주로 선택되죠. 체호프의 단편소설은 익숙하지만 희곡은 그렇지 않은 것이 당연해요. 그래서 체호프를 소설가로만 알고 있는 친구들이 훨씬 많을 거예요. 저도 중고등학생 때 체호프의 단편소설은 읽었는데 희곡이 있는지 알지 못했어요. 체호프 희곡은 대학원에 와서 연극을 보면서 처음 접하게 되었는데 『벚나무 동산』이라는 제목만 듣고 놀이동산인 줄 알았으니까요. 그런데 요즘에는 체호프 작품이 꽤 자주 연극으로 공연되기 때문에 연극에 관심이 있는 학생이라면 알 수 있을 지도 몰라요. 체호프는 1860년 러시아 남부 아조프 해 부근의 작은 도시 타간로크에서 태어났어요. 1904년에 폐결핵으로 사망했으니 현재의 시각으로 보면 재능 있는 작가의 짧은 생애가 안타깝죠. 와병 중에도 죽기 전까지 작품을 계속 썼다는 점에서 글쓰기가 곧 삶이었던 작가라고 말할 수 있어요. 체호프의 아버지는 작은 식료품점을 운영했는데 경제적으로 힘들었다고 해요. 체호프는 아버지가 파산하고 가족들이 모스크바로 이주했을 때 혼자 남아 의과대학에 입학했지만 가족의 생계를 책임져야 하는 상황에 처하게 됩니다. 중고등학교에 다닐 때부터 작품을 썼고 그의 최초의 희곡 『플라토노프』를 이 시기에 쓰는 등 작가로서의 잠재력을 보여주지만 한편으로는 돈을 벌기 위해 의과대학에 입학하고 나서도 수많은 단편들을 유머 잡지에 기고했어요. 적은 돈이라도 벌기 위해 아르바이트로 유머 단편을 썼던 것이죠. 체호프가 의사였다는 사실을 알고 있는 학생이 많을 텐데 경제적인 어려움에 대해서는 잘 모를 수도 있을 것 같아요. 그리고 의사활동보다 작가활동이 경제적인 어려움을 해결하는데 큰 도움이 되었다는 것도요. 의학 공부는 문학 활동에 긍정적인 영향을 주었다고 해요. 관찰력을 끌어 올리고 지식을 풍부하게 해주었다는 점에서요. 체호프는 엄격한 부모의 기대에 부응하기 위해 성가대 활동 같은 하기 싫은 것을 해야했고 맞기도 해서 어린 시절이 음울했다고 기억하고 있지만 오펜바흐의 오페레타를 처음 관람하고 연극에 관심을 갖게 되는 시기가 이때이기도 해요. 집안에서 형제들과 연극을 공연하기도 하면서 장면을 구상하는 일이 특히 즐거웠다고 회상하거든요. 학교에서 코믹한 노인 역할을 하기도 했고요. 체호프는 단막극도 썼고 장막극도 썼는데 우리가 다룰 『세 자매』는 장막극이에요. 체호프에 대한 기초적인 설명은 일단 이 정도로 할게요. 그리고 극작가로서의 체호프에 대해서는 작품을 통해서 더 잘 파악하게 될 것이고요.

단웅이 극작가 체호프를 조금 더 알게 되었어요. 그런데 소설가 체호프와 극작가 체호프가 많이 다른지요. 소설만 쓰는 소설가, 시만 쓰는 시인, 희곡만 쓰는 극작가도 있지만 두 개의 장르를 넘나드는 작가, 소설과 희곡을 같이 쓰는 작가가 있는 것 같아요. 『고도를 기다리며』의 사뮈엘 베케트도 그렇고 우리나라의 최인훈 작가도 『광장』으로 잘 알려져 있지만 희곡도 썼고요.

김 교수 소설에서나 희곡에서나 체호프는 있는 그대로를 잘 드러내는 작가로 정평이 나 있어요. 사실주의 작가로서 두 장르 모두에서 역량을 보여주었다고 말할 수 있죠. 그런데 양적으로 보면 소설이 우세해요. 단편소설은 400여 편에 이르고 희곡은 17편 정도거든요. 물론 양으로만 논의하기는 어려워요. 희곡은 공연되기 위해 쓰인다는 점에서 창작 과정이 좀 더 복잡하기도 하고요. 질적인 측면에서 보면 소설가로서나 극작가로서 모두 성공한 사람이에요. 체호프는 에드가 앨런 포, 모파상과 함께 3대 단편소설 작가로 손꼽히고 셰익스피어에 버금가는 극작가로 이야기되거든요. 세계적인 추세는 물론이고 실제 국내 공연에서도 셰익스피어 다음으로 체호프 작품이 자주 공연된다는 점에서 그의 영향력이 아주 크다는 것을 알 수 있어요. 이렇게 보면 체호프는 두 장르 모두에서 독보적인 존재감을 보여준다는 점에서 드문 경우에 해당해요. 베케트는 소설가보다 극작가로서 더 유명하고 최인훈은 소설가로서 더 인정받는다는 점과 비교해 봐도 알 수 있어요.

단비 어릴 때부터 연극에 관심이 있었다는 점에서 극작가로서의 싹이 보이지만 소설쓰기에서 희곡쓰기로 비중을 높이게 된 계기 같은 것이 있었을까요? 체호프 연보를 보면 우리가 다룰 『세 자매』 등 장막극이 인생 후반기에 주로 쓰였더라고요.

김 교수 체호프는 1888년에 출판한 단편선집 『황혼』으로 푸시킨 상을 받는 등 소설가로서 자리를 잡고 안정된 작가 활동을 해나가요. 단막극과 2편의 장막극도 썼고요. 그런데 1890년에 갑자기 사할린섬으로 여행을 결심하게 돼요. 체호프는 이때 이미 폐결핵을 앓고 있었는데 변방 중의 변방, 유형지인 사할린으로 고된 여행길을 자발적으로 선택해요. 모스크바를 거쳐 시베리아를 횡단하는데 거의 세 달 걸려서 사할린섬에 도착해요. 그리고 그곳에서 3개월간 세밀한 조사와 관찰을 기록하는데 후에 매우 귀중한 보고서가 돼요. 사할린 교도소와 유형지 마을들을 다니면서 일대일 면접 조사를 수행하는데 이것은 결과적으로 다양한 인물 군상을 만나는 경험을 제공하죠. 물론 작가로서의 체호프만이 아니라 의학을 전공한 자연과학도로서 여행을 계획하고 사전 연구를 했다고 해요. 체호프의 대표작인 장막극 4편은 시기적으로 이 여행 이후에 집필되고요. 사할린 여행과의 직접적인 연관성을 설명하기는 어렵지만 작가로서 새로운 변화를 모색하기 위해 떠난 여행이었을 것이고 결과적으로 좋은 희곡을 쓰는 데도 영향을 주었을 것으로 보는 거죠. 이 여행은 그의 소설에도 변화를 주어 사회적 현실에 대한 관심이 깊어졌다고 평가받아요. 소설 쓰기에서 희곡 쓰기로의 변화에 대해 물었는데 원래 두 장르를 다 썼던 작가이니 그것이 새삼스럽다고 할 수는 없지만 사할린 여행이 영향을 주기는 했겠죠.

단웅이 체호프도 처음에는 경제적인 어려움을 해결하기 위해, 적은 돈이라도 벌려고 단편 유머를 많이 썼다고 하셨잖아요. 이때 체호프 글쓰기의 목적은 문학적 성취에 있지 않았다고 생각되는데 그럼에도 처음부터 문학적인 자질이 빛을 발했나요? 아니면 어떤 계기로 인해 변화가 생긴 것인가요? 언제부터 인정을 받게 된 것인가요?

김 교수 적은 원고료 때문에 체호프는 이때 작품을 많이 쓸 수밖에 없었는데 1880년부터 7년간 쓴 작품이 500편에 달했다고 해요. 이때는 본인의 이름을 사용하지도 않았고 잡지의 방향이나 대중들의 취향에 맞춰서 썼기 때문에 일관된 작가의 특징을 말하기 어려웠죠. 그러다가 1886년 소설가 드미트리 그리고로비치가 신문에 실린 체호프의 「사냥꾼」을 인상 깊게 읽고 체호프에게 재능을 소진하지 말라는 편지를 쓰게 되는데 이 일을 계기로 체호프가 문학을 진지하게 생각하게 되었던 것이죠. 드미트리는 체호프를 유력 잡지 『신시대』의 발행인 수보린Aleksei Sergeyevich Suvorin에게 소개하였고 이렇게 수보린의 경제적 지원이 더해지면서 체호프는 본격적으로 문학의 길을 모색할 수 있게 되거든요. 수보린은 후원자로서 평생 체호프에게 많은 영향을 미쳤어요. 그런데 1898년 드레퓌스 사건에 대해 수보린이 보수적인 관점을 보임으로써 절연하게 돼요. 체호프는 에밀 졸라의 드레퓌스 사면운동을 지지했거든요. 체호프가 공식적으로 문학적인 재능을 인정받게 되는 것은 1888년 단편집 『해 질 무렵』으로 푸시킨 문학상을 수상하면서부터예요. 체호프는 톨스토이나 고리키와도 친분이 두터웠는데 이들은 체호프의 작품을 애정했죠.

체호프와 고리키　　　　　　　　　　　　　　　　출처: alamy

단비　　그렇다면 체호프와 관련 있는 인물들을 통해 체호프가 더 잘 설명될 수 있을까요? 동시대 작가들과 비교하면 어떤가요?

김 교수　체호프와 고리키를 비교하면 체호프의 특징이 잘 드러날 수 있어요. 두 사람 모두 작가가 되기까지 어려움을 겪었다는 공통점이 있고 단편소설을 쓰면서 서로 교류했어요. 고리키는 〈바냐 아저씨〉 공연을 보고 극찬을 했고요. 고리키도 1901년 『소시민』, 1902년 『밑바닥에서』 라는 희곡을 써요. 『밑바닥에서』는 러시아 부랑민의 생활을 그린 사실주의 희곡을 대표하는 작품이에요. 그런데 고리키와 체호프의 방법이 달라요. 고리키는 갈등을 통해 극을 전개시키는 전통적인 방법을 쓰고 체호프는 일상적인 갈등을 그리는 방법을 쓰죠. 고리키는 시대적 상황을 적나라하게 보여주고 체호프는 시대적 상황을 간접적으로 드러내죠. 1902년 고리키가 정치적인 이유로 학술원 회원자격을 박탈당하자 체호프도 이에 항의하는 의미로 사퇴해요. 체호프는 고리키처럼 이념적 정치적 활동을 하지 않았지만 정치적인 행동을 한 셈이에요. 체호프 희곡은 모스크바 예술극장에서 공연하면서 유명해지는데 고리키의 작품도 모스크바 예술극장의 대표 레퍼토리가 된다는 점에서 비슷하죠. 같은 시대에 서로 교류하면서 우정을 나눴던 두 사람의 공통점과 차이점이 흥미롭죠.

체호프 희곡과 모스크바 예술극장

단웅이 체호프 희곡을 좀 더 자세하게 알려주세요. 단막극과 장막극으로 나눠서 구체적으로 어떤 작품들이 있나요?

김 교수 단막극으로 「큰 길가에서」[1884-1885], 「백조의 노래」[1887-1888], 「곰」[1888], 「청혼」[1888-1889], 「타치아나 레피나」[1889], 「결혼 피로연」[1889-1890], 「강요된 비극 배우」[1889-1890], 「기념일」[1891], 「재판 전날 밤」[1890년대], 「담배의 해로움에 대해」[1902] 등이 있고 장막극으로 『이바노프』[1887-1889], 『숲의 정령』[1889-1890], 『갈매기』[1895-1896], 『바냐 아저씨』[1897], 『세 자매』[1900-1901], 『벚나무 동산』[1903-1904]이 있어요. 이 작품들은 책으로 만나볼 수 있어요. 여기에 최초의 희곡인 미완성 장막극 『플라토노프』[1877-1878]도 언급할 수 있어요. 이 중에서 『갈매기』, 『바냐 아저씨』, 『세 자매』, 『벚나무 동산』이 대표적인 작품에요. 이 작품들이 공연도 자주 되고요. 단막극은 짧아서 공연할 때 2-3작품을 묶어서 하기도 해요. 「곰」, 「청혼」이 제일 사랑받는 단막극이에요.

단비 대표작이 『갈매기』, 『바냐 아저씨』, 『세 자매』, 『벚나무 동산』

인데 이 순서로 집필된 것이죠? 맨 마지막 작품이 『벚나무 동산』이고요. 죽기 직전까지 작품을 썼다고 하셨는데 『벚나무 동산』을 두고 하는 말씀인가요?

김 교수 네, 맞아요. 『벚나무 동산』은 모스크바 예술극장에서 1904년 1월 17일에 초연되었는데 이날은 체호프의 생일이었어요. 이 작품에 깊이 관여했던 네미로비치 단첸코가 연설을 통해 체호프에게 감사 인사를 하기도 했어요. 체호프는 아픈 몸을 이끌고 이 자리에 참석했고요. 병색이 짙은 체호프를 보고 관객들이 걱정을 했다고 해요. 결국 봄에 폐결핵이 악화되어 7월에 사망하거든요. 그런데 체호프는 『벚나무 동산』 이후에도 계속 작품을 구상하고 있었다고 해요. 그런 점에서 죽기 직전까지도 작가로서의 열정을 잃지 않았다고 말할 수 있는 것이죠.

단웅이 우리가 작가 체호프에 더 관심을 갖지만 의사로서의 체호프에 대해서도 궁금해요. 사실주의 작품을 썼다는 점에서 그의 일상이 작품 속에 어떤 방식으로든 반영되어 있을 것 같은데 작품 안에 의사가 등장하나요?

김 교수 저는 아무래도 작가 체호프에 더 비중을 두고 이야기하게 되네요. 의사로서의 체호프도 결국 작가로서의 체호프를 설명하기 위한 수단으로 한정하게 되고요. 그래서 체호프가 한 말을 빌어서 설명해 볼게요. 체호프는 편집자이자 친구인 수보린에게 보낸 편지에서 직업이 두 개라는 점이 지루하지 않고 좋다면서 의학이 아내라면 문학은 애인이라고 이야기했어요. 이것도 해석하는 사람에 따라 달라질 수 있는데 체호프가 강조하려고 했던 것은 두 일 모두 갈등 없이 상보작용을 한다는 것이에요. 체호프는 의대 교수가 되고자 박사과정을 밟았지만 논문이 그다지 긍정적으로 받아들여지지 않아서 포기했다고 해요. 31살에 모스크바 남쪽 멜리호바에서 진료를 했는데 열심히 왕진을 다녔고 가난한 환자에겐 진료비를 받지 않아서 돈을 벌지 못했다는 것을 보면 체호프의 의사 생활이 어땠는지 상상할 수 있겠죠. 『갈매기』, 『바냐 아저씨』, 『세 자매』에 의사가 등장해요. 그런데 의사의 모습이 그다지 긍정적이지는 않아요. 무기력하거나 무능한 모습이에요. 그럼에도 그의 작품에 등장하는 의사는 꽤 매력적인 캐릭터이기도 해요. 특히 『바냐 아저씨』에서 아스트로프는 극에서 중요한 역할을 해요. 『세 자매』에 등장하는 의사는 무기력해서 의사 맞나 싶기도 한데 어떻게 되어도 상관없다는 가치관이 작품의 분위기에 영향을 주고요.

단비 희곡이란 장르가 연극을 전제로 한 문학이지만 좀 전의 설명에서 체호프는 연극 공연을 위해 희곡을 썼다는 것을 알 수 있었어요. 그런데 처음부터 공연에서 성공을 거두고 유명해진 것인지 아니면 실패도 하면서 차츰 알려진 것인지, 아니면 후대에 다시 평가를 받게 된 것인지 궁금합니다.

김 교수 1887년 모스크바 코르쉬 극장의 요청으로 희곡 『이바노프』를 완성하고 코르쉬 극장에서 공연했을 때 다양한 평가가 나왔다고 하는데 객석이나 무대 뒤나 모두 흥분되어 있었다는 점에서 긍정적인 평가를 받았다고 할 수 있어요. 1888년 「백조의 노래」, 「곰」을 발표하고 코르쉬 극장에서 공연했는데 이때도 성공적이었어요. 1889년 체호프가 개작한 〈이바노프〉를 성 페테르부르크 알렉산드린스키 극장에서 공연했는데 이것도 성공적이었고요. 그런데 두 번째 장막극 『숲의 정령』을 1889년에 모스크바 아브라모바 극장에서 공연했을 때는 실패를 하게 돼요. 공연 실패 이후 체호프는 이 작품에 대해 출판과 공연을 허락하지 않아요. 1896년 성 페테르부르크 알렉산드린스키 극장에서 최고의 배우진으로 『갈매기』를 초연하게 되는데 이것도 실패를 해서 큰 충격을 받게 돼요. 희곡을 쓰지 말아야겠다는 생각을 하게 할 정도로요. 이후 2년간 다른 극단들의 『갈매기』 공연 제의를 거절하게 되고요. 그런데 1898년에 극작가이자 비평가이자 연출가인 네미로비치 단첸코와 배우이자 연출가인 스타니슬랍스키가 새로 창단한 모스크바 예술극장에서 『갈매기』를 공연하고 싶다고 설득해서 공연을 하게 되는데 이때 대성공을 거둬요. 극작가 체호프가 다시 조명받게 되는 계기가 되기도 하고요. 같은 작품인데 작품을 어떻게 해석해서 무대에 올리느냐에 따라 이렇게 달라질 수 있었던 거죠. 그 뒤 모스크바 예술극장과의 작업이 이어지게 돼요. 원래 모스크바 말리극장에서 『바냐 아저씨』를 공연하기로 약속했지만 네미로비치 단첸코의 요청으로 모스크바 예술극장에서 초연하게 되거든요. 물론 이것도 성공적이었고요. 재미있는 것은 『바냐 아저씨』는 예전에 실패했던 『숲의 정령』을 개작한 작품이거든요. 체호프는 결국 실패했던 작품도 새로운 작품으로 되살려 놓은 셈이죠. 『갈매기』와 『바냐 아저씨』의 성공 이후 모스크바 예술극장과 체호프는 끈끈한 사이가 되었고 극장의 요청으로 『세 자매』 집필에 착수하죠. 『세 자매』로 그리보예도프 상도 받게 되고요. 『벚나무 동산』도 모스크바 예술극장에서 초연했고요. 정리하자면 약간의 실패가 있었지만 네미로비치 단첸코와 스타니슬랍스키 즉, 모스크바 예술극장과의 만남 이후로는 안정적으로 작품을 썼고 성공적인 공연을 이어나갔다고 할 수 있어요.

단웅이　희곡이 어떤 극장에서 어떤 연출가를 만나느냐에 따라 달라질 수 있다는 것이 흥미롭네요. 모스크바 예술극장에서 『갈매기』를 어떻게 연출했길래 성공할 수 있었던 것인지 궁금해요. 모스크바 예술극장과의 인연이 체호프에게는 중요했다는 점에서 희곡은 결국 연극으로 어떻게 표현되느냐가 중요하다는 생각도 다시 하게 되었어요.

김 교수　『갈매기』가 다른 작품들보다 좀 어려워요. 문학적인 대사가 많고 사건은 별로 없다 보니 사랑 이야기인데도 그렇게 느껴지지 않기도 해요. 결말은 충격적인데 체호프는 코미디, 희극이라고 부제를 붙였고요. 개인적으로도 이 작품은 연극을 보고 나서 희곡을 다시 읽어야 했어요. 그만큼 다양한 해석이 가능한 작품이기도 한 것이죠. 실제로 우리나라에서도 많은 연출가들이 이 작품을 자기 방식대로 새롭게 해석해서 무대에 올렸어요. 공연 연도가 정확히 기억나지 않지만 멜로드라마로 해석해서 세속적인 사랑 이야기로 쉽게 풀어버린 경우도 있었어요. 또 2008년 러시아의 유리 부투소프가 내한해서 연출한 『갈매기』에서는 체호프식의 사실주의와 거리가 멀게 파국을 먼저 보여주고 욕망을 역추적하는 방식으로 인물들이 광대가 되어 무대에서 마이크를 잡고 설명하기도 하는 등 파격적으로 표현하기도 했고요. 2013년에는 한일합작으로 식민지 시대로 번안해서 공연했던 경우도 있었고요. 물론 체호프의 다른 작품들도 연출가들의 해석에 따라 달라지지만 『갈매기』는 그것이 더 잘 보인다고 할 수 있어요. 1898년 당시 네미로비치 단첸코는 이 작품이 왜 매력적인지를 알았고 연출의 방향도 알았기에 체호프를 설득할 수 있었던 것이죠. 이 작품의 실제 연출은 스타니슬랍스키가 했지만 네

체호프와 아내 올가　　　출처: alamy

미로비치 단첸코가 그것을 가능하게 역할을 해주었다는 점에서 중요하다고 할 수 있어요. 스타니슬랍스키는 많이 들어봤죠? 대중매체에서도 내면연기 얘기할 때 항상 언급되는 분이죠. 배우이자 연출가예요. 스타니슬랍스키는 처음에 『갈매기』를 읽었을 때 다른 사람들과 마찬가지로 이 작품을 이상하게 생각했다고 해요. 그런데 네미로비치 단첸코가 희곡의 내용을 설명해 내는 데 탁월한 재능이 있어서 그의 말을 듣고 나면 희곡이 매우 흥미로워졌다고 했어요. 스타니슬랍스키는 끊임없이 네미로비치 단첸코를 괴롭히면서 작업을 이어갔고요. 그런 점에서 네미로비치 단첸코가 중요하다는 것이죠. 알렉산드린스키 극장에서 실패했던 공연에 대해 체호프는 배역도 모르고 작품을 이해하지도 못했고 내가 무슨 말을 하는지도 모른다고 했고 극장에는 의혹과 굴욕의 무거운 긴장감이 돌고 있었다고 말한 바 있어

요. 실패 원인에 대해서는 희극으로 해서 실패했다는 말도 있고 반대로 체호프의 희극이라는 의미를 제대로 해석하지 못해서 무겁고 모호하게 해서 실패했다는 말도 있는데 어쨌든 작품의 의도나 의미를 제대로 파악하지 못했다는 것이죠. 반면 모스크바 예술극장 공연에서는 이 작품이 어떻게 전달되어야 하는지 일관된 연출이 있었다는 것이고요. 체호프에게는 모스크바 예술극장과의 인연이 사적인 면에서도 의미가 있어요. 『갈매기』 공연을 통해 여배우 올가 크니페르를 만나게 되고 사귀다가 결혼하거든요.

단비　그런 인연도 있었군요. 그렇다면 모스크바 예술극장에 대해 궁금해지네요. 어떻게 보면 체호프를 극작가로 성공시킨 곳이지만 체호프로 인해 인정받게 되는 면이 있잖아요. 극장 시스템이라든지 모스크바의 다른 극장과 달랐던 점이라든지, 중요한 인물이라든지 알려주시면 도움이 될 것 같아요.

김 교수　모스크바 예술극장은 아마추어 극단을 이끌던 스타니슬랍스키와 연극학교에서 연극을 가르치던 네미로비치 단첸코와의 만남으로 탄생했어요. 기존 황실 극장의 독점적인 방식으로 인해 그 당시 연극계가 정체 상태에 있었는데 두 사람은 이러한 문제를 인식하고 있었죠. 연극이 단순한 볼거리로 전락하는 것을 막고 동인제 배우 집단을 통해 예술적 책임을 다하는 방식으로 운영되어야 한다는 이상을 갖고 있었어요. 두 사람이 만든 모스크바 예술극장은 이를 위해 행정관료 체계가 아닌 예술적인 체계로 조직되어 문학적인 전권은 네미로비치 단첸코에게 예술적인 전권은 스타니슬랍스키에게 가도록 역할분담을 하였고요. 이들은 낡은 연기 방법과의 단절을 통해 배우를 위한 극장을 건설하고자 했어요. 이 극장은 체호프 작품을 비롯

러시아 모스크바 예술 극장

출처: iStock

해 10개의 레퍼토리를 정해 놓고 그것을 운영하는 방식이었어요. 다른 극장들은 한 작품 씩 하기 바빴는데 모스크바 예술극장은 처음부터 레퍼토리 시스템을 구축하고자 했던 것이죠. 체호프 작품도 이 극장의 주요한 레퍼토리가 된 것이고요. 스타니슬랍스키가 쓴 글을 보면 네미로비치 단첸코가 체호프에 얼마나 열중했는지 말해주고 있어요. 네미로비치 단첸코가 자신이 쓴 희곡으로 그리보예도프 상을 받게 되었는데 단첸코는 『갈매기』가 받아야 한다며 심사가 잘못되었다고 여기고 상을 거부했을 정도였어요. 그만큼 단첸코는 안목이 뛰어났던 것이고 여기에 동의한 모스크바 예술극장 구성원들은 체호프의 작품이 아니면 안 된다는 인식이 생긴 것이죠.

단웅이 19세기에서 20세기 초의 러시아 상황을 보면 두 번의 혁명을 거치고 사회주의 국가로 변화되는 격변기이잖아요. 체호프의 작품이 시대적인 인식이 강하지 않은 것 같은데 소비에트 사회주의 체제에서 비판받을 수 있는 부분이 있다거나 해서 어려움이 있지는 않았나

요? 체호프의 경우 일찍 세상을 떴기 때문에 모스크바 예술극장에서의 성공 이후 사후에도 그의 작품이 여전히 의미있게 받아들여졌나요? 그가 문학적으로는 인정을 받았다고 해도 사회적 정치적으로는 다를 수 있을 것 같아서 여기에 대해서도 말씀해주세요.

김 교수 1917년 혁명 이후 체호프의 작품을 무대에 올릴 필요성에 대한 사회주의 국가의 응답은 회의적이었어요. 체호프의 희곡은 혁명의 시대에 부응하지 않는다는 것이 그 이유였어요. 체호프가 만들어 낸 서정적 희곡의 새로움이 높이 평가되기도 했지만 능동적이고 진보적이라기보다는 비관적이라고 여겨졌어요. 체호프의 희곡들은 혁명 이후 20여 년간 거의 무대에 올려지지 않았어요. 몇몇 단막극과 〈벚나무 동산〉만이 간간이 공연된 정도였어요. 이러한 분위기는 모스크바 예술극장에도 적용이 되어서 혁명 직후에는 네미로비치 단첸코가 체호프 작품을 공연하기는 하지만 그가 훌륭한 작가라고 생각하지 않는다고 밝혀야 했다고 해요. 그런데 1940년이 되면 상황이 바뀌어요. 1940년 네미로비치 단첸코가 연출한 〈세 자매〉를 시작으로 〈갈매기〉, 〈바냐 아저씨〉가 각광받기 시작했고 공연되지 않던 유명하지 않은 작품들까지도 공연이 이어져요. 레닌이 모스크바 예술극장에서 〈바냐 아저씨〉를 보고 호평했다고 하는 등의 이야기가 전해지면서 체호프 작품의 인기가 올라갔죠. 이런 변화는 그동안 체호프 작품에 대한 오해에서 비롯된 것이 컸던 것으로 보여요. 이러한 인식을 바꾸는데 1940년 네미로비치 단첸코의 〈세 자매〉 공연이 기여한 바가 커요. 체호프의 작품이 현실을 잘 드러내지 못한다거나 행동이 없고 연극적이지 않다거나 비관적이라는 인식을 바꾸는데 네미로비치 단첸코가 역할을 했기 때문이죠. 여기서 역시 네미로비치 단첸코가 체호프 작품에는 탁월하구나라고 생각할 수 있는데 물론 그런 점이 있지만 예술가 개인의 역량만으로 체호프 작품 전반에 대한 인식변화가 가능하지는 않아요. 당의 정책과 사회 문화적 맥락 등의 외부적인 요인이 작용했겠죠. 그러므로 1940년대 이후 소비에트 사회의 변화를 짐작할 수 있죠. 그리고 여기에는 모스크바 예술극장에 대한 인식변화 즉, 부르주아적 극장에서 소비에트 연극예술의 정점으로 자리잡게 된 변화도 작용을 했고요. 단첸코도 모스크바 예술극장에 부여된 사회적 임무, 즉 사회주의 리얼리즘의 원칙을 잘 구현하는 모범적인 체호프 극을 만들어야 한다는 것을 인식하고 있었고 체호프 작품을 통해 위대한 사상을 담고자 했어요. 네미로비치 단첸코는 이미 체호프 작품의 매력을 알고 있는 사람이었기 때문에 그것을 도외시하지는 않았지만요. 이때의 네미로비치 단첸코가 만든 〈세 자매〉는 체호프 공연의 전범으로 레퍼토리화 되고 후대에도 지속적으로 영향을 미쳤다고 해요. 1960년대에 가면 다시 새로운 체호프의 공연을 만날 수 있게 되지만 그전까지는 모스크바 예술극장의 방식이 지배적이었던 것이죠. 체호프가 살아 있을 때 그의 작품 활동에 당국도 관심을 기울였던 것으로 보여요. 스타니슬랍스키의 글을 보면 〈세 자매〉 공연에서 군이 체호프의 작품을 주시했다고 했어요. 체호프가 군대에 반대하는 희곡을 썼다는 소문이 돌아서 군에서 체호프를 쫓아다니게 했던 것이죠. 이런 것을 보면 체호프가 영향력이 있는 극작가였다는 것을 다시 확인할 수도 있고 작품의 탄생에 사회적 정치적인 요인이 어떤 방식으로든 작용한다는 것도 알 수 있어요.

체호프 희곡의 특징

단비 『세 자매』 외에 체호프의 다른 작품들에 대해서도 알면 좋을 것 같아요. 체호프 작품의 특징을 이해하는 데도 도움을 받을 수 있을 것 같고요. 『갈매기』, 『바냐 아저씨』, 『벚나무 동산』 등 작품의 제목만으로는 내용을 예측하기도 어려워요.

김 교수 작품마다 다 다른 매력이 있기 때문에 다 읽어보면 좋겠어요. 장막극만 모아 놓은 책이 있으니 그것을 선택해서 보면 좋아요. 『세 자매』를 읽고 나면 『갈매기』, 『바냐 아저씨』, 『벚나무 동산』도 읽고 싶어질 거예요. 체호프의 장막극 4편은 골고루 많이 공연되고 있지만 예전에는 우리나라에서 『벚나무 동산』과 『세 자매』가 자주 공연되었다면 최근에는 『갈매기』와 『바냐 아저씨』가 좀 더 자주 공연되어요. 『세 자매』는 시대 불문하고 꾸준하게 공연되는 편이고요. 『세 자매』는 어렵지 않으면서 언제든 새롭게 해석될 수 있는 여지가 있는 작품이라는 장점이 있어요. 『갈매기』는 예전부터 여러 연출가들이 욕심내서 자신만의 방식으로 새롭게 연출하고자 하는 작품이고 『바냐 아저씨』는 최근에 더 주목받는 작품이고요. 『갈매기』의 배경은 도시에서 떨어진 영지, 호수가 보이는 곳이에요. 주요 인물들은 성공한 여배우 아르카지나, 그녀의 오빠 소린, 그녀의 아들이자 극작가 지망생 트레플레프, 트레플레프가 사랑하는 니나, 영지 지배인 샤므라예프와 그의 아내 그리고 그의 딸 마샤가 있는데 마샤는 트레플레프를 좋아하고요. 아르카지나의 애인이자 성공한 소설가 트리고린, 의사 도른, 마샤를 좋아하는 교사 메드베젠코가 있어요. 간단한 인물 설명만으로도 애정관계가 살짝 드러나지요. 그런데 이들의 사랑은 다 어긋나 있다는 특징이 있어요. 트레플레프는 니나를 좋아하지만 니나는 트레플레프의 어머니 아르카지나의 애인인 트레고린을 좋아한다는 것이 문제죠. 물론 인물들은 애정관계로만 얽혀있지 않아요. 어머니이자 여배우인 아르카지나와 아들이자 극작가 지망생인 트레플레프 사이의 세대적, 예술적 가치관의 차이가 첨예하게 갈등을 빚어요. 이 갈등이 작품 전체를 지배한다고 해도 과언이 아니에요. 트레플레프와 트레고린의 갈등도 만만치 않고요. 이 갈등이 직접적으로 표현되지는 않지만요. 트레플레프를 보면 실연의 상처보다 어머니와 트레고린과 니나에게 인정받지 못한 상처가 더 깊다는 생각이 들어요. 트레플레프한테서 『햄릿』의 그림자가 보이기도 해요. 자격이 충분함에도 인정받지 못하고 방황한다는 점에서 영혼이 비슷하다고 해야 할까요. 트레플레프가 훨씬 더 유약하다는 차이가 있지만요. 이와 함께 해피엔딩이 아니라는 점에서 이 작품을 비극으로 받아들일 가능성이 있어요. 그렇지만 체호프는 이 작품을 코미디라고 표현했어요. 도대체 어떻게 이해해야 할까요. 이것은 우리가 일반적으로 알고 있는 코미디, 희극과는 차이가 있어요. 영웅이 등장하고 거대 서사가 나오고 카타르시스를 동반하는 비극과 달리 사실주의에서는 일상의 인물이 등장하고 소소한 서사가 그려지고 죽음도 나오지만 그것을 비극에서처럼 고양된 감정으로 수용하지는 않거든요. 담담하게 받아들이는 것이죠. 그래서 코미디라는 체호프의 말은 비극으로 수용하지 말라는 의미에 가까워요. 이러한 맥락을 무시하고 이 작품을 풍자와 해학, 비판이 중심인 희극, 코미디로 볼 수는 없어요. 슬프지만 인생의 아이러니한 상황에서 웃음도 나오는 것처럼 일상 속에서 웃기도 하고 울기도 하는 그런 의미라고 생각하면 이해하기가 더 쉬울 거예요. 체호프의 사실주의를 비극처럼 무겁고 진지하게만 받아들이게 되면 삶을 통해 체호프가 이야기하고자 하는 바가 오히려 전달될 수 없다는 거죠. 그가 말한 코미디라는 표현은 인물들을 거리를 두고 객관적으로 바라보라는 의미에 가까워요. 그렇게 보면 무겁지도 가볍지도 않게 있는 그대로의 삶을 바라볼 수 있으니까요. 트레플레프의 죽음을 처리하는 방식은 이를 단적으로 잘 보여주고 있어요. 개인적으로 『갈매기』는 계속 새로운 해석을 보고 싶은 작품이에요. 니나를 어떻게 표현하는가도 관건이고요.

단웅이 이제 『바냐 아저씨』도 설명해주세요.

김 교수 이 작품에는 전원극이라는 부제가 붙어 있어요. 지방의 영지를 배경으로 한다는 점에서 그렇게 볼 수 있지만 그보다 희비극적인 특성이 잘 나타나는 작품이에요. 이런 점이 실제 공연에서 잘 드러나면 성공적인 작품이 될 가능성이 높아져요. 주요 인물들은 퇴임한 교수 세레브랴코프, 그의 젊은 아내 옐레나, 세레브랴코프와 전처 사이의 딸 소냐, 세레브랴코프 전처의 모친 마리야, 소냐의 외삼촌 바냐, 의사 아스트로프, 몰락한 지주 쩰레긴, 늙은 유모 마리나가 있어요. 이 작품의 제목처럼 주인공을 바냐라고 볼 수 있는데 아스트로프, 옐레나, 세레브랴코프, 소냐가 모두 중요해서 모두가 주인공이라고 할 수 있어요. 주인공 바냐는 주인공이지만 평범하기 그지없는 인물이에요. 착하고 성실하게 살았지만 자신을 위해 산 것이 아니라는 후회와 자책으로 난동을 피우기도 하는데 이런 바냐를 보면 안 됐다는 생각은 들지만 멋있다거나 하는 느낌과는 거리가 있거든요. 바냐의 억울함은 충분히 이해가 되지만요. 바냐의 누이동생은 죽었고 그녀의 딸 소냐와 영지를 꾸려가느라고 힘든데 자신의 어머니는 여전히 예전의 사위인 세레브랴코프를 떠받들어요. 바냐 자신도 그동안 세레브랴코프가 위대한 학자인 줄 알고 존경하면서 영지를 운영하여 일정한 금액을 평생 세레브랴코프에게 보내고 빠듯하게 살아왔는데 그것이 얼마나 헛된 일이었는지를 깨달은 거죠. 결정적으로 옐레나에게 사랑을 고백하지 못하고 놓쳐버린 결과 세레브랴코프와 결혼한 것이 바냐에게는 너무도 시간을 되돌리고 싶은 일인 것이고요. 물론 사랑을 고백했다고 옐레나가 그와 결혼했을 것 같지는 않다는 것이 문제지만요. 그러나 바냐가 열심히 일한 결과에 대한 인정을 받지 못하는 상황이 부당한 것은 사실이에요. 나이는 들었는데 그동안의 삶이 헛되었다는 억울함이 세레브랴코프 부부를 만나면서 폭발하게 되는 거죠. 바냐의 조카 소냐도 삼촌과 함께 영지를 꾸려왔다는 점에서, 사랑을 얻지 못한다는 점에서 비슷한 고통을 갖고 있어요. 소냐는 비중이 큰 인물은 아니지만 이 작품에서 중요한 인물이에요. 물론 옐레나를 중심으로 한 바냐와 아스트로프의 애정관계가 흥미롭지만요. 이 작품은 2018년 윤성호 작가가 〈외로운 사람, 힘든 사람, 슬픈 사람〉으로 각색해서 현재의 대한민국 상황으로 바꿔 놓았는데 체호프 원작의 의미를 살리면서 동시대성을 부각하여 체호프 희곡이 지속적으로 공연되는 이유를 확인할 수 있었어요. 물론 작가가 체호프를 잘 이해하고 있었기 때문에 가능한 일이지만요. 이 작품에서는 소냐가 얼마나 멋있던지요.

단비 이제 『벚나무 동산』 차례예요.

김 교수 이 작품에는 희극이란 부제가 붙어 있어요. 앞에서 언급했듯
이 사실주의적인 관점에서 해석할 필요가 있어요. 멀리서 보면 비극,
가까이서 보면 희극이라는 말이 있잖아요. 사실주의는 진실을 밝히
기 위해 자세히 보는 것이니까요. 이 작품에 등장하는 인물들은 벚나
무 동산 영지의 주인인 라네프스카야, 그녀의 딸 아냐, 그녀의 양녀
바랴, 그녀의 오빠 가예프, 그녀의 집안에서 일하던 농노의 아들이
자 상인 로파힌, 라네프스카야 아들의 가정교사였던 대학생 트로피
모프, 아냐의 가정교사 샤를로타, 집사 에피호도프, 하녀 두냐샤, 젊
은 하인 야샤, 늙은 하인 피르스 등이에요. 이 작품은 19세기 말에서
20세기 초 러시아 귀족이 몰락하고 신흥 부르주아가 부상하는 흐름
을 잘 보여주고 있어요. 귀족 라네프스카야는 빚 때문에 아름다운 벚
나무 동산을 경매에 넘겨야 하는 상황에 처했고 로파힌이 이를 해결
할 수 있는 방법을 제시했지만 벚나무 동산에다 별장 임대를 하여 수
익을 올린다는 것을 받아들이지 못해요. 나무를 베고 새롭게 리노베
이션을 한다는 것은 벚나무 동산의 아름다움을 훼손하는 것이기 때
문에 옛날의 영광만 생각하는 귀족의 가치관을 지닌 라네프스카야
나 가예프는 현실적인 조언을 무시하고 돈 많은 숙모의 도움으로 막
연히 잘 되기를 바라죠. 그러나 벚나무 동산의 가치를 알고 가장 적
극적으로 움직인 로파힌이 경매에서 그것을 얻게 돼요. 마지막 장면
에서 벚나무가 베어지는 소리는 시대의 변화를 상징하는 의미로 강

한 여운을 남기죠. 체호프의 다른 작품에서와 마찬가지로 이 작품에도 악인은 없어요. 로파힌은 라네프스카야를 도우려고 했지만 라네프스카야가 그 방법을 받아들이지 않은 것이죠. 어떻게 보면 아주 자연스럽게 쇠락과 부흥의 과정을 보여주는 작품이죠. 라네프스카야는 로파힌과 자신의 양녀 바랴가 결혼하기를 바랐고 두 사람도 서로에게 호감을 갖고 있는데 결국 그것이 이루어지지 않아요. 신흥 부르주아를 상징하는 인물인 로파힌이 바랴와 결혼했더라면 어떤 방식으로든 라네프스카야의 벚나무 동산이 이어진다는 인상을 줄 수 있지만 그렇게 되지 않음으로써 구시대와 신시대는 다르다는 것을 드러내주기도 해요. 마지막에 늙은 하인 피르스가 대미를 장식하는 것도 의미가 있어요. 벚나무가 베어지는 것과 피르스의 죽음이 조응하거든요. 피르스는 농노 해방이 이루어졌음에도 이 집안의 하인을 자처했다는 점에서 귀족주의 시대에 순응했던 인물이었고 작품 안에서도 주인 가예프를 수족처럼 챙기거든요. 피르스 역시 조연이지만 작품 전체의 의미를 전해주는 역할을 하는 것이죠. 저는 1990년 러시아 연극을 초청해서 국내에서 공연된 모스크바 말리극장의 〈벚꽃동산〉을 본적이 있어요. 말리극장에서 공연하는 그대로의 무대세트를 비행기로 싣고 와서 말리극장의 배우들이 하는 공연이었어요. 그들의 사실주의가 무대에서 어떻게 구현되는지 궁금했었는데 그것을 확인할 수 있었죠. 관객으로서 몰입할 수 있는 무대였고 희곡을 전혀 모르는 상태에서도 이 작품의 의미가 번쩍하고 다가왔던 순간을 아직도 기억하고 있어요.

단웅이 대표작들에 대한 설명을 듣고 나니 체호프의 희곡에 대해 친근해진 느낌이 들어요. 저는 개인적으로 『바냐 아저씨』를 읽어보고 싶네요. 희곡으로 읽었을 때 특별히 어렵지는 않겠죠? 체호프 희곡을 읽을 때 신경 써야 하는 것이 있다면 말씀해주세요.

김 교수 러시아 작품이라 인물들의 이름이 길고 애칭이 나와서 어떤 인물인지 확인해야 하는 번거로움이 있지만 읽는데 특별히 어려움이 있지는 않아요. 체호프 작품들에 대해 설명 들으면서 눈치를 챘겠지만 체호프의 작품은 행동이나 갈등이 뚜렷하지 않아서 극적인 작품을 원한다면 심심하다고 느낄 수 있어요. TV 아침 드라마와 정반대의 지점에 있는 작품이라고 생각하면 돼요. 그래서 문면 아래의 흐름을 파악하는 것이 중요해요. 이것을 서브 텍스트라고 하죠. 인물들의 내적 심리 상태와 내적 갈등, 인물들 간의 관계, 이를 담고 있는 전체적인 상황과 미묘한 분위기를 알려고 하는 것이 중요해요. 체호프의 작품에서는 갈등이 회피되는 경향이 있어요. 『바냐 아저씨』에서는 갈등이 폭발하기도 하지만 『갈매기』나 『세 자매』에서는 갈등이 모호하다고 느낄 수 있어요. 그것이 복잡한 삶의 모습을 드러내는 체호프의 방법이에요.

단비 체호프 작품에 대한 이야기를 듣다보니 사실주의에 대한 언급이 많네요. 체호프의 사실주의에 대해 좀 더 설명을 듣고 싶어요. 혹시 의사라는 직업은 자연과학을 토대로 하는 것이기 때문에 그런 부분에서 사실주의 경향에 영향을 주는 측면이 있는지도 궁금해요.

김 교수 의사로서 자연과학을 공부했다는 이력이나 사할린 섬 여행을 통한 실증적인 탐구가 간접적으로 체호프의 작품에 드러난 사실주의와 무관하지 않다고 할 수 있죠. 그러나 직접적으로 대입하기는 무리가 있어요. 그렇다면 그것은 자연주의에 한정하게 되는 것이고. 체호프 작품에 대해 연구자들은 자연주의, 사실주의, 인상주의 등 다양하게 해석해요. 스타니슬랍스키는 한 작품 안에서도 다양한 경향이 섞여 있다고 봤는데 예를 들어 『갈매기』라는 작품 안에는 상징주의, 자연주의, 사실주의, 인상주의가 있다고 했어요. 그러니까 체호프의 사실주의가 어떤 성격의 것인지를 들여다보는 것이 더 도움이 될 거예요. 체호프는 사건을 찾지 않고 가장 일상적인 것을 재창조하는데 집중해요. 아무 것도 일어나지 않는 일상에서 삶의 완성된 드라마가 있다고 보는 것이죠. 체호프 스스로 한 말을 볼까요. "우리는 인생에서 매순간 서로에게 총을 쏘거나 사랑을 선언하지 않는다. 매순간 현명한 말을 하지도 않는다. 그보다는 먹고 마시고 수다 떨고 쓸데없는 말을 한다. 우리가 무대 위에서 봐야 하는 것이 바로 이런 것이다. … 자연주의인지 사실주의인지는 문제가 아니다. 삶은 있는 그대로 똑같이 보여져야 하고 과장된 방법이 아니라, 그들이 존재하는 바로 그대로 필요하다." 이것을 좀 더 설명해 볼게요. 우리를 흥분하게 만드는 작가들은 어딘가로 가서 우리를 부르는데 이성이 아니라 목적을 가지고 흔들어놓죠. 두 주먹을 쥐고 우리 삶이 어떻게 되어야 한다고 느끼게 하고요. 그런데 체호프가 보기에 더 뛰어난 작가들은 삶을 있는 그대로 쓴다는 거죠. 그리고 그 이상은 알 바가 아니라고 했어요. 그래서 열린 결말 속에서 체호프 작품들을 다양하게 해석할 수 있는 것이기도 하고요.

『세 자매』속 인물들과 삶

단웅이 이제 『세 자매』에 대해 자세히 알아보고 싶어요. 체호프에 대한 설명과 대표작들을 파악하고 나니 이 작품은 어떨지 또 궁금해지네요. 세 명의 자매가 등장하겠지요.

김 교수 네 맞아요. 이 작품은 드라마라는 부제가 붙어 있어요. 이 작품은 앞에서도 언급했듯이 모스크바 예술극장을 위해 쓴 작품이에요. 체호프는 1900년에 완성된 희곡을 가지고 극장 측에 전달했고 공연 연습에 참석하여 몇 차례 수정을 거쳐요. 이후 1901년 스타니슬랍스키 연출로 성공적인 초연을 하게 되고요. 이후에 희곡집과 전집으로 출간되었어요. 이 작품의 주요 등장인물은 첫째 딸 올가, 둘째 딸 마샤, 셋째 딸 이리나와 둘째이자 장남 안드레이, 안드레이의 약혼녀였다가 아내가 되는 나타샤, 마샤의 남편 쿨리긴, 육군중령 베르쉬닌, 이리나를 좋아하는 육군중위이자 남작 투젠바흐, 육군 이등 대위 솔료니, 군의관 체부티킨, 육군소위 페도티크와 로데, 시의회 수위 페라폰트, 유모였던 80세의 노파 안피사 등이에요. 등장인물들을 보니 군인이 많이 나오죠. 세 자매의 아버지가 여단을 지휘했던 장군이었기 때문에 세 자매의 집에는 항상 군인들이 드나들었어요. 아버지는 1년 전에 돌아가셨지만 극의 시작이 아버지가 돌아가신 지 1주년 되는 날이면서 막내 이리나의 명명일(영명축일)이라서 사람들이 이 집을 찾는 상황이고요. 활기차게 시작하지만 들여다보면 이런 사정이 있어요. 그래도 세 자매에게 희망이 하나 있는데 그것은 고향인 모스크바로 돌아가는 일이에요. 아버지가 여단장으로 모스크바를 떠나 이곳으로 온지 11년이나 되었고 아버지가 돌아가시면서 다시 모스크바로 돌아가길 바라게 돼요. 그리고 그것을 이 집안의 장남 안드레이가 대학교수가 되어 실현시켜 줄 수 있을 것이라고 기대해요.

단비   왠지 그 희망이 잘 이루어질 것 같지 않은 느낌이 드네요.

김 교수   우리의 삶이 그리 호락호락하지 않죠. 그렇지만 안드레이가 아니더라도 세 자매 누군가는 자신의 희망대로 살 수 있지 않을까 기대를 하면서 작품을 보게 돼요. 그러다가 결말에 이르면 왜 이렇게 되었을까 생각해보게 돼요. 19세기 말 러시아 귀족 여성들의 삶을 통해 우리의 삶도 들여다보게 되는 것이죠.

단뭉이   세 자매가 모스크바로 돌아가는 일이 이 작품에서 중요하다고 하셨는데 그 의미가 무엇일까요? 지방 도시에서의 삶이 행복하지 않아서 그런 것은 알겠지만 모스크바로 간다고 해서 예전의 행복감을 찾으리라는 보장이 없을 것 같거든요.

김 교수   맞아요. 독자들 눈에는 이 부분이 잘 보이죠. 모스크바에서 온 베르쉬닌도 이러한 이야기를 세 자매에게 해요. 작품에서는 세 자매가 생활에서 느끼는 변화가 크게 작용하는 것으로 나와요. 더구나 문화적인 것을 소중하게 여기는 귀족 여성들이잖아요. 3개 국어를 하거나 피아노를 잘 치거나 하는 일이 이 지방 도시에서는 의미가 없으니까요. 그렇지만 거기서 자신이 원하는 것을 하지 못한다는 열패감이 이 인물들을 더 갉아먹는 것이죠. 그래서 이들에게 모스크바는 단지 지리적인 의미만은 아니죠. 그러므로 모스크바로 간다는 것은 변화를 위한 행동이 필요하다는 의미를 포함하죠.

단비　'상징적인 의미의 모스크바'로 가는 인물이 있나요?

김 교수　'지리적인 의미의 모스크바'로 가는 인물은 없어요. 상징적인 의미는 여러분들이 작품을 읽으면서 한번 생각해보면 좋겠어요. 이에 대해서는 여러 의견들이 있을 수 있거든요.

단웅이　이 작품도 체호프의 다른 작품들처럼 특별한 사건이 없이 극이 진행되나요? 세 자매의 서사만 상상해도 흥미로운 내용이 있을 것 같은데 체호프 극의 특징을 고려하면 잔잔한 일상이 보일 것 같고요.

김 교수　이 작품은 비교적 긴 시간을 다루고 있어요. 1막과 4막의 시간 차이가 4년 정도 나거든요. 어떻게 보면 장편소설도 나올 만하죠. 그렇지만 대단한 서사가 전개되지는 않아요. 그렇지만 변화는 명확해요. 잘 살펴보면 그래도 인물들에게는 중요한 여러 사건이 있었거든요. 그런데 이러한 변화가 극 안에서 잘 다가오지 않아요. 연극으로 이 작품을 보면 이러한 특징이 더 잘 드러나요. 시간의 흐름에 따른 변화보다는 정체된 공간에 집중하게 하는 거죠. 그것이 또한 체호프 극의 또 다른 특징이라고 해요. 무대 안과 무대 밖의 사건이 차이가 나요. 무대 안에서는 일상적으로 소소한 것들만 제시되고 큰 변화는 무대 뒤에서 이뤄져요. 예를 들면 마샤는 17살에 결혼했지만 결혼 생활이 행복하지 않아요. 그러다 베르쉬닌 대령이 이 집에 찾아오게 되면서 서로 사랑하게 돼요. 그런데 어떻게 사랑하게 되었는지는 극 안에서는 드러나지 않아요. 마샤의 설명이 있을 뿐이에요. 이리나 역시 엄청난 사건을 겪어요. 결혼하기로 한 투젠바흐가 결투에서 사망해요. 그런데 이 사건 역시 무대 밖에서 이루어지고 군의관이자 이 집안의 오랜 벗인 체부티킨이 사건 현장에 있었고 그것을 알려줘요. 베르쉬닌한테도 아내와 관련된 사건이 자주 일어나는데 역시 무대 밖에서의 일로 처리되고요. 3막에서는 이 도시에 화재가 발생하는 큰일이 벌어지고 세 자매는 이재민에게 공간도 내어주고 도와주지만 관객들 눈에 보이는 무대에서는 이재민이 보이지 않아요. 그것 역시 인물들의 대사를 통해서만 전달되는 무대 밖의 일인 것이죠. 화재는 무대 안의 인물들에게 큰 영향을 미치고 있음에도 그렇게 표현되거든요. 따지고 보면 엄청난 사건들이 있었는데 무대 안의 공간과 시간에서는 그러한 것을 직접적으로 보여주지 않기 때문에 인물들의 내면에 집중하게 만들어요.

단비　그 말씀은 좀 지루할 수도 있다는 것으로 들려요. 그렇다면 이 작품을 잘 읽을 수 있는 방법이 있을까요?

김 교수　이 작품은 뭘 말하고 싶은 것인지에 대해 모호하다고 느낄 수 있어요. 그럴 때는 무대 뒤의 사건과 함께 해석해야 해요. 이 작품이 어려운 것은 절대 아닌데 몇 번을 읽어야 전체의 의미가 파악되는 점이 있어요. 처음에는 무대 안의 상황만 보게 되고 그 다음에는 무대 밖의 상황도 중요하다는 것을 파악하게 되면 무대 안의 상황이 달리 보여요. 처음에는 인물들의 대사를 관념적으로 받아들여서 모호하고 지루했다면 그 다음에는 그 의미를 음미하게 돼요. 베르쉬닌과 투젠바흐의 가치관을 비교해보게 되기도 하고요. 군인들인데 전쟁에 대한 이야기는 없고 철학적인 내용을 이야기하거든요. 군의관 체부티킨의 될 대로 되라는 가치관에 대해서도 생각해볼 수 있고요.

단웅이 이 작품에는 드라마라고 부제가 붙어 있다고 하셨는데 그렇다면 이 작품에서는 특별히 주의해서 봐야 하는 것이 있을까요? 행복하지 않은 결론을 그대로 받아들여도 되는 것인지, 이것을 또 다른 의미로 해석해야 하는 것인가 해서요. 『갈매기』의 경우 희극이라는 의미를 잘 해석해야 한다고 하셨기 때문에 이 작품에서는 어떤 주의를 기울여야 하는 것인지 궁금합니다.

김 교수 이 작품에서 올가나 이리나는 모스크바에 갈 희망을 주문처럼 외치면서 긍정적으로 수용하고 힘을 내려고 해요. 작품의 맨 마지막에서도 이리나와 올가의 대사로 맺음을 함으로써 의미를 부여하고요. 그런데 이 인물들이 고통을 수용하고 힘을 내고자 하는 대사를 그대로 받아들이는 것은 이 작품을 제대로 파악하는 것이 아니에요. 『갈매기』에서 비극적인 결말을 심각하게 보지 말고 거리를 두고 바라보길 원했듯이 이 작품에서의 희망찬 대사 역시 그저 낙관적으로만 바라보면 곤란해요. 주요한 인물들이 자신의 희망과 너무도 다른 삶을 살게 되거든요. 일보다 결혼을 원했던 올가는 일만 열심히 하다 교장 선생님이 되었고 누구보다 모스크바로 가길 원했던 가능성의 인물 이리나는 투젠바흐를 잃음으로써 그동안 차근차근 세웠던 계획과 과정 전부를 잃게 돼요. 마샤는 베르쉬닌이 떠남으로써 사랑을 포기해야 되고 안드레이는 모스크바 대학 교수 대신 지방시의회 의원으로 만족해야 하는 상황이 되고요. 그것도 아내가 바람피우는 남자가 의장인 곳에서요. 안드레이는 도박으로 집도 저당잡혀요. 베르쉬닌은 젊은 시절 상사병 소령으로 불렸는데 불행한 결혼 생활을 경험하고 다음 생이 있다면 비혼주의를 선택할 것이라고 이야기하죠. 이리나와의 사랑으로 삶을 아름답게 보던 투젠바흐는 그 사랑 때문에 헛된 죽음을 맞이하고요. 세 자매가 1막에서 희망적인 의미를 담아 모스크바로 가고 싶다고 외쳤던 상황은 정말 한 치 앞을 못 보는 민망한 상황이었던 것이죠. 모스크바는커녕 집에서도 나가야 하게 생겼으니까요. 세 자매를 비롯해 이 작품의 주요 인물들이 귀족이거나 교양이 있다 보니 그들의 불행이 처절하게 부각되지 않았을 뿐이죠. 올가와 이리나는 왜 그들이 고통받아야 하는지 이유를 알고 싶다고 외치죠. 그러나 답답하지만 그 상황을 수용할 수밖에 없어요. 이리나와 올가는 힘을 내고자 안간힘을 써요. 그것을 희망적이지 않다고 말할 수는 없죠. 그렇다고 희망적이라고 쉽게 단정하기도 어렵죠. 이리나의 새로운 삶이 어떻게 펼쳐질지 모르지만 다시 시작하는 것만으로 의미가 있다고 할 수도 있고 그녀들이 잘 견디는 것만 남았다는 것으로 볼 수도 있으니까요. 인물이 삶을 열심히 살고자 하는 태도와 실제 뜻대로 되지 않은 사실을 구분해서 볼 필요는 있어요. 본질적으로 세 자매의 이상이 실체가 있는 것인지에 대한 질문도 해 볼 수 있고요.

단비　설명을 듣고 보니 체호프 작품이 단순하지 않다는 것을 느꼈어요. 이 인물들을 보면 삶에 대한 태도를 돌아보게 돼요. 체호프가 끊임없이 재공연되고 사랑받는 이유도 이와 무관하지 않을 것 같아요.

김 교수 『세 자매』를 보면 19세기 말 러시아 귀족 여성과 군인장교들의 일상적인 삶을 그리고 있지만 그것이 19세기 러시아의 특정한 이 인물들에게 국한된 문제가 아니라는 것이죠. 이는 모든 고전이 지닌 장점이기도 하죠. 이 작품에는 미래에 대한 이야기가 많이 나오는데 투젠바흐와 베르쉬닌이 주로 이런 이야기를 해요. 두 사람의 견해는 좀 다른데 투젠바흐는 30년 뒤에는 모든 사람들이 일을 하게 될 거지만 1000년 뒤에도 인생은 여전히 힘들고 비밀로 가득차 있으며 같을 거라고 하고 베르쉬닌은 200년이나 300년 뒤 지구는 경이롭고 멋진 모습이 될 것인데 그것은 미래 세대의 기쁨일 뿐 우리 것은 아니라고 하죠. 베르쉬닌은 먼 미래를 위해 자신들의 고통이 의미가 있는 것이라는 역사주의적인 입장이고 투젠바흐는 미래에도 삶에 대한 비밀은 쉽게 풀리지 않는다는 입장인 것이죠. 고통과 행복을 느끼면서 살아갈 뿐 의미를 찾는 것은 무의미하다는 것이죠. 그렇다고 삶이 따분하고 무의미하다는 것은 아니에요. 눈이 내리는 자연현상에 목적적인 의미가 없지만 그 자체로 의미가 있는 것처럼요. 이런 부분에서 삶의 고통과 행복을 바라보는 태도를 기준점으로 놓고 시대적 특성에 따라 다양하게 표현할 수 있죠. 세 자매의 특성을 현대로 가져오면 다른 상황 속에서도 올가와 마샤와 이리나의 행동은 비슷할 수 있어요. 시간과 공간을 다 바꿀 수도 있죠.

단웅이 체호프 희곡의 보편성이 새롭게 재해석할 수 있는 원동력인 것이군요. 체호프 희곡이 그 당시로서 현대적이어서 그런 줄 알았어요. 그런데 그 당시에 체호프 희곡이 새로운 것이었나요? 현재의 관점에서는 아주 새롭다는 느낌을 받지 못할 수 있는데 그 당시에 체호프 희곡은 얼마나 새로운 것이었나요?

김 교수 체호프 희곡의 새로움과 현대성은 아이러니하게도 체호프 희곡이 지닌 사건이 없다거나 플롯이 약하다거나 행동이 부족하다거나 대사가 장황하다거나 하는 부정적 측면, 즉 기존의 연극적 규범에서 벗어나서 문제가 되었던 부분과 관련돼요. 『갈매기』에서 트레플레프가 기존의 연극을 비판하고 새로운 연극을 추구했던 것과 마찬가지로 체호프는 드라마 규범을 다시 제시한 것이죠. 그는 전통극의 규범을 가장하며 새로운 구성을 보여주는 방식을 택해요. 전통극의 규범을 가장했다고 표현한 것은 예를 들면 사실주의 형식을 버리고 부조리극의 형식으로 접근하지는 않았다는 뜻이에요. 내용적 차원에서는 진지함을 가장한 어긋남, 비극을 가장한 코미디의 성격을 보여주는 것이고요. 그래서 사실주의 작품인데 부조리극에서 보이는 희비극적인 특성도 드러나는 것이죠. 『세 자매』도 긴 시간을 다루는데 발단-전개-위기-절정 같은 익숙한 플롯을 찾기 어려워요. 투젠바흐와 솔뇨니의 갈등도 한 사람의 죽음으로 끝날 만큼 심각한 것 같지만 실제 두 인물 간의 다툼은 표면적으로 드러나지 않아요. 기존의 연극에서는 인물의 행동과 목표가 분명하다는 것과 비교하면 체호프 희곡의 특징이 새로운 것이라는 것을 알 수 있어요. 물론 단지 새롭다는 것으로 미덕이 될 수는 없죠. 그것이 삶의 다면성과 복잡함을 더 잘 포착하여 진실에 접근한다는 장점이 있기 때문이죠. 인물들을 객관적으로 조망할 수 있도록 하는 측면에서 감정 이입하는 것을 막는 효과

도 있고요. 이런 특징들은 그 이후의 새로운 연극 조류, 부조리극이
나 서사극에서 나타나는 효과를 미리 보여준다는 점에서 체호프 희
곡의 새로움이 현대성을 획득하게 되는 것이죠.

참고 문헌

1. 저서

안톤 체호프, 『체호프 희곡전집』 1, 2, 3, 이주영 옮김, 연극과 인간, 2017.

안톤 체호프, 『체호프 희곡선』, 박현섭 옮김, 을유문화사, 2012.

안톤 체호프, 『사할린 섬』, 배대화 옮김, 동북아역사재단, 2013.

김규종, 「체호프의 희곡 벚나무 동산 다시 읽기」, 『동북아문화연구』 24, 동북아시아
    문화학회, 2010.

김혜란, 「1940년 네미로비치-단첸꼬의 세 자매 공연과 전후의 낙관적인 체홉 공연
    들」, 『러시아어문학연구논집』 17, 한국러시아문학회, 2004.

오종우, 『체호프의 코미디와 진실』, 성균관대 출판부, 2005.

이주영, 「체호프 드라마의 현대성」, 『연극평론』 33호, 2004.

이진아, 「소비에트 해빙기 체호프 무대 해석의 혁신과 의미」, 『드라마연구』 36, 한
    국드라마학회, 2012.

이현우, 『로쟈의 러시아 문학 강의』, 현암사, 2014.

함영준, 「모스크바 예술극장 탄생과 발전 연구-연극 교육 프로그램으로서 스튜디
    오」, 『동유럽발칸학』 13권2호, 아시아·중동부유럽학회, 2011.

국립극단 블로그 https://blog.naver.com/mdtheater

2. 사진 자료

iStock 홈페이지(https://www.istockphoto.com/kr)

alamy 홈페이지(https://www.alamy.com/)

찬란하게 빛나는 운명을 향한 찬가

― 무라사키 시키부, 『겐지 이야기』

이유진

매화가 드문드문 피기 시작하여 정취가 그윽하니 음악놀이를 해도 좋은 때이거늘. 올해에는 음악 소리만 들어도 울음이 새어나올 듯하여 계절에 어울리는 시만 낭송하게 할 따름이었다. 도사에게 술잔을 건네며 겐지는 이렇게 노래했다.

내 목숨이 과연
봄까지 붙어 있을지
그러하기에 눈 쌓인 동안
피기 시작한 매화 가지를
오늘은 머리에 꽂으리다

'무라사키 시키부'와 '무라사키노우에'

단웅이   교수님, 이번 방학 동안 〈동아시아 세계문학〉이라는 특강을 수강했는데, 수업에서 『겐지 이야기』가 굉장히 중요하게 다루어졌어요. 마음 먹고 완독했는데, 여쭤보고 싶은 주제들이 참 많습니다.

단비   세상에! 『겐지 이야기』는 분량이 상당하잖아. 정말로 다 읽었어? 대단하다! 저는 아직 다 읽지는 못했어요. "일본의 마음", "시공을 초월한 영원한 여자와 남자 이야기"라는 소개 문구를 보고 마음이 끌리기도 했지만⋯장편으로 이루어진 작품이 아직 익숙하지 않고, 고어체 표현도 생소해서 생각보다 많은 시간이 필요할 것 같아요.

단웅이   단비야, 나도 처음이야. 『겐지 이야기』 같이 긴 분량의 작품을 접해 본 경험이 별로 없어. 『겐지 이야기』가 처음인 것 같아. 교수님께서도 제가 『겐지 이야기』를 다 읽었다는 이야기를 믿기 어려우시죠? 중간에 포기하지 않은 스스로가 신기하기도 하고 뿌듯하기도 했어요(웃음). 그동안 쭉 단편, 단권 분량의 책들만 읽어 왔는데 유독 『겐지 이야기』는 멈출 수가 없었어요. 사실 중간에 살짝 포기할 뻔했는데 등장인물들을 꼼꼼히 메모해 가며 공들여 읽었던 순간들이 떠올라 끝까지 다 읽기로 했어요. 히카루 겐지光源氏를 중심으로 무라사키노우에紫の上, 아오이노우에葵の上, 아카시노카타明石の方, 하나치루사토花散里, 온나산노미야女三宮, 레제테이冷泉帝, 유기리夕霧, 카오루薫 등 주요 등장인물만 해도 수십 명에 이르러서 처음에 얼마나 힘들었는지 몰라요.

이 교수   믿기 어렵다니요? 단웅이가 독서의 지평을 스스로 넓혔군요! 독서는 여행 같아서 누가 대신해 줄 수 없지요. 여행도 스스로 여러 가지 경험을 해보아야 비로소 '취향'을 말할 수 있는 거잖아요. 내가 좋아하는 여행지, 여행방식을 찾아낼 때까지 탐색을 계속해 나가야 하지요. 단비도 단웅이처럼 『겐지 이야기』를 완독하고 나면 장편의 매력을 새롭게 발견할 수 있을 거예요.

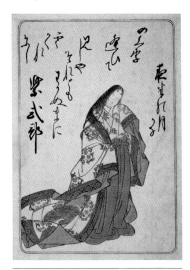

무라사키 시키부(紫式部, 978?–1014?)
출처: alamy

단웅이 　그런데 작가 무라사키 시키부가 어떤 인물인지 정보를 알기가 쉽지 않아서 질문을 드리고 싶었어요. 무라사키 시키부紫式部라는 이름이 진짜 이름이 아니라고 해서 혼란스러웠어요. '무라사키'는 『겐지 이야기』에서 상당히 중요한 비중을 차지하는 인물의 이름이기도 하잖아요. 작가와 작중 인물의 이름이 이렇게 똑같은 것이 우연일까요. 혹시 작가의 자전적 삶이 캐릭터에 투영된 것은 아닌지 여쭤보고 싶었습니다.

이 교수 　무라사키 시키부는 일본 헤이안 시대平安時代를 살다간 궁녀로 알려져 있어요. 작가의 이름이 무엇인지 정확히 알 수 없고 생몰연대도 추정만 할 뿐이랍니다. 우리에게 알려진 '무라사키 시키부'라는 이름은 일종의 필명筆名이라고 볼 수 있어요. 무라사키는 필명, 시키부는 아버지나 남자형제 등 가족의 관직, 직책명을 따른 것으로 알려져 있지요. 무라사키라는 필명의 유래에 대해서는 정말 여러 가지 설이 존재하는데, 내가 개인적으로 가장 신빙성이 있다고 보는 것은 작가 사후에 독자들이 붙인 별칭이 작가의 필명으로 굳어졌다는 설입니다. 단웅이가 말해준 것처럼 '무라사키紫'는 『겐지 이야기』에서 상당히 중요한 등장인물이지요. 이렇게 중요한 인물의 이름을 작가 스스로가 굳이 필명으로 삼지는 않았을 것 같습니다. 작품 몰입에 방해가 될 수도 있으니까요.

단비   헤이안 시대 여인들의 경우, 무라사키 시키부뿐만 아니라 실명이 전하는 경우가 거의 없었다고 이해하면 될까요? '무라사키'가 작품에서 비중 있는 인물이라면, 작가에게도 어떤 특별한 의미가 있었을 것 같아요. 캐릭터에 애정을 담아 자신의 필명을 붙여줬을 수도 있고, 반대로 캐릭터를 창조한 다음 그 캐릭터가 마음에 들어서 자신의 필명으로 삼았을 가능성도 있지 않을까요?

이 교수   물론 여러 가지 가능성이 열려 있지요. 어느 날, 작가와 관련해 새로운 자료가 발견되어서 '무라사키 시키부' 생애에 대해 속 시원하게 알 수 있으면 얼마나 좋을까 하는 생각이 들면서도⋯한편으로 우리가 작품을 더 자유롭게 느끼고 상상할 수 있도록 작가와 무라사키의 관계성이 영원히 모호한 채로 남아 있으면 어떨까 하는 생각도 들고요(웃음). 그래도 『겐지 이야기』의 섬세한 구성과 조화로운 설정을 떠올려 보면, 우연이거나, 충동적인 요소들이 섞여들기 참 어렵겠다는 생각이 듭니다. 작품 전체의 미학과 의미를 해치면서까지 무라사키의 비중을 돌출시키려는 의도는 감지되지 않기 때문이지요. 단웅이는 이 문제에 대해서 어떻게 생각하나요?

단웅이   저도 그렇게 생각해요. 『겐지 이야기』의 주인공 '히카루 겐지 光源氏'의 삶에는 수많은 여인이 존재하는데 '무라사키'는 정말 달라요. 겐지의 멋진 점, 못난 점을 다 경험한 사람이거든요. 현대적 관점에서 바라보면 아마 가장 억울한, 질곡에 가득 찬 삶을 살다 간 여인이라고 볼 수 있어요. 작가의 이름과 삶이 무라사키에게 투영되었다고 전제하면 아무래도 작품을 읽는 재미가 떨어질 것 같아요. 작가와 무라사키의 존재를 계속 의식하면서 작품을 읽어 나가야 하니까요.

이 교수 흥미로운 지적입니다. 『겐지 이야기』를 읽노라면 어딘가에서 주인공들의 희미한 한숨과 작은 발걸음 소리까지 들리는 것 같은 기분이 들어요. 작품의 문장표현도 섬세하지만, 작품세계 또한 만만치 않게 치밀하고 자세합니다. 당대 실존했던 인물들의 삶을 그대로 옮겨온 것은 아닐까 하는 생각이 들 정도로 말이지요. 실제로『무라사키 시키부의 일기』를 살펴보면 당대 무라사키 시키부가 경험했던 궁정 생활, 인간군상 등을 엿볼 수 있답니다.

단비 교수님께서 방금 말씀해 주신 『무라사키 시키부의 일기』는 『겐지 이야기』와 같은 성격의 작품인가요? 연작聯作 소설처럼, 어떤 작품이 큰 성공을 거두면 후속작이 나오기도 하잖아요.

이 교수 『무라사키 시키부의 일기』는 개인적 삶의 기록이지만, 오늘날 독자들에게는 헤이안 시대 궁정 문화를 폭넓게 상상할 수 있게 하는 자료이기도 합니다. 무라사키는 970년경 교토京都의 지방 관료 '후지와라 노다메토키'의 둘째 딸로 태어난 것으로 알려져 있어요. 『무라사키 시키부의 일기』에 따르면 무라사키는 어린 시절부터 문학적 소양이 남달랐던 것 같아요. "나는 아버지께서 형제에게 읽기와 쓰기를 가르칠 때 어깨너머로 들으며 배웠다. 다른 사람들은 글을 읽으면 잊어버렸지만, 나는 이상하게 보일 정도로 한 번 쓱 훑어보고도 쉽게 외울 수 있었다. 글에 조예가 깊었던 부모님께서는 '이 딸 아이가 사내아이였다면 좋았을 텐데…' 항상 이렇게 안타까워하셨다."라는 기록이 남아 있답니다.

단웅이 이따금 여성 문인들의 개인적 삶은 '비극'으로 유형화되어 있는 것은 아닐까 하는 생각이 들기도 합니다. 무라사키 시키부도 특별한 재능을 가지고 인정받지 못하는 비극적 삶을 살아갔는지 궁금합니다.

이 교수 남아있는 자료들로 추정해 볼 때, 무라사키 시키부의 개인적 삶은…글쎄요. 남편 후지와라노 노부타카와 2-3년간 짧은 결혼생활 중 딸 하나를 겨우 얻고 사별했다고 알려져 있어요. 남편과 사별 후, 이치죠 왕一条, 980~1011의 중궁中宮 후지와라노 쇼시藤原彰子, 988~1074의 시녀로 궁정 생활을 시작했지요. 남편을 일찍 여의고 온갖 법도에 얽매여 있는 궁중에서의 삶을 살다갔으니 불행하다고 볼 수도 있겠지요. 반대로 일종의 특권, 기회를 가진 것으로 해석해 볼 여지도 있고요.

단비 만약, 무라사키 시키부가 궁정 밖에서 평범한 여인의 삶을 살다갔다면, 자신의 비범한 재능을 펼칠 기회를 얻지 못했을 수도 있기 때문이겠군요! 헤이안 시대 최고의 업적이라 불리는 『겐지 이야기』가 세상에 존재하지 못했을 수도 있고요. 일본인들에게 『겐지 이야기』는 단순한 작품을 넘어, 일종의 '의식'이라고 들었어요.

이 교수 『겐지 이야기』를 기리는 수많은 표현 중에 "일본의 마음"이라는 말이 있지요. 과장된 표현이라고 생각할 수도 있지만 작품을 읽어보면 이것보다 더 정확한 평가가 없는 것 같아요. 무라사키 시키부가 경험한 헤이안 시대의 궁중문화는 일본 고전 시대의 우아함을 응축하고 있다고 알려져 있어요. 헤이안 시대의 우아함, '미야비雅'는 헤이안 시대를 지나 역사적 격동기에도 잊혀지지 않고 일본 문화에서 지속적인 영향력을 발휘했다고 하지요. 각 지방의 무사들이 거칠게 들고 일어나 그야말로 약육강식 풍진시대가 펼쳐지는 와중에도 문화적인 측면에서는 미야비의 존재를 끊임없이 의식했다고 전해요.

헤이안 시대, 미야비雅의 개화

단웅이 역사적으로 궁중문화가 융성하면 문화, 예술이 정교한 방식으로 발전하는 경향이 있잖아요. 일본의 역사문화 그중에서도 궁중문화에 대해서는 아는 것보다 모르는 내용이 훨씬 많아서 작품이 어렵게 느껴졌던 것 같아요. 일본에 대해 우리가 느끼는 감정을 표현할 때, 가깝고도 먼 나라라고 하잖아요. 저는 일제강점기에 대해 배우고 느끼면서 미움과 슬픈 마음이 무엇보다 컸어요. 그래서 일본의 다른

「박꽃」 삽화

역사적 순간을 충분히 살피지 못한 것 같아요.

단비   저도 단웅이와 크게 다르지 않아요. 『겐지 이야기』를 읽으면서, 일본 전통화에 그려진 남녀의 이미지들이 헤이안 시대를 표현한 것은 아닐까 추측만 했던 것 같아요. 여인들이 머리카락을 바닥까지 늘어트린 채 장막을 사이에 두고 남성들과 밀회하는 모습이 그려진 전통화들이요.

이 교수   그럼 우리 헤이안 시대에 대해 조금 더 알아볼까요? 헤이안平安은 오늘날 교토京都의 옛 이름이에요. 헤이안 시대는 794년 옛 도읍 나라를 떠나 헤이안에 새로운 터전을 마련하고 왕과 귀족이 궁정을 중심으로 큰 힘을 발휘한 시대를 일컬어요. 옛 도읍 나라奈良는 불교가 특히 융성해서 사찰과 불교시설을 중심으로 승려들이 정치적으로 막강한 영향력을 행사했지요. 나라 시대에 도쿄道鏡,?~772 같은 승려는 주술과 신탁을 빙자해서 왕위까지 욕심냈다고 전하지요. 왕과 귀족들이 국사國事의 중심이 되기 위해서는 '헤이안'처럼 새로운 정치적 터전이 필요한 상황이었답니다.

단웅이   왕권의 회복, 강화 외에 다른 목적이나 배경은 없었을까요? 도읍을 옮기는 일은 예나 지금이나 큰 기획이잖아요.

이 교수   옛 도읍이었던 나라는 위치, 규모 등 여러 면에서 수도로 적합하지 못했다는 견해가 있어요. 나라는 기나이 지방의 남쪽 산악지대에 위치하기 때문에 일본 전역으로 영향력을 행사하기에 역부족이라는 평가를 받았지요. 예컨대 '에미시蝦夷'라고 불렸던 동북지방 부족과 대치하면서 진압에 어려움을 겪었다고 해요. 반면에 헤이안은 사회정치적으로 새로운 계기를 마련하면서, 수로나 육로의 접근이 모두 수월했다는 측면에서 좋은 평가를 받았지요.

단비   당시 한국과 중국의 역사를 살펴보면 모두 불교가 융성했던 시기이잖아요. 그런 의미에서 일본도 불교의 영향력이 갑자기 줄어들거나 하지는 않았을 것 같아요. 헤이안 천도 이후 불교의 영향, 그러니까 조정과 승려들의 관계는 어떠한 변화를 겪었을까요?

이 교수   헤이안 천도 이후, 조정은 불교가 세속 정치나 권력에서 멀어져 종교 본연의 역할을 맡도록 장려하는 정책을 펼쳤다고 합니다. 옛 도읍 나라의 오래된 사원을 떠나, 헤이안의 엔랴쿠지延曆寺를 중심으로 천태종天台宗이 융성하게 된 것도 우연이 아니지요. 엔랴쿠지는 일본 천태종의 본산으로 처음에는 매우 규모가 작은 절이었다고 해요. 이후 헤이안의 위상이 높아지면서 엔랴쿠지의 영향력도 함께 커지게 되었지요. 엔랴쿠지는 북동부 에메시 등 부정적 세력으로부터 헤이안을 지키는 수호사원으로 여겨지기도 했답니다.

단웅이   천태종은 형식적인 의례보다 대승불교적 성격이 강하다고 알고 있는데요. 부처를 우주적 깨달음에 도달한 초월적 존재로 인식하고, 사람들이 성불할 수 있도록 도와주는 보살의 역할을 강조한다고 들었어요. 헤이안 시대 천태종도 마찬가지였을까요? 같은 종파라도 지역과 문화의 영향을 받아 다른 지향을 보일 수 있다는 이야기를 들었어요.

이 교수   나라가 도읍이던 시대까지만 하더라도 불교는 귀족들을 위한 것이었어요. 이에 반해 헤이안 시대 천태종 승려들은 다양한 종교적 진리와 의례를 아울러 일본 전역에 불교가 전파되도록 힘썼답니다. 물론 헤이안 시대 초기794~858, 중기858~1068, 후기1068~1192에 따라 그 영향력과 지향 등 여러 면에서 차이가 있었어요. 언어, 몸, 마음의 신비를 탐색하는 밀교Tantrism의 영향력도 상당했고, 대중이 아니라 다시 귀족 중심의 경향을 나타내기도 했습니다. 신분이 높지 않으면 승려가 되거나, 높은 승직에 오를 수 없는 일도 비일비재했다고 전하지요. 의례와 수행체계가 오묘한 진언종眞言宗이 귀족들 사이에서 유행하면서 천태종이 그 본 모습을 잃어버렸다는 비판적 평가도 있습니다. 대중들을 속여 돈을 받고 건강과 번영을 위한 의식을 대강 치러주는 일들도 많았다고 하니까요.

단비   헤이안 시대의 불교가 복합적인 지향을 나타냈다는 말씀이시군요. 불성의 보편성을 설파하면서도 의례나 수행체계가 복잡하고 비용도 많이 들어서 소수 귀족에게만 허락되었고요. 헤이안 시대의 불교 건축이나 예술문화도 귀족 중심의 경향을 보일 수밖에 없었겠네요?

이 교수   당시 헤이안에는 나라 만큼이나 많은 사찰이 새롭게 생겨났다고 해요. 새롭게 생겨난 사찰들은 번잡한 정치나 속세의 문제를 떠나 자연 속에서 명상하고 수행하는 공간으로 여겨졌어요. 국가의 복잡한 사회정치 문제를 승려들이 간섭하지 못하도록 공간적으로 분리시켰다고 이해하면 쉽겠네요.

자연에 대한 민감한 감수성

단웅이   불교 사찰뿐 아니라 헤이안 시대를 배경으로 한 『겐지 이야기』 작품세계도 자연관의 영향을 많이 받은 것처럼 보이는데…어떻게 해석하고 표현해야 좋을지 잘 모르겠어요. 『겐지 이야기』와 관련해서 일본의 연구 자료를 두루 살펴보았는데 "일본의 전통문화에는 자연에 대한 민감한 감수성 및 그런 자연과 인간의 합일을 추구하는 경향이 두드러진다"는 분석이 있었어요. 일본의 전통문화에만 해당하는 분석은 아닌 것 같은데 이렇게 해석해도 괜찮을까요?

단비　자연에 대한 민감한 감수성은 모든 역사와 문화를 관통하는 주제가 아닐까요? 한국, 중국 등 동아시아 문화권을 넘어서요. 최근 〈바이킹스Vikings〉라는 시리즈물을 보고 북유럽 신화를 다룬 책들을 찾아 읽게 되었는데 인간과 대자연의 관계가 굉장히 신성하게 다뤄지고 있어서 놀랐어요. 자연과 인간이 수직적 관계를 형성하는 것이 아니라 함께 어우러져서 합일된 경지를 추구했다는 내용이 특히 흥미로웠어요.

「호접」에 등장하는 뱃놀이 풍경　　　　　　출처: alamy

이 교수　『겐지 이야기』「호접胡蝶」권의 한 구절을 살펴보면 일본 전통문화가 추구하는 자연관에 대해 더 잘 이해해 볼 수 있지 않을까 합니다.

　용두익수龍頭鷁首는 온통 당나라식으로 꾸며져 있었고, 키잡이나 삿대잡이 소년 무사는 머리를 갈라 양쪽 귀 위에서 둥글게 땋도록 했다. 이것도 중국식으로 꾸며놓았다. 배가 큰 못 가운데로 나아가자 시녀들은 마치 외국 여행을 하는 것 같았고, 이런 경험이 없는 사람들이기에 참으로 즐거워했다. 섬의 후미진 배를 대어놓고 멀리 바라보도록 했는데 아무렇지도 않은 바위조차 그림처럼 아름다웠다. 이쪽저쪽 온통 꽃 안개와 어우러진 나뭇가지들은 비단을 깔아놓은 듯했고, 육조원 저택이 아득하게 보였으며 저쪽 언덕엔 가지를 축 늘어뜨린 버드나무를 비롯하여 한층 화려하게 핀 꽃나무도 나란히 서 있었다. 다른 곳에서는 철이 지난 벚꽃도 여기서만은 한창때처럼 아름다웠다. 복도에 둘려 핀 등꽃도 배가 가까워짐에 따라 뚜렷한 자주빛이 드러났다. 또한 못물에 그림자를 드리운 황매화 나무도 한창 만발해 있었다. 그곳에 물새 암수 여러 쌍이 놀고 있었는데, 어떤 놈은 가느다란 나뭇가지를 입에 물고 나지막이 날았다. 원앙새는 비단 같은 물결에 무늬를 그리고 있었다. 그림을 그리고 싶은 풍경이 잇달아 눈앞에 펼쳐졌으니, 신선놀음에 도끼자루 썩는 줄 모른다는 이야기처럼 황홀감에 빠져, 시녀들은 오랫동안 물 위에 있었다. 갈 곳도 돌아갈 곳도 잊을 만큼 물에서 바라보는 풍경은 아름다웠다.

단웅이 유명한 뱃놀이 장면이군요! 저도 「호접」권을 읽고 작품이 묘사한 뱃놀이 풍경이 너무 선하게 그려져서 놀랐어요. 뱃놀이를 즐기면서 주인공들과 같은 풍경을 바라보고 있는 듯한 착각이 들 정도였습니다.

단비 단웅아, 나는 「호접」권을 다룬 전통화가 기억나. 나비처럼 날개옷을 입은 여인들이 그려져 있었는데 정말 아름다웠어.

이 교수 단웅이, 단비가 이야기해 준 것처럼 자연에 대한 감수성과 합일의 추구는 일본뿐 아니라 모든 문명, 역사, 예술에 존재하고 있지요. 그렇지만 구체적인 표현과 의미 등의 지향 면에서 적지 않은 차이가 있어요. 앞에서 헤이안 시대가 지향한 우아함, 미야비雅가 헤이안 시대 이후에도 일본 문화에 큰 영향을 끼쳤다고 소개했었지요. 일본 문화에서 미야비는 일본인의 근본적인 미의식을 형성하는 요소로, 절제되어 있으면서 미묘하게 가려져 있는 암시적인 방식으로 나타나는 아름다움을 뜻해요. 미야비는 「호접」의 뱃놀이 장면에도 잘 드러나는데 한번 자세히 살펴볼까요? 자연에 '풍덩' 빠져서 하나가 되는 것이 아니라, "눈앞에 펼쳐졌으니 바라보는 풍경은 아름다웠다"라고 표현되고 있잖아요. 이렇게 자연, 사물 등에 감정을 이입해 감동하는 것이 일본 전통문화가 지향하는 미의식, 자연에 대한 감수성이라고 이해하면 쉬울 거예요. 일본 전통문화에서 아름다움은 인간의 '지각知覺'을 통해 성립돼요. 아름다움이란 대상 안에 내재하는 것이 아니라, 아름다움을 지각하는 주체인 인간의 감정感情에 의해 환기된다는 뜻이지요.

단비 일본의 전통적 미의식에 따르면 자연에 풍덩 뛰어들어 직접

몸을 담그지 않더라도 자연과 하나가 되는 것이 가능하다는 말씀이
시군요. 「호접」의 뱃놀이 장면을 보더라도 주인공들이 자연과 약간
거리를 두고 풍경을 바라'만' 보고 있잖아요. 그런데도 주인공들은
자연과 하나가 되어 있어요.

찬란하게 아름다운 슬픔의 정조情操

단웅이   교수님 말씀을 듣고 보니 일본 전통문화가 지향하는 자연관과
감수성이 무엇인지 조금씩 느낌이 오는 것 같아요. 아직 미학 분야의
개념이 생소해서 정확히 표현할 수는 없지만…『겐지 이야기』의 모든
순간들 그러니까 「호접」 권의 뱃놀이처럼 찬란하고 아름다운 풍경을
배경으로 하는 순간에도 왠지 모르게 쓸쓸한 기분이 드는 것은 왜일
까요?

이 교수   일본의 전통 미학을 다룬 연구는 서양의 미학 이론을 그대로
적용하지 않고 새로운 의미와 복잡한 해석을 더한 사례가 많아요. 학
생들이 이해하기가 정말 어렵게 되어 있지요. 그래도 『겐지 이야기』
를 깊이 있게 이해하기 위해서는 꼭 필요한 개념이니 우리 함께 조금
더 욕심을 내볼까요. 앞서 언급하기도 했지만, 일본의 전통적인 미의
식에서 아름다움은 그 자체보다 그것을 느낄 수 있는 인간의 지각,
감정을 더 중요한 문제로 다룬다고 했잖아요.

단비   네, 자연에 '풍덩' 하고 뛰어들지 않더라도 자연의 풍경을 관
조하며 자연과 합일을 이룰 수 있다고 풀어주셨어요.

이 교수 '풍덩'만 기억하면 곤란합니다(웃음). 사실 해석이 다양한 주제에요. 나는 여러분들의 이해를 돕기 위해 간략하게 요약한 것이고요. 여러분들이 『겐지 이야기』를 다룬 전문 연구나 해설서를 찾아보면, 아마 굉장히 낯선 개념이 반복해서 언급될 거예요.

단웅이 네, '모노노아와레'라는 표현이 많이 등장했습니다. 반복해서 등장하는 표현이라 찾아보았는데 사전적 의미가 더 알쏭달쏭했어요. 우선, 마음에 젖어 드는 정감情感·정취情趣를 뜻한다고 했고요. 어쩐지 슬프게 느껴지는 비애감, 무상함이라는 뜻도 있었던 것으로 기억합니다.

이 교수 맞습니다. 이렇게 '모노노아와레物の哀れ'라는 개념이 낯설고, 어렵게 느껴지는 가장 큰 이유는 우리에게 그 의미가 너무 모호하게 다가오기 때문이 아닐까 해요. 그동안 모노노아와레라는 전통적인 개념을 현대적으로 풀어내려는 여러 가지 시도들이 있었어요. 모노노아와레를 서양의 파토스Pathos에 비견하기도 했고요.

단비 서양 철학에서 이야기하는 파토스 개념과 같은 의미에서요?!

이 교수 서양의 파토스에 조금 더 세밀한 의미를 더하여, 모노노아와레를 '사물의 파토스'로 해석하기도 했답니다.

단웅이 모노노아와레를 사물의 파토스로 보면 해석이 더 복잡해질 것 같은데요. 모노노아와레는 일단 슬프다는 거잖아요. 사물이 스스로 어떻게 슬플 수가 있어요. 서양의 이론을 의식해 설명하려다 보니까 오히려 본질에서 너무 멀어진 것 같아요.

이 교수 예리한 지적입니다! '사물의 파토스'라고 하면 왠지 모르게 어색한 번역어 같은 느낌이 드는 것도 사실이지요. 『겐지 이야기』는 아주 세밀한 묘사를 통해 모노노아와레의 정점을 구현했다고 평가됩니다. 아까 단웅이가 「호접」 권의 뱃놀이 풍경 묘사가 너무 섬세해서 주인공들과 같은 풍경을 바라보고 있는 듯한 착각이 들었다고 말했었지요. 『겐지 이야기』는 당대 그 어떤 작품보다 감각 표현이 탁월했다고 전해요. 자연의 풍경, 주요 사건, 생활의 주변적인 내용까지 아주 자세하게 묘사해서 독자가 주인공들과 함께 보고, 듣고, 느끼는 것 같은 기분이 들도록 했다는 것이지요. 모노노아와레를 넓게 보면 외부 세계에 의해 갖게 되는 감정을 뜻해요. 좁게 해석하면 비애감으로 볼 수 있고요. 우리가 무언가에 감정을 이입할 때 느끼는 슬픔을 떠올려 보면 금방 이해가 될 거예요.

단비 일본 전통문화가 지향하는 미의식, 자연에 대한 감수성과 같은 방식으로 이해해 볼 수 있겠네요. 자연풍경의 아름다움에 대해 논의할 때 그것을 지각하는 주체인 인간의 감정을 강조했으니까요. 그런데 그 감정이 왜 꼭 비애감으로 귀결되어야 할까요?

사계四季의 순환과 인간의 비극적 숙명

이 교수 일본의 가집歌集 중 가장 오래된 자료로 여겨지는 『고금집古今集』에서 헤이안 시대 시인인 기노 쓰라유키紀貫之, ?-945는 봄날의 풍경을 "봄안개 피고 나무눈 트는 봄 눈 내리면 꽃 없는 마을도 꽃이 흩날리네"라고 노래한 바 있어요. 봄날 꽃이 피지 않은 마을에 초봄의 눈이 흩날리는 풍경을 묘사한 작품이지요. 기노 쓰라유키는 『고금집』

의 대표 편찬자로서 서문을 직접 쓰기도 했고, 사계·절기별 순환에 따라 작품들을 세심하게 배열한 것으로 알려져 있어요. 이러한 『고금집』 편찬을 헤이안 문화 전성기의 출발점으로 꼽는 연구자들도 많아요. 봄-여름-가을-겨울 사계의 순환은 우리 시대의 노랫말에서도 중요한 주제를 형성하고 있잖아요.

단비 　계절에 어울리는 곡들이 절기에 따라 발표되기도 하지만, 〈봄여름가을겨울〉이라는 이름의 곡들도 많은 것 같아요. "이듬해 질 녘 꽃 피는 봄 한여름 밤의 꿈 가을 타 겨울 내릴 눈…정들었던 내 젊은 날 이제는 안녕, 아름답던 우리의 봄 여름 가을 겨울"이라는 노랫말의 곡도 있었고요. 계절의 순환을 시간, 인생의 여정에 비유해서 봄을 젊고 가장 아름답던 순간으로 표현한 곡이에요.

단웅이 　저도 〈봄여름가을겨울〉을 듣고 노랫말이 왠지 마음에 남았어요. 『겐지 이야기』에서도 사계는 굉장히 중요한 의미를 담고 있는 것 같아요. 단비가 말해준 것처럼 겐지를 비롯해서 주인공들이 가장 젊고 아름다웠던 때는 봄으로 표현되고, 생의 마지막에 이르렀을 때는 겨울을 배경으로 하고 있었거든요. 그러고 보니 겐지가 특별히 사랑했던 여인 무라사키가 거처했던 곳도 봄의 저택이었어요.

이 교수 　겐지는 대저택 육조원 안에 봄, 여름, 가을, 겨울 각 계절에 어울리는 주택과 정원을 조성해서 여인들을 거주하도록 했어요. 동남쪽 봄의 저택에는 무라사키노무에, 서남쪽 가을의 저택에는 양녀 아키코노무 중궁, 동북쪽 여름의 저택에는 하나치루사토, 서북쪽 겨울의 저택에는 아카시노키미를 각각 거처하게 했지요. 이러한 육조원의 설정은 사계를 인격화한 것으로 해석되기도 해요. 물론 오늘날의

「어린 무라사키」 삽화

관점에서 보면 이해하기 어려울 수 있어요. 실제로 『겐지 이야기』가 여성의 사물화, 약탈혼 같은 부정적 개념들과 연결된다고 비판하는 목소리도 적지 않고요.

단비   저도 무라사키가 겐지를 만난 과정이 문제가 있다고 생각했어요. 무라사키가 겐지를 처음 만났을 때는 나이도 무척 어렸고 부모님의 보호도 받지 못한 상태였잖아요. 겐지라는 인물을 어떤 방식으로 이해해야 좋을지 모를 정도로 혼란스러운 설정이었어요.

단웅이   단비야, 나도 정말 혼란스러웠어. 겐지가 가장 파렴치한 인물로 느껴졌던 부분이었거든. 작품 속에서 겐지가 무라사키의 외조모에게 후견인이 되고 싶다고 말했는데 실은 다 거짓말이잖아요. 어린 무라사키에게 다른 감정을 품었고 소유하고 싶었던 욕망을 감춘 거예요.

이 교수　얼마 전 우연히 온라인 오픈 사전에 올라와 있는 『겐지 이야기』의 카테고리를 살펴보았는데 겐지를 아주 해체하듯이 신랄한 시각으로 분석해 놓았더라고요. 특히 '겐지의 연인'이라는 이름의 카테고리 내용이 참 자세하고 흥미로웠답니다. 자, 우리 우선 진정하고 『겐지 이야기』 전체 구성을 함께 짚어봅시다. 현존하는 『겐지 이야기』는 총 54권으로 이루어져 있는데, 전체를 정편正編과 속편續編으로 나누기도 하고, 1~3부의 구성으로 나누어 살피기도 합니다. 작품의 분량이 방대하고 등장인물의 출입도 복잡해서 편의상 3부 구성으로 분석하는 경우가 많답니다. 1부는 총 33권으로 이루어져 있는데, 기리쓰보 왕桐壺帝의 둘째 아들인 주인공 겐지가 태어나 39세까지 경험한 영화를 중심으로 하지요. 총 8권으로 이루어진 2부는 겐지의 중년과 말년을 그려냅니다. 무라사키와의 관계도 어긋나고 정실正室 온나산노미야女三宮가 밀통을 통해 가오루薫를 낳는 등 비극적인 사건들이 이어지지요. 3부는 겐지가 죽고, 다음 세대의 주인공들이 중심이 됩니다. 온나산노미야가 낳은 가오루와 겐지의 외손자 니오노미야匂宮를 중심으로 그들의 사랑과 고뇌를 다루고 있지요.

단비　저는 이제 2부까지 읽었는데 3부의 내용은 어쩐지 전혀 다른 분위기일 것 같아요. 후대에 다른 작가가 창작한 일종의 후일담 같은 성격으로 보면 될까요?

이 교수　『겐지 이야기』는 천년의 역사를 건너온 작품이잖아요. 1008년 11월 중순 『무라사키 시키부 일기』의 기사를 살펴보면 여러 장을 골라내서 『겐지 이야기』의 원본이 되는 책과 함께 서사를 의뢰하는 내용이 등장하거든요. 물론 여기서 언급된 '겐지 이야기』의 원본이 되

육조원의 겨울 풍경

출처: alamy

는 책'은 오늘날 『겐지 이야기』와 같은 구성은 아니었을 거예요. 주인공의 등장순서나 내용의 모순 등 오류가 존재하는 것을 볼 때 중간에 내용이 보완되기도 하고, 배열이 달라지는 등 여러 변화를 겪었겠지요. 무라사키 시키부 외에 다른 작가가 존재했다는 설도 유력하고요.

단웅이 저도 다른 작가가 제3부를 집필한 것 같다는 느낌을 강하게 받았어요. 2부와 3부의 경계가 상당히 불분명하게 처리되어 있거든요. 2부의 마지막과 3부의 서두 부분을 제가 한번 읽어보겠습니다.

> 매화가 드문드문 피기 시작하여 정취가 그윽하니 음악놀이를 해도 좋은 때이거늘. 올해에는 음악 소리만 들어도 울음이 새어나올 듯하여 계절에 어울리는 시만 낭송하게 할 따름이었다. 도사에게 술잔을 건네며 겐지는 이렇게 노래했다.
>
> 내 목숨이 과연
> 봄까지 붙어 있을지

그러하기에 눈 쌓인 동안

피기 시작한 매화 가지를

오늘은 머리에 꽂으리다

겐지가 세상을 떠난 뒤, 그 빛나는 용모를 이을 만한 사람은 많은 유족들 가운데 찾아보기 어려웠다. 레이제이 상황은 너무 지체가 높아 견주기가 황송했다. 천황과 아카시 중궁 사이의 셋째 황자와, 육조원에서 함께 자란 주작원의 온나산노미야의 아들 가오루 이 두 사람 모두 미모가 뛰어난 귀공자였다. 그러나 겐지만한 미남이라고 칭할 정도는 아닌 것 같다. 다만 예사 사람보다는 매우 훌륭하고 아름다운 모습을 갖춘 분들인데다, 모든 조건이 두루 걸맞은 신분이라는 점에서는 겐지보다 올려 평가되기도 하여 사람들이 존경하는 마음으로 우러러보는 경향이 있었다.

단웅이　2부의 마지막은 그 배경이 겨울이었어요. 노쇠한 겐지는 스스로 생의 마지막에 도달했다는 것을 알고 있고요. 그래서 출가를 준비하는 장면도 나오는데 그 최후의 장면이 구체적으로 묘사되지 않아 정말 의아했어요. 그러다가 갑자기 43권에서 "겐지가 세상을 떠난 뒤"라고 언급한 후, 가오루와 니오노미야에 대한 세평을 소개하는 내용으로 넘어가 버렸거든요. 이 두 사람은 겐지처럼 아름답지는 않았지만, 뭇사람들에게 훌륭하다고 존경받는 인물들이었다고 했고요.

단비　단웅아, 나는 2부 마지막에 겐지의 죽음이 구체적으로 다루어지지 않아서 오히려 더 좋았어. 눈이 펑펑 내려 소복하게 쌓인 가운데 겐지와 도사가 노래를 주고받는 장면이 세상에서 제일 슬프고 아름답게 다가왔거든. 겐지가 오래도록 방에만 머물다가 나왔는데 "그 얼굴과 모습이 그 옛날 빛나는 겐지라 칭송받던 눈부신 아름다움에 더하여 한결 빛이 나는 듯하니, 마치 이 세상 사람이 아닌 것처럼 아름다웠다"라고 했잖아. 그전까지 무라사키를 비롯해 여러 여인의 마음을 배신하고 농락했다고 생각해서 미워했는데…그 미워했던 마음이 떠오르지 않을 만큼 감동적이었어.

이 교수 우리 이런 가정을 한번 해볼까요. 헤이안 시대 사람들에게, 혹은 헤이안 시대 고풍스러운 미야비雅를 추구했던 사람들에게 겐지는 과연 어떤 인물로 다가왔을까요?

단뭉이 독자층에 따라 큰 차이가 존재하지 않았을까요? 당시 남성들은 무척 부러워했을 것 같아요. 겐지에게 어떤 결핍도 없어서요. 젊은 시절 겐지는 그 이름처럼 반짝반짝 빛나는 존재였잖아요. 타고난 외모, 신분, 재능 등 모든 면에서 비길 존재가 없었다고 하니까요. 어린 무라사키에게 정말 몹쓸 짓을 하기는 했지만…봄날 벚꽃처럼 아름다운 무라사키와 함께했다는 점도 큰 부러움을 샀겠지요.

단비 저는 겐지가 당시 신격화된 존재로 여겨졌을 것 같아요. 현실에 그런 외모와 자질을 타고난 사람이 어디 있었겠어요. 신격화된 존재로 여겨져서 여인들의 애정과 삶을 농락하더라도 용인되었겠지요. 사실 잘 모르겠습니다. 아주아주 인간적인 면모들도 많았거든요. 보통 사람보다 더 깊이 아파하고 불안정해 보인 순간들이 많아서 판단을 내리기가 어려워요.

이 교수 두 사람의 해석처럼 겐지 안에는 수많은 모습들이 존재하고 있어요. 완전한 존재인 것 같으면서 동시에 한없이 모자라고 결핍된 인간의 모습을 나타내지요. 비록 왕의 아들로 태어났지만 어머니를 일찍 여의어 진실한 애정이 무엇인지도 몰랐어요. 죽은 어머니를 닮았다는 아버지의 여인 '후지츠보여어藤壺女御'를 향한 불순한 욕망, 후지쯔보를 닮은 어린 무라사키를 소유하려는 그의 형상은 저열하기보다는 어쩐지 처연하게 느껴집니다.

단웅이 겉보기에는 아무런 결핍이 없는 존재로 보였는데 그 내면은 텅 비어 있었겠군요. 겐지에 대해 엽색獵色을 일삼는 난봉꾼이라는 평가도 적지 않은 것 같아요. 동서고금을 막론하고 이런 인물들의 곁에는 조용히 인내하는 여인들이 등장하잖아요. 그런 의미에서 무라사키를 겐지의 진정한 연인으로 볼 수 있을까요?

단비 겐지가 비록 직접 목소리를 낸 것은 아니지만…저는 두 사람만의 특별한 애정을 확인할 수 있는 표현이 작품 곳곳에 숨겨져 있다고 생각해요. 겐지가 생애 마지막 해를 보내면서 주변을 정리하는 장면이 나오거든요. 그때 다른 여인들에게서 받은 연애편지는 흉물스럽다고 하면서 시녀들을 시켜 가차 없이 찢어버리고 말아요. 그런데 무라사키의 필적이 남아있는 편지는 따로 묶어서 소중하게 간직했어요. 마지막에는 무라사키의 필적 옆에 노래 한 수를 곁들여 적어 놓고 불태우는데…먼저 세상을 떠난 무라사키를 향한 그리움과 깊은 사랑이 느껴졌어요.

이 교수 드디어 단비가 『겐지 이야기』가 추구한 '모노노아와레'를 포착해 냈군요. 겐지는 무라사키가 자신에게 어떤 의미의 여인이었는지 구구절절하게 말하지 않았어요. 생애 마지막까지 그녀가 남긴 연애편지를 소중하게 다룰 뿐이었죠. 겐지의 이런 애틋한 행동 속에서 우리는 무라사키를 향한 그의 사랑이 영원히 변하지 않았음을 느낄 수 있지요.

단웅이 처음에 『겐지 이야기』를 완독했다고 교수님께 자랑했던 제 모습이 부끄러워졌어요. 줄거리나 인물들의 이름을 기억하는 데만 급급했던 것 같아요. 읽는 속도나 진도가 중요한 문제가 아니었는데… 오늘 교수님, 단비와 대화를 나누면서 생각이 많이 바뀌었어요. 단비가 책을 다 읽지 못했다고 해서 함께 이야기를 나눌 수 없다고 생각했거든요. 그런데 단비가 저보다 더 깊이 있게 작품을 이해하고 있었어요.

단비 저는 단웅이가 헤이안 시대부터 『겐지 이야기』 전체 구성까지 폭넓은 주제를 이야기해 줘서 고마웠어요. 제3부까지 다 읽고 단웅이와 다시 한번 이야기할 기회가 있었으면 좋겠어요. 교수님께도 부탁드리고 싶습니다.

이 교수 물론입니다. 『겐지 이야기』에 관심을 가진 다른 학생들이 있는지 알아보겠습니다. 마음에 드는 캐릭터 이야기도 하고 시끌벅적한 토론 모임을 만들어 봅시다.

참고 문헌

1. 저서

紫式部 著, 유정 譯, 『겐지이야기』, 동서문화사, 2015.

紫式部 著, 정순분 譯, 『무라사키시키부 일기』, 커뮤니케이션북스, 2011.

紀貫之 著, 구정호 譯, 『고킨와카슈』, 소명출판, 2010.

家永三郎 著, 이영 譯, 『일본문화사』, 까치, 1999.

大岡信 著, 왕숙영 譯, 『일본시가의 마음과 민낯』, 소명출판, 2014.

Varley, H. Paul, 박규태 譯, 『일본문화사』, 경당, 2011.

일본고전독회 編, 『키워드로 읽는 겐지 이야기』, 제이앤씨, 2013.

김병숙, 「『源氏物語』の感覚表現研究」, 한국외국어대학교 박사학위논문, 2010.

김종덕, 『겐지 이야기의 전승과 작의』, 제이앤씨, 2014.

김충영, 『일본고전문학의 배경과 흐름』, 고려대학교 출판부, 2007.

박규태, 『일본정신의 풍경』, 한길사, 2009.

임성철, 『한일 고시가의 자연관 비교』, 지식과 교양, 2010.

최재철, 『일본문학 속의 사계(四季): 한국문학과의 비교를 통하여』, 소명출판, 2016.

2. 사진 자료

alamy 홈페이지(https://www.alamy.com/)

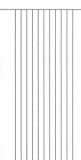

삶은 지속된다
─김훈, 『남한산성』

김주언

나는 아무 편도 아니다. 나는 다만 고통받는 자들의 편이다.
성 아래로 강물이 흘러와 성은 세계에 닿아 있었고, 모든 봄은 새로웠다.
슬픔이 나를 옥죄는 동안, 서둘러 작은 이야기를 지어서 내 조국의 성에
바친다.

역사'소설'이다

단비   소설가 김훈의 『남한산성』학고재, 2007은 병자호란을 소설화한
    것입니다. 아무래도 이 소설이 나온 이상 이제 병자호란을 이해하기
    위해서는 『남한산성』을 읽는 것이 효과적이겠지요?

김 교수   그렇지 않습니다. 병자호란에 관한 역사 정보라면 모르는 것
    빼고 다 아는 네이버 선생이 훨씬 더 유용할 수 있습니다. 소설이란

100쇄 출판 기념 아트 에디션까지 나온 『남한산성』 출판물 시리즈   출처: 학고재

장르 자체에 대한 이해가 우선 필요합니다. 소설은 요약하고 정리하지 않습니다. 그런 면에서 소설은 그렇게 '효과적'인 장르가 아니지요. 역사소설은 역사를 소설화한 것뿐이고, 역사를 대신하거나 대체하고자 하는 용도로 쓰인 것이 아닙니다. 역사 자체와 역사소설을 혼동해서는 안 되고, 역사소설에서 '역사'만을 추려내 사실史實 정보만을 취하는 태도 역시 바람직하지 않습니다.

단웅이 역사소설은 결국 역사를 말하는 것일 텐데, 굳이 그렇게 까다롭게 구분해야 할까요?

김 교수 네! 역사가 하나의 이야기history라면, 소설도 하나의 이야기story입니다. 이때 소설이 역사를 근거로 한다고 해서 이 둘이 결국 하나로 동일시되는 것이 아닙니다. 역사소설에서 역사와 소설을 동일시하려고 하는 관점은 보통 역사를 우위에 두고, 역사의 소설화 정도에 따라 소설의 성취를 가늠하려고 하는 경향이 있습니다. 자, 그런데 생각해 보세요. 대체 역사란 무엇입니까? 『조선왕조실록』에 쓰인 것이 역사입니까? 우리는 당시의 역사를 직접 보고 듣고 경험하지 못했습니다. 그래서 어떤 기록물에 의존해 그것을 읽은 다음 '안다'고 판단하는데, 모든 기록물은 그것을 쓰는 사람이 있는 것이고, 그것을 썼을 때는 쓴 사람의 관점이라는 것이 있기 마련입니다. 『인조대왕실록』은 임금을 '上'이라고 적고 있는데, '上'이 아닌 사람의 관점과 스탠스가 있는 것이지요. 아무리 객관적인 '실록'이라고 해도 모든 것을 있는 그대로 쓸 수는 없는 것이고, 반드시 취사선택의 판단이 개입했겠지요. 사실史實의 진위 여부 문제도 그렇습니다. 史實이 事實이라고 하더라도 事實에 史實로 개입하는 지점이 있는 것이고, 얼마만한 분량으로 다루느냐도 중요한 문제입니다. 모든 역사는 이렇게 관점과 해석의 역사입니다. 소설 역시, 그것이 역사소설이라고 할지라도 하나의 관점이고 해석을 제시하는 것이지요. 따라서 우리에게 중요한 것은 역사 자체가 아니라 김훈이라는 작가의 병자호란에 대한 해석이고 관점일 뿐입니다.

단웅이 네. 잘 알겠습니다. 역사 공부를 좀 하려고 했는데, 소설로 역사를 공부하겠다는 생각이 허점이 많은 것이군요.

김 교수 역사 공부도 좋지요. 우리는 역사를 알아야 현재를 절대화하지 않습니다. 다만, 역사 공부를 하시되, 오직 그런 목적이라면 굳이 긴 소설을 읽는 수고를 바칠 필요가 있을까 싶은 것이지요. 소설로 역사를 공부하더라도 다양한 관점의 가능성을 염두에 두고 작가가 어떤 선택을 했는가에 관심을 기울일 필요가 있습니다. 그러면 소설

읽기에도 보다 능동적인 계기가 부여될 수 있습니다.

첫 문장부터가

단비　그리고 보니 소설 첫 문장부터가 예사롭지 않습니다. "서울을 버려야 서울로 돌아올 수 있다는 말은 그럴듯하게 들렸다."가 첫 문장인데요. 아이러니나 역설로 읽어야 하는가요?

김 교수　소설 이해의 전문 용어를 쓰시는군요. 작가가 소설의 첫 문장에 많은 공을 들인다는 것은 틀림없는 사실입니다. 영국의 저명한 문학 이론가이자 비평가인 테리 이글턴은 이렇게 쓴 적이 있어요. "작가들은 첫 장의 도입부에서 최대한 진중하게 처신하려는 경향이 있습니다. 깊은 감명을 주기를 열망하고, 변덕스러운 독자의 눈길을 사로잡고 싶어 하며, 때로 최대한의 노력을 기울이려고 열중하지만 그 노력이 지나치지 않도록 주의해야 합니다." 네, 김훈 작가의 작품에서도 이런 욕망이 투영된 것으로 보입니다.

단웅이　김훈 작가는 『칼의 노래』에서는 첫 문장을 "버려진 섬마다 꽃이 피었다."라고 썼습니다. 그런데 『남한산성』에서는 좀 다릅니다. "서울을 버려야 서울로 돌아올 수 있다는 말은 그럴듯하게 들렸다."가 첫 문장입니다. 어디에선가 김훈 작가는 『칼의 노래』 첫 문장을 두고 밤잠을 설쳐가며 고민 고민 끝에 수정했다는 얘기를 읽은 적이 있습니다. "꽃은" 대신에 "꽃이"로 고쳤다고 기억하는데요, 그런데

『남한산성』에서는 작가가 선호하는 주격조사 '이' 대신에 '은'을 선택했습니다. 실수는 아니겠지요? 이 문제를 어떻게 이해해야 할까요?

김 교수 놀라운 맥락의 독서입니다. 텍스트 자체에 충실하는 아주 바람직한 독서 태도이지요. 자세히 읽기가 모든 읽기의 기본입니다. 자, 잘 보시면 주어가 다르지 않습니까? 『칼의 노래』

1910년대 남한산성 남문의 모습
출처: 경기도 박물관

에서는 '꽃'이 주어이고, 『남한산성』에서는 '말'이 주어입니다. '꽃'은 객관적 리얼리티를 갖는 사물이지만, '말'은 주관적 태도의 산물이라고 할 수 있습니다. 여기서 주격 조사 '이'는 주관적 정서의 개입 없이 객관적 현실을 그 자체로 드러내 주는 조사로 쓰였고, '은'은 주어의 자리에 있는 대상에 대한 어떤 유보감을 표현하고 있는 것으로 보입니다. 유보감이란 들리는 '말'을 말하는 자의 의도대로 액면 그대로 받아들이지 않기 때문에 생깁니다. 그럴듯하게 들리는 '말' 저편에 '말'과는 다를 수 있는 현실의 가능성을 배제하지 않는 것이지요. 이 가능성이 '은'이라는 조사 하나를 통해 불거집니다. 작가는 객관적 리얼리티를 중시해서 '꽃'과 같은 객관적 대상은 그 자체로 드러내 주지만, 객관에 주관적 정서나 태도가 포개지는 '말' 같은 대상은 상대화시키고 객관화시키고 싶은 의지가 있는 것 같다고 풀이할 수 있습니다. 요컨대 작가는『칼의 노래』,『남한산성』두 작품을 통해서 객관적 대상을 섣부르게 주관적 정서로 구부리지 않겠다는 취지를 일관되게 갖고 있는 셈이지요. 그런 리얼리즘의 태도가 첫 문장에서 읽히는 것 같습니다.

단웅이 그렇다면 작가는『남한산성』에서 말을 불신한다는 말씀입니까?

김 교수 중요한 질문입니다. 적어도 '말'의 세계를 가만히 두지 않고 비판하겠다는 작의가 읽혀지는 것이죠.

단비 말의 세계에 대한 비판이 첫 문장 다음에도 이어지는 것 같습니다. "문장으로 발신發身한 대신들의 말은 기름진 뱀과 같았고, 흐린 날의 산맥과 같았다. 말로써 말을 건드리면 말은 대가리부터 꼬리까지 빠르게 꿈틀거리며 새로운 대열을 갖추었고, 똬리 틈새로 대가리를 치켜들어 혀를 내밀었다. 혀들은 맹렬한 불꽃으로 편전의 밤을 밝혔다. 묘당廟堂에 쌓인 말들은 대가리와 꼬리를 서로 엇물면서 떼뱀으로 뒤엉켰고, 보이지 않는 산맥으로 치솟아 시야를 가로막고 출렁거렸다. 말들의 산맥 너머는 겨울이었는데, 임금의 시야는 그 겨울 들판에 닿을 수 없었다."고 작가는 쓰고 있는데, 여기서 말은 '기름진 뱀'이거나 '흐린 날의 산맥'이군요. 징그럽고 음흉하게 느껴집니다.

김 교수 네. 지금까지의 서술 태도를 구체적인 상황으로 전개하고 강조하는 대목이 한 번 더 등장합니다. 다음 대목입니다. "적이 임진강을 건넜으므로, 서울을 버려야 서울로 돌아올 수 있다는 말은 그럴듯하게 들렸다. 종묘와 사직단 사이에서 머뭇거리다 도성이 포위되면 서울을 버릴 수 없을 것이고, 성루로 다시 돌아올 일은 아예 없을 터였다. 파주를 막아 낼 수 있다면 서울로 돌아오기 위해 서울을 버려야 할 일이 없을 터이지만, 그 말이 옳은지 아닌지를 물을 수 없는 까닭은 적들이 이미 임진강을 건넜기 때문이었다. 반드시 죽을 무기를 쥔 군사들은 반드시 죽을 싸움에 나아가 적의 말발굽 아래서 죽고, 신하는 임금의 몸을 막아서서 죽고, 임금은 종묘의 위패를 끌어안고 죽어도, 들에 살아남은 백성들이 농장기를 들고 일어서서 아비는 아들을 죽인 적을 베고, 아들은 누이를 간음한 적을 찢어서 마침내 사직을 회복하리라는 말은 크고 높았다. 하지만 적들은 이미 임진강을 건넜으므로 그 말의 크기와 높이는 보이지 않았다.”

말에 대한 비판

단비　특히 말을 '먼지'로 규정하는 대목이 인상적입니다. 작가에 의하면 '말(언어) 먼지'가 있고, '말馬 먼지'가 있습니다.

김 교수　남한산성 안에서 척화파와 주화파가 대립합니다. 달리 말하자면 명분론과 현실론의 대립이라고 할 수 있지요. 그러나 이 모든 '말'의 대립을 작가는 '말(언어) 먼지'로 규정하지요. 기껏해야 언쟁에 불과한 이 모든 말 먼지는 칸이 몰고 온 또 다른 '말馬 먼지'에 의해 평정되지 않을 수 없는 운명에 처합니다. 이 운명이 힘 없는 임금과 말뿐인 문약한 신료들의 나라가 겪는 운명이겠지요.

말(言語) 먼지를 압도하는 말(馬) 먼지

단웅이 작가가 말(언어)의 세계를 비판하는 것은 이뿐만이 아닌 것 같
습니다. 조선의 입장에서 보자면 천하의 역적이라고 할 수 있는 정명
수는 다름 아닌 말의 요령을 터득한 인물 아닙니까?

김 교수 네. 잘 보셨습니다. 장명수의 위치 맞은편에 누가 있는가를 상
상해 보면 아주 흥미로운 독서가 될 수도 있습니다.

단웅이 무슨 말씀이신지 잘 모르겠습니다.

김 교수 김상헌이 최명길과 대립한다는 것은 텍스트 문면에 그대로 드
러나는 바와 같지요. 그러나 소설 작품에는 그들이 한 번도 어떤 사
안으로 부딪치거나 대립하지 않아도, 또는 심지어 만나지도 않아도
대립적인 캐릭터로 설정될 수가 있습니다. 그런 설정을 통해 작가의
숨은 의도가 더욱 심층적으로 구조화된다고 봐야지요.

단비　정명수는 누구와 특별히 대립한다기보다는 '공공의 적' 아닙니까?

김 교수　그러니까 상상력을 발동시켜야 한다는 것이지요. 불특정 다수란 아무도 아니라는 말과 다르지 않습니다.

단비　혹시 서날쇠를 말씀하시는가요?

김 교수　정명수와 서날쇠는 같은 극천의 출신성분을 가지고 있지만, 전혀 다른 길을 가지요. 정명수는 이적 행위를 일삼는 사람이고, 서날쇠는 구국 영웅이라고 할 수 있습니다. 정명수는 '말'로 먹고 사는 사람이고, 서날쇠는 '몸'으로 사는 사람입니다.

단비　그럼 『남한산성』에서 '말'의 반대말은 '몸'이겠군요?

김 교수　그렇게도 말해 볼 수 있겠습니다. '언행일치.' 이런 말은 관행적으로 우리가 흔히 쓰는 말이지요. 이 관행 속에서도 말과 행위는 하나가 아닌 대립적인 위치가 전제되어 있습니다. 괴테의 『파우스트』를 보면 성경에 있는 "태초에 말씀이 있었다."를 "태초에 행위가 있었다."로 번역해 보고자 하지요. 동서고금 인류의 사고 패턴 속에서 무의식화된 대립인 것 같습니다. 말과 몸의 대립은 이런 대립에서 구체적인 맥락을 갖는 측면이 있겠지요. 그러나 물론 이것이 전부는 아니지요. 병조판서 이성구가 임금에게 보고하는 말에는 "지금 사대부들이 성첩에 올라와서 한 가지를 보면 열 가지를 말하고, 문자를 써서 무식한 군병들을 꾸짖고 조롱하며, 주역을 끌어대며 군의 길흉을 입에 올려 군심을 불안케 하니, 사대부들의 성첩 출입을 금하여 주"라는 청이 있습니다. 또, 칸은 침략자일 뿐만 아니라 "문체를 꾸며서 부화한 문장과 뜻이 수줍어서 은비한 문장과 말을 멀리 돌려서 우원한 문장을 먹으로 뭉갰고, 말을 구부려서 잔망스러운 문장과 말을 늘려서 게으른 문장을 꾸짖"는 사람이기도 합니다. 이처럼 『남한산성』에서는 말뿐인 무성한 말들의 세계가 도처에서 시련을 겪고 있습니다. 그리고 이 시련은 다름 아닌 조선의 시련이기도 하지요. 자, 작가의 말들의 세계에 대한 비판의지에 대해 말하다가 여기까지 온 것 같습니다. 이 문제는 여기까지 하지요.

국가란 무엇이고 정치란 무엇인가

단웅이 청병이 오면 얼음 위로 길을 잡아 강을 건네주고 곡식이라도 얻어 볼까 해서 강가의 마을에 있다는 사공에 대해 김상헌이 "이것이 백성인가. 이것이 백성이었던가"라고 한탄하는 대목이 나옵니다. 백성의 존재가 너무 폄하된 것 아닙니까?

김 교수 백성은 먹고 사는 문제가 최우선인 사람들이지요. 누구에게도 백성의 이런 모습을 비판할 자격이 없습니다. 특히 위정자라면 그렇습니다. 백성이 한심하다고 생각하기 이전에 나라는 백성에게 무엇을 해주었는가를 반성해야 마땅하겠지요. "이것이 백성인가"에는 따라서 일방적인 백성 비판이 아니라 김상헌의 자기 발견과 자기 반성의 의미가 얹혀져 있다고 여겨집니다. 정작 백성의 존재가 무엇인지도 모르는 엘리트 정치인이 조정에서 백성을 다스려야 한다고 생각하고 있었다면 그것이야말로 한심한 일이 아니겠습니까.

"그해 겨울은 일찍 와서 오래 머물렀다."

단비 대체 국가란 무엇이고 정치는 무엇이란 말입니까? 왜 죄 없는 백성이 이렇게 죽어야 하는 것입니까?

김 교수 네. 그렇지요. 죽은 백성은 말이 없지만, 백성의 죽음은 우리에게 말을 걸어오고 이렇게 물음을 던집니다. 이미 잘 먹고 잘 사는 사람들에게는 국가가 필요 없을 수도 있습니다. 정치도 그렇습니다. 그러나 당장의 끼니가 걱정인 사공 같은 처지의 백성에게는 올바른 정치와 국가의 존재가 필요합니다. 백성을 위한 국가라면 마땅히 이런 약자들을 사회 안전망 속에서 보호해야겠지요. 그것이 국가의 존재 이유일 것입니다. 그런데 지금 사공에게 국가란 허구적인 폭력의 정치 기구에 불과합니다.

단웅이 김상헌이 사공을 죽이는 장면은 정말 충격적입니다. 『남한산성』 어디에도 이런 충격적인 장면은 없는 것 같습니다. 김상헌은 꼭 그렇게 사공을 죽여야만 했을까요?

김 교수 네, 그렇지요. 충격적입니다. 전란이 참극의 실상으로 다가오는 장면인 것 같습니다.

단웅이 김상헌은 왜 화를 참지 못하고, 그렇게 무자비한 행동을 하는지, 조선 최고의 명망가답지 않습니다.

김 교수 과연 김상헌이 그 사공을 죽였을까요. 김상헌 개인이 죽였다기보다는 백성을 버리고 도망이나 다니는 조선 조정의 무능이 죽인 것은 아닐까요. 좀 더 구체적으로 말해보자면 화를 못 참는 김상헌의 우발적인 행동이라고 볼 근거는 별로 없습니다. 우리는 근거를 가지고 합리적으로 말하는 태도를 소중하게 여겨야 합니다. 김상헌은 사적으로 일신의 감정을 주체하지 못해서, 분노조절장애자여서 칼부림으로 자기 감정의 희생양을 만들어 낼 인물이 아니지요. 소설 전편을 통해 볼 때, 김상헌은 그런 성품의 인물로 묘사되고 있지 않습니다. 화풀이 행위로 볼 만한 근거가 적어도 소설 안에서는 희박하다는 겁니다. 김상헌의 평소 성품과 무관한 예외적인 흥분상태라고 볼 근거도 없습니다. 아주 냉정하게 거행되는 의식儀式 같은 김상헌의 칼부림은 후회나 반성을 만들지도 않지요. 울음을 머금은 냉정한 의식. 무엇이 조선 최고의 문신 김상헌을 그렇게 무자비한 일개 칼잡이로 만든 것일까요.

단웅이 칼을 휘두르는 김상헌에게는 책임이 없다는 말씀입니까? 김상헌의 칼은 김상헌의 것이지 않습니까?

김 교수 전쟁은 상황에 얽매이지 않는 한 사람의 독립적인 자유의지를 허용하지 않는다는 말이지요. 특히, 위기의 상황에서는 그렇습니다. 어떤 자유의 영역이 있다고 해도 그것은 지극히 제한적입니다. 비인 간적으로 제한적이지요. 그래서 우리는 전쟁 같은 극단 상황에 늘 반대 하는 태도를 갖고 있으며, 평화를 유지하는 데 힘을 쓰는 것이겠지요.

길과 시간의 논리

단비　　『남한산성』이 전쟁 이야기라고는 합니다만, 무슨 흥미로운 전 투 장면 같은 것이 등장하는 것도 아니고, 스펙터클도 없는 것 같습 니다.

김 교수　전쟁다운 전쟁이 없는 전쟁, 오히려 말(언어)들이 승한 전쟁이 지요. '흥미'라면 좀 차원이 다른 흥미를 발견할 수도 있습니다. 주화 파 대 척화파, 현실론 대 명분론의 싸움이 '길'의 논리로 전개되는 대 목은 이 작품에서 빼놓을 수 없는 핵심 가운데 하나입니다.

단비　　김상헌이나 최명길은 다음과 같이 모두 '길'을 말하며 다툽니다.

　　청군의 근접 배치가 끝나던 날, 냉이국으로 아침을 먹은 신 료들은 어전에 모였다. 신료들은 입을 다물었고 임금이 먼저 말을 꺼냈다.
　　—칸이 오기는 왔다는 것인가?
　　김상헌이 말했다.

신하들의 대립

　　—칸이 여기까지 오기도 어렵거니와 칸이 왔다 한들 아니 온
것과 다르지 않사옵니다.
　　—다르지 않다니? 같을 리가 있겠는가?
　　—우리의 길은 매한가지라는 뜻이옵니다.
　　최명길이 말했다.
　　—제발 예판은 길, 길 하지 마시오. 길이란 땅바닥에 있는 것
이오. 가면 길이고 가지 않으면 땅바닥인 것이오.
　　김상헌이 목청을 높였다.
　　—내 말이 그 말이오. 갈 수 없는 길은 길이 아니란 말이오.

　　여기서 김상헌이 말하는 '길'과 최명길이 말하는 '길'은 무슨 차이
가 있습니까?
　　김 교수　김상헌은 "길은 사람의 마음속에 있는 것이며, 마음의 길을 마

음 밖으로 밀어내어 세상의 길과 맞닿게 해서 마음과 세상이 한 줄로 이어지는 자리에서 삶의 길은 열릴 것"이라고 믿는 입장입니다. 관념적인 입장이지요. 반면 최명길에게 길은 땅바닥에 있는 자명한 것입니다. 영어 'way'와 'road'는 모두 우리에게 '길'로 번역되지요. 한 사람은 전자의 의미로 길을 말하고, 다른 한 사람은 후자의 의미로 길을 말한다고 생각해 보면 어떨까요.

단비   좀 더 자세하게 설명해 주시면 고맙겠습니다.

김 교수   자세한 설명은 오히려 고마운 일이 아닐 겁니다. 여기까지 말하면 스스로의 힘으로 깨우쳐 보려고 노력할 때, 그 깨달음이 자기의 것이 됩니다. 소설을 자세히 읽으면서 깊은 생각에 빠져보길 권합니다.

단웅이   길의 문제뿐만 아니라 시간의 문제도 애매합니다. 백제의 온조왕에게 제사를 지낼 때, 최명길과 김상헌은 각자 어떤 시간을 생각하고 있는데 동상이몽처럼 느껴집니다.

김 교수   최명길은 삶의 영원성만이 치욕을 덮어서 위로할 수 있을 것이라고 생각하지요. 김상헌은 새로워지는 시간과 더불어 새롭게 태어날 시간을 생각하지요. 맞습니다. 동상이몽. 최명길은 항복을 생각하고 있고, 김상헌은 죽음을 생각하고 있습니다. 최명길과 김상헌의 대립을 잘 알려진 방식대로 처리하지 않고, 이렇게 '길'과 '시간'에 대한 탐구로 대립을 형상화하고 있다는 사실은 우리의 주목을 끌기에 충분하지요.

단웅이   길이나 시간에 대한 부분을 읽으면 무슨 철학 책을 읽는 느낌도 듭니다.

김 교수 문학과 철학이 그렇게 먼 거리에 있는 것이 아닙니다. 오늘날 에야 제도적인 경계를 지어 구획되어 있지, 얼마든지 문학적인 철학, 철학적인 문학이 있을 수 있지요. 문학, 특히 소설은 이론가들에 의하 면 끊임없이 다른 인근 학문들을 식민화해 온 장르이기도 합니다. 쉽 게 말하자면 소설 속에는 없는 것이 없어요. 『남한산성』만 보더라도 역사는 기본으로 들어와 있지 않습니까. 거기에 더해 지금 철학을 느낀 다고 하니, 그렇게 존재하는 철학도 문학의 일부라고 할 수 있습니다.

삶은 타협인가

단비 『남한산성』 소설에 철학적인 부분이 있는지 몰라도 저는 조선 국왕의 치욕적인 항복 장면이 잊혀지지가 않습니다. 임금은 꼭 최명 길의 길을 따라가야만 했을까요?

김 교수 분명 대의명분은 김상헌이 가지고 있습니다. 그러나 김상헌의 길은 병자년 남한산성에서 삶의 길로 뻗어나갈 수가 없습니다. 그것 은 다만 옥쇄玉碎의 길이지요. 옥쇄의 길은 아름답습니다. 그러나 거 기에는 지속 가능한 삶이 없어요. 지속 가능한 삶의 진실이 아름답기 만 하다면 좋겠습니다만 그렇지가 않습니다. 삶은 순결한 이데올로 기가 아닌 것이고, 타협을 받아들여야만 겨우 가능한 것입니다. 전쟁 이라는 특수 상황에서만 이런 삶의 논리가 강요되는 것은 아닙니다. 크고 작은 전투를 치루는 우리네 일상을 돌이켜 생각해 보십시오.

남한산성 행궁의 겨울

단웅이　삶은 타협이다라는 말씀을 하고 싶으신가요? 그것은 지나친
　　　　일반화의 오류가 아닐까요? 저는 설령 삶이 타협이라고 하더라도 그
　　　　것을 받아들이고 싶지 않고 그렇게 이해하고 싶지도 않습니다.

김 교수　학생의 패기를 존중하고, 높이 평가합니다. 내 얘기를 타협의
　　　　삶을 살으라는 말로 오해하지 않길 바랍니다. 혹, 이런 생각을 한 번
　　　　해본 적이 있나요? 나의 아버지는 내가 모르는 어떤 굴욕을 겪으면
　　　　서 감내한 적이 없었을까? 가족을 위해서.

단비　　저희 아버지는 그럴 분이 아니십니다. 늘 명예로운 선택을 하
　　　　고, 명예로운 길을 가실 분이에요. 저는 그렇게 알고 있습니다.

김 교수　학생의 부친을 모욕하고 싶어서 하는 얘기가 아니라는 걸 알
　　　　고 있지요? 본래 비밀이란 남이 아는 것이 아닙니다. 오늘 이야기
　　　　를 집에 가서 아버지에게 한 번 해보세요. 어떤 굴욕의 비밀도 없
　　　　다고 단언하시는 분은 아마 많지 않을 겁니다. 그것이 아버지의 삶

입니다.

단비 왜 그런지 울고 싶어집니다.

김 교수 …….

전쟁은 폭풍우 같은 것인가

단웅이 결말을 보면 봄과 농사의 장면이 그렇게 희망적으로 느껴지지
않습니다.

김 교수 해피 엔딩에 대한 기대가 있으시군요. 많은 경우, 우리는 '희
망'이라고 쓰고 또 '희망'이라고 읽지만, 희망이 되지 못하고 금방 희
망이 사라져 버리는 것을 목도합니다. 그렇게 쉽게 무효화되고 휘발
되는 희망은 희망이 아니겠지요.

삶은 지속된다. 성곽 저편으로 오늘날의 시가지가 보인다.

단웅이   전쟁 다음은 물론 평화인데, 이 평화는 한바탕의 폭풍우가 지나간 후의 평화처럼 느껴집니다. 그런데 전쟁은 폭풍우 같은 것이 아니지 않습니까? 자연재해가 아니라 인재人災 아닌가요?

단비   저는 아무 일도 없었던 것 같은 평화가 오히려 불편하게 느껴집니다.

김 교수   망각이야말로 행복의 조건일 수 있겠지요. 아무것도 망각하지 않는다면 우리는 결코 행복해질 수 없습니다. 특히 치욕은 그렇지요. 그러나, 역시 문제는 망각해서는 안 될 것들이 있다는 것이겠지요. 반복되어서는 안 될 것들에 대한 문제의식이 평화를 불편하게 느끼게 한다고 봅니다. 그것을 역사의식이라고 불러도 무방할 것 같습니다.

단웅이   저에게 어떤 역사의식이 있는지 모르겠습니다. 다만 이렇게 대단원이 맺어지는 것은 좀 허탈하다는 생각이 듭니다.

김 교수   여기서 역사의식이란 민족사의 상처에 대한 기억을 말하는 것입니다. 그 기억이 불편해도 우리는 불편하다는 이유로 지우려고 하지 않지요. 오히려 성찰하고 그 성찰을 바탕으로 미래를 모색해 보고자 합니다. 여전히 평화, 동아시아 평화가 숙제인 우리에게 『남한산성』은 끝나도 끝난 소설이 아니라고 할 수 있습니다.

참고문헌

1. 저서

김훈, 『남한산성』, 학고재, 2007.
김주언, 『김훈을 읽는다』, 삼인, 2020.

2. 사진자료

학고재
경기도 박물관

제2부

개인의 삶과 공동체의 질서

정치는 정의를 실현할 수 있을까

— 플라톤, 『국가』

김민수

플라톤과 소크라테스

단비　플라톤의 『국가』는 항상 플라톤의 대표저작으로 꼽히던데 플
　　라톤은 원래 철학자 아닌가요? 『국가』라는 책제목은 철학보다는 정
　　치학과 더 어울리는 것 같은데 왜 이 책을 플라톤의 대표저작이라고
　　하는 것인가요?

김 교수　이 책의 본질을 관통하는 아주 중요한 질문을 해주었습니다.
　　이 질문에 답을 하기 위해서는 우선 플라톤이 이 책을 언제, 왜 저술
　　했는지에 대해 먼저 살펴볼 필요가 있습니다. 답을 듣기까지 다소 긴
　　설명을 들어야 하겠지만 조금만 기다리면 단비 학생 혼자서도 이 질
　　문에 대한 답을 찾을 수 있을 것입니다.

단비　네, 긴 설명이라도 집중해서 잘 들어보겠습니다.

김 교수 플라톤이 누구의 제자인지 혹시 알고 있나요?

단웅이 소크라테스 아닌가요?

김 교수 맞습니다. 보통 고대 그리스의 소크라테스학파라고도 불리우는 위대한 철학자 3명은 스승과 제자 사이이지요. 플라톤은 소크라테스의 제자이고, 아리스토텔레스는 플라톤의 제자입니다. 흥미로운 것은 소크라테스는 어떤 저작도 남기지 않았고 그 제자였던 플라톤의 저작 속에서 철학적 사유를 이끌어가는 주인공 역할로 등장한다는 점입니다. 그러다보니 우리가 소크라테스의 철학이라고 이야기하는 것은 주로 플라톤의 저작에서 소크라테스가 했던 이야기들을 통해 우리에게 알려져 있습니다. 이런 이유로 소크라테스의 철학이 과연 소크라테스 자신의 철학인지, 아니면 플라톤이 자신의 생각을 소크라테스라는 등장인물을 통해 제시하고 있는 것인지를 명확하게 구분하기 어렵다는 문제가 존재합니다. 여기서 이 문제를 어떻게 해결할 수 있는지를 이야기하려고 하는 것은 아닙니다. 제가 이야기하려고 하는 것은 플라톤의 철학을 스승인 소크라테스와 분리해서는 파악할 수 없다는 것입니다. 그리고 우리가 지금 살펴보려고 하는 『국가』라는 책은 더더욱이나 소크라테스의 생애와 분리되어 이해할 수 없는 책입니다.

단비 소크라테스가 어떤 저작도 남기지 않았다는 것은 몰랐습니다. 소크라테스는 훌륭한 제자를 둔 덕에 위대한 철학자가 될 수 있었던 것이군요.

소크라테스　　　　　　　　　플라톤

김 교수　그렇다고 볼 수도 있겠네요. 자, 그런데 소크라테스의 생애에 대해 아는 것이 있나요? 특히 소크라테스가 어떻게 생을 마감했는지 아나요?

단웅이　'악법도 법이다'라는 말을 남기고 사형을 당하지 않았나요?

김 교수　맞습니다. 소크라테스에 대해 많은 것을 알고 있군요. 소크라테스는 당시 고대 아테네 청년들을 타락시켰다는 이유로, 그리고 아테네의 신을 믿지 않는다는 이유로 기소되어 배심원단의 다수결에 따라 사형을 선고받고 사형에 처해 졌습니다. 이 과정에 대해서는 플라톤의 또 다른 저작인 『소크라테스의 변명』, 『크리톤』과 같은 대화편을 보면 자세히 알 수 있습니다. 『청춘, 고전에 길을 묻다』 2권을 참고해보는 것도 좋겠습니다. 아무튼 소크라테스의 죽음은 플라톤에게 커다란 충격을 가져다 주었습니다. 자신의 스승이자 아테네의 현자이며 진리를 사랑했던 철학자 소크라테스가 시민들로 구성된 배심

Jean-François Pierre Peyron: The Death of Socrates

원단의 다수결에 의해 죽음을 맞이했다는 것은 플라톤에게 과연 정의가 무엇인지, 아테네와 같은 정치 공동체에서 진리를 추구하는 것이 가능한지에 대한 근본적 의문을 가지도록 만들었습니다. 특히나 플라톤은 다수의 의견을 최종 결정으로 받아들이는 아테네의 민주주의가 과연 정의로운 것인가에 대한 회의를 하지 않을 수 없었습니다.

단비 　플라톤이 그런 생각을 하게 된 것이 충분히 이해가 갑니다. 자기가 존경하던 스승님이 부당한 판결로 인해 죽음을 맞이했다고 생각했다면 재판 과정이 정의롭지 못하다고 생각할 수밖에 없을 것 같습니다.

김 교수 그렇지요. 자, 그런데 만일 고대 아테네의 재판 과정이 정의롭지 못하다고 이야기하려면 어떻게 해야 할까요? 정의가 무엇인지, 어떻게 정의를 실현할 수 있을지에 대한 이야기를 해야 할 필요가 있지 않을까요? 물론 『소크라테스의 변명』을 통해 플라톤은 이미 소크라테스의 무죄를 충분히 주장한 바가 있습니다. 그러나 플라톤은 『국가』에서 한 걸음 더 나아가 무엇이 정의인지, 아테네와 같은 고대 도시국가polis들이 정의로워지기 위해서는 무엇이 필요한지, 그리고 정치공동체 속에서 진리를 추구하는 철학자란 어떤 존재인지를 적극적으로 해명하게 됩니다. 『국가』라는 제목을 달고는 있지만 이 책은 철학자의 진리 추구가 정치 공동체 속에서 어떻게 가능할지를 다루고 있는 책이라고도 할 수 있습니다.

단웅이 아, 이 책이 왜 철학자 플라톤의 대표저작인지 알려주신다고 했는데 바로 이런 이유 때문이군요. 그럼 이 책에는 정의, 진리, 철학과 같이 어려운 단어들이 등장하겠네요. 너무 어려울 것 같은데, 그럼 플라톤은 정의가 무엇이라고 생각했나요? 그리고 진리는 무엇이고, 철학자는 무엇을 하는 사람인가요?

정의란 무엇인가

김 교수 너무 성급하게 질문에 대한 답을 찾으려고 하면 이 책은 재미가 없을 겁니다. 왜냐하면 이 책에서 대화를 이끌어가는 소크라테스가 명쾌하게 답을 제시하지 않고 자꾸 어려운 질문을 제시하고 질문에 대해 제자들이 답을 하면 거기에 재반론을 하고 또 다른 질문을 이어가기 때문입니다. 이를 가리켜 소크라테스 특유의 문답법과 산파술이라고 이야기하는데 답을 바로 제시하는 것이 아니라 독자나 대화의 상대가 가지고 있는 지식의 허점을 지적함으로써 스스로 깨달음을 얻도록 하는 것이지요. 독자의 입장에서는, 특히 오늘날처럼 질문에 대한 답이 마치 인터넷 검색 결과처럼 즉각적으로 확인될 수 있기를 바라는 독자들로서는 매우 답답할 수도 있을 것입니다. 그러나 이 책에서 중요한 것은 플라톤, 혹은 소크라테스가 정의와 진리란 무엇인가에 대해 어떤 답을 제시했느냐가 아닙니다. 왜냐하면 고대 아테네의 철학자들이 가지고 있는 정의와 진리에 대한 관념을 우리 세계에 그대로 적용할 수 없기 때문입니다. 이 책에서 우리가 오히려 주목해야 할 것은 책에 등장하는 인물들이 가지고 있는 정의와 진리에 대한 다양한 관념들과 이들 사이의 긴장입니다. 이들의 대화를 보면서 과연 우리는 정의와 진리에 대해 어떤 관념을 가지고 있는지를 되돌아 보는 기회를 가졌으면 좋겠습니다. 그리고 만일 이 책에 좀 더 흥미를 가지게 된다면 여기서 등장하는 철학과 진리 추구의 본질에 대한 플라톤의 설명이 서양의 철학적 전통에 어떤 영향을 미쳤는지를 생각해보는 것도 좋습니다. 철학과 진리추구에 대한 플라톤의 규정은 플라톤 이래로 서양 철학의 흐름에 막대한 영향을 미쳤기 때문입니다. 물론 이 책에서 어려운 단어들이 등장하지만 이 책의 내용을 천천히 읽고 음미하다 보면 어려운 단어들이 조금 익숙해지고, 스스로 질문에 대한 답을 찾을 수도 있을 것입니다. 그러니 인내심을 가지고 천천히 책을 읽어나가기를 바랍니다.

단비 　스스로 읽고 답을 찾는 것이 말처럼 쉽지는 않은 것 같습니다. 게다가 이 책은 너무 두꺼워서 처음부터 끝까지 읽을 자신이 없습니다. 이 책을 끝까지 읽을 수 있는 방법이 있을까요.

김 교수 　등산을 해본 적이 있나요? 우리가 산을 오를 때 가장 힘든 것 중 하나는 내가 얼마나 산을 올라왔는지, 얼마나 산을 더 올라가야 정상에 오르게 되는지를 모르는 막막함이라고 합니다. 두꺼운 책을 읽을 때도 마찬가지의 어려움이 있지요. 내가 책을 잘 읽고 있는 것인지, 책의 중요한 부분을 잘 이해한 것인지, 얼마나 더 어려운 부분이 남아 있는지를 모를 때 중도에 포기하고 싶어지기 마련입니다. 그래서 제가 이 책의 전반적인 흐름과 구성에 대해서 간략하게 소개를 해보도록 하겠습니다. 책을 읽기 전에 전체적인 지형도를 본다는 생각으로 들어주면 좋겠습니다.

단비 　네, 그럼 소개를 부탁드립니다.

김 교수 　이 책은 총 10권으로 구성되어 있습니다. 플라톤의 다른 저작들과 마찬가지로 소크라테스가 등장하여 이야기를 주도하면서 특정한 주제에 대한 답을 찾아가는 방식입니다. 전체적인 흐름은 이렇습니다. 1권과 2권에서는 정의란 무엇인가에 대한 당시 아테네의 사회적 통념을 여러 등장인물들의 대화를 통해 살펴보고 이에 대해 소크라테스가 하나씩 반박을 합니다. 그리고 소크라테스 자신이 생각하는 정의가 무엇인지에 대해 본격적인 이야기를 시작합니다. 흥미로

고대 그리스 아테네의 현재 모습   출처: iStock

운 것은 개인의 정의보다 폴리스^{polis}의 정의가 무엇인지를 먼저 살펴보자는 소크라테스의 제안입니다. 그것이 정의가 무엇인지에 다가가는 더 쉬운 방법이라는 표면적인 이유에서이지만 이 부분은 고대 그리스 폴리스에서 공적 영역이 지니는 의미와 연관지어 이해할 필요가 있습니다. 고대 그리스에서 시민은 정치 공동체의 공적 영역을 떠나서는 살 수 없다고 여겨졌습니다. 따라서 개인의 정의 역시 공동체의 정의와 불가분의 관계를 가지며, 개인의 정의를 논하기 위해서는 정치 공동체의 정의를 논해야 하는 것입니다.

단웅이 개인이 정치 공동체를 떠나서는 살 수 없다는 것은 개인보다 정치 공동체를 중요시하는 것 아닌가요? 마치 개인보다 국가 전체가 중요하다는 것 같아 쉽게 납득이 가지 않습니다.

김 교수 좋은 문제의식입니다. 사실 고대 그리스 뿐만 아니라 서양의 중세 기독교 사회까지도 개인의 중요성은 "아직" 발견되지 않습니다. 개인이 어떤 정치 공동체보다 우선한다는 생각은 근대에 와서야 가능해지게 됩니다. 근대 이전까지 개인은 정치 공동체나 종교적 공동체 속에서만 그 존재의 의미를 지닙니다. 따라서 개인의 자유나 권리가 중시되는 오늘날의 시각에서 보면 『국가』의 도입부는 쉽게 이해가 되지 않을 수 있습니다. 이 책이 쓰여질 당시의 개인과 정치 공동체의 의미를 역사적 맥락에서 이해하는 것이 필요합니다.

단비 당시의 시대적 분위기가 그랬다는 것이지요? 역시 오늘날하고는 많이 다른 시대적 분위기이네요. 이 부분은 그럼 그렇게 이해해 보겠습니다.

김 교수 네, 하지만 그렇다고 1권과 2권이 전혀 공감이 가지 않는 내용들로만 가득한 것은 아닙니다. 특히 1권에서 트라시마코스라는 인물이 등장해서 소크라테스에게 "정의란 강자의 이익"이라고 이야기하는 부분을 보다 보면 오늘날 우리 사회에서 "정의란 무엇인가"에 대해 사람들이 가지고 있는 생각과 비슷한 측면을 발견할 수도 있습니다. 정의에 대해 누구나 이런 저런 의견을 가질 수는 있지만 현실에서 정의란 강자의 이익이 실현되는 것이라는 냉소주의적 태도는 우리에게도 낯설지 않지요.

단웅이 매우 흥미로운 이야기이네요. 요즘 우리 사회에서도 법이나 정의가 항상 강자의 편이라는 생각을 종종 하게 되는데 고대 아테네에서도 이런 생각을 하고 있었다니 신기합니다. 2천 년이 넘는 시간이 흘러도 변하지 않는 것이 있다는 이야기이군요.

김 교수 트라시마코스의 이야기와 오늘날의 정의에 대한 냉소주의적 태도가 완전히 일치하는 것은 아닙니다만 법과 정의가 강자의 이익을 실현하는 것에 불과하지 않으려면 어떻게 해야할 지에 대한 고민이 2천 년이 넘는 세월 동안 해결되지 않은 것은 사실입니다. 자, 이제 이 책이 마냥 옛날 이야기인 것만은 아닌 것 같지요? 그럼 다음에 이어지는 내용을 살펴봅시다. 앞에서 이야기한 것처럼 2권에서 폴리스의 정의를 살펴보자는 제안을 한 뒤 소크라테스는 폴리스가 정의롭기 위해서는 무엇이 필요한지에 대한 이야기를 3권부터 5권까지 이어갑니다. 그리고 이 부분을 읽다 보면 아마도 앞부분보다 더 큰 시대적 간극을 느끼게 될 것입니다.

단비 시대적 간극을 더 느낀다고요? 무슨 이야기들이 등장하길래 그렇죠?

공유제, 철인왕, 그리고 정의로운 폴리스

김 교수 이 부분에서 플라톤은 폴리스가 정의롭기 위해서는 폴리스를 구성하고 있는 각 계급이 맡은 바 역할을 다해야 하고 특히 폴리스를 외적으로부터 수호하고 폴리스의 질서를 유지하는 수호자, 통치자 계급이 개인의 이익을 추구하여 부패하거나 타락하는 일이 없도록 해야 한다고 이야기합니다. 그리고 이를 위해 부패나 타락의 원인인 사적 소유를 금지하고 수호자 계급의 재산은 물론이고 가족까지 공유해야 한다고 주장합니다.

단뭉이 우와, 진짜 공감하기 어려운 이야기이네요. 재산 공유도 수긍하기 어려운데 가족을 공유한다고요?

김 교수 이런 반응이 나올까봐 하기가 매우 조심스러운 이야기였습니다. 그런데 흥미로운 것은 이런 이야기에 대해 책 속의 대화 상대인 소크라테스의 제자들마저도 매우 당황하고 회의적인 반응을 보인다는 점입니다. 그리고 이를 예상했다는 듯이 소크라테스는 왜 자신이 이런 생각을 하게 되었는지를 차근차근 설명합니다. 소크라테스가 왜 이런 급진적인, 혹은 이상한 생각을 하게 되었는지는 책을 읽어보면서 찾아보기 바랍니다.

단비 교수님 이야기를 듣다보니 3권부터 5권까지가 매우 궁금해집니다. 책을 읽으면서 공유제가 나오는 부분은 더 집중해서 읽게 될 것 같습니다.

김 교수 좋습니다. 하지만 5권까지 읽으면서 관심을 갖고 봐야할 부분이 하나 더 있습니다. 바로 철인왕에 대한 부분입니다. 철인왕, 혹은 철인정치라는 말을 들어본 적이 있나요?

단뭉이 플라톤의 철인정치를 들어본 적이 있습니다. 철학자가 왕이 되어야 한다는 이야기 아닌가요?

김 교수 이 정도면 플라톤 전문가라고 할 수도 있겠습니다. 맞습니다. 플라톤은 이상국가를 실현할 수 있는 유일한 방법은 지혜를 갖춘 자가 통치자가 되는 것이라고 생각했습니다. 즉, 철학자가 왕이 됨으로써 현실의 타락한 폴리스를 변혁하여 이상국가에 이를 수 있도록 해야 한다는 것입니다.

단비　하지만 교수님, 철학자가 왕이 되어야 한다는 것은 너무 이상적인 생각인 것 같습니다. 왕은 왕위를 물려받아서 되거나 아니면 야심을 가진 정치가들이 권모술수를 발휘해야 될 수 있는 것 아닌가요? 철학을 공부하는 사람이 왕이 되는 것은 잘 상상이 가지 같습니다.

김 교수　맞습니다. 현실 정치에서 철학자가 왕이 되는 일은 불가능하지요. 플라톤도 이를 인정합니다. 그럼에도 불구하고 철학자가 왕이 되어야 하는 이유는 다른 수호자나 통치자가 아무리 훌륭하다고 해도 항상 부패나 타락의 위험성을 가지기 때문이고, 근본적으로는 이들이 진정으로 훌륭한 이상국가가 무엇인지 알 수가 없기 때문입니다. 즉, 철학자들만이 진정한 이상국가가 무엇인지를 알 수 있기 때문에 철인왕이 유일한 해결책이라는 것이지요.

단웅이　철학자들만이 이상국가가 무엇인지를 안다고요? 철학자들이 그렇게 대단한 사람들인가요? 그리고 보니 철학자들은 무엇을 탐구하는 사람들인지가 궁금합니다.

철학자와 이데아, 그리고 동굴 속의 삶

김 교수 지금 이 질문에 대한 답은 6권부터 7권에서 찾을 수 있습니다. 철학자란 무엇을 하는 사람들일까요? 고대 그리스어로 철학자란 '지혜를 사랑하는 사람'이라는 뜻을 가지고 있습니다. 즉, 지혜를 사랑해서 지혜를 얻고자 탐구하는 사람들이겠지요. 플라톤은 여기에 좀 더 구체적인 내용을 덧붙여 설명합니다. 플라톤에 따르면 철학자란 만물의 본질을 사랑하

플라톤의 동굴의 우화   출처: alamy

고, 그에 대한 앎을 추구합니다. 그리고 이러한 본질 중 철학자가 추구하고 발견하고자 하는 진리를 이데아idea라고 부르지요. 이데아는 우리가 경험하는 일상 속에서는 발견할 수 없습니다. 그것은 일상의 경험 저편에 존재하는 진리입니다. 플라톤은 이를 유명한 "동굴의 우화"를 통해 비유적으로 설명합니다. 혹시 "동굴의 우화"를 들어본 적이 있나요?

단비 "동굴의 우화"는 들어본 적이 있지만, 사실 그게 뭔지는 이해가 잘 가지 않았습니다. 좀 더 설명을 해주시면 좋겠습니다.

김 교수 네, 그럼 한 번 설명을 해보지요. 플라톤은 "동굴의 우화"에서

우리가 사는 일상의 세계를 동굴 안의 어두컴컴한 생활에, 우리 각자는 동굴의 어두운 뒤편만을 바라보도록 사슬에 묶여 있는 사람들에 비유합니다. 그리고 동굴 안의 유일한 빛은 동굴 전체를 희미하게 밝히고 있는 모닥불이지요. 이런 상태에서 우리는 모닥불에 비춰져 어슴푸레 나타나는 그림자들만 보고 사물의 형태를 알아차릴 수 있습니다. 이런 동굴 안의 상황이 플라톤이 바라보는 일반적인 사람들의 삶의 모습입니다. 사람들은 밝은 빛이 아니라 어두운 동굴 속에서 나타나는 희미한 그림자만을 보고 세상을 이해하고 있다고 자만합니다. 그리고 잘 보이지 않는 어떤 사물이나 모습에 대해서는 누군가 목소리 큰 사람이 말하는 것에 의지하여 그것을 판단하기도 하지요.

단웅이 이 비유에는 조금 공감이 갑니다. 요즘 보면 SNS를 통해 사실인지 거짓인지 잘 알지도 못하면서 누군가의 의견에 휩쓸리는 경우가 많은데 이런 상황이 마치 동굴 속 사람들의 모습 같습니다.

김 교수 그게 완전히 "동굴의 우화"에 부합하는 사례는 아니지만, 진실과 사실관계가 확실하지 않은 상황에서 누군가 자신이 얻은 파편적인 정보만으로 옳고 그름을 판단하고 이를 확고한 진리라고 생각하는 것은 분명 동굴 속에 갇힌 사람들의 모습과 비슷하지요. 플라톤은 동굴 속에 갇힌 사람들과 철학자들을 대비시킵니다. 철학자들이란 희미한 그림자가 과연 본질인지, 그것이 우리가 추구할만 한 가치가 있는 진리인지를 끊임없이 의심하고, 더 나아가 그림자가 생겨나게 된 참된 원인을 발견하기 위해 빛 그 자체를 찾아 나서는 사람들입니다. 그리고 이들은 결국 동굴 안이 아니라 동굴 밖에서 그림자의 본질, 즉 모든 사물의 참된 원인과 본질을 발견하게 됩니다. 이 과정에서 철학자들은 감각이 아니라 이성logos를 활용하여 현상 뒤에 존재하는 보이지 않는 본질에 다가설 수 있게 됩니다.

단비　철학자들이란 현실의 그림자에 감춰진 속임수에 속지 않고 참된 원인을 찾아내는 사람들이라는 것이군요. 대단한 능력을 가진 사람들이네요. 그런데 교수님, 진짜 이렇게 대단한 철학자들이 있긴 있는 것인가요? 그럼 오늘날에도 우리가 잘 모르는 진실을 철학자들이 알려줄 수 있을까요? 그런 철학자들은 어디에 있는 건가요?

김 교수　사실 플라톤이 생각하는 이데아와 진리를 발견하는 철학자란 오늘날 더 이상 존재하지 않지요. 특히 20세기의 과학적 발견을 통해 진리가 무엇인지에 대해 누구도 명확하게 정의를 내릴 수 없는 상황에서 누군가 자신만이 진리를 탐구하고 밝혀낼 수 있다고 주장하는 것은 어불성설일 것입니다. 이 역시도 역사적 맥락을 고려해서 이해할 필요가 있습니다. 그러나 한 가지 여전히 존재하는 철학자들의 역할이 있습니다. 그것은 아마도 우리가 일상적으로 당연하게 받아들이는 감각적 사실과 사회적 현상들이 그 자체로 본질적이거나 불변의 진리가 아닐 수 있다는 것을 환기시키고 우리가 무엇을 추구해야 할 지에 대해 끊임없이 의문을 던지는 역할일 것입니다. 그런 의미에서 오늘날 철학자는 단순히 철학이라는 학문 영역에 국한되어 존재하는 것이 아니라 우리 세계에 관심을 갖고 우리가 추구해야할 가치를 탐구하는 모든 영역에 존재한다고 할 수 있겠습니다.

단웅이 그렇다면 저도 철학자가 될 수 있겠네요? 저도 우리 사회나 세계 문제에 관심이 많습니다. 어떻게 하면 우리 사회가 좀 더 나은 사회가 될 수 있을지 고민도 하고 있고요.

김 교수 물론입니다. 단비 학생은 이미 훌륭한 철학자가 될 자질을 가지고 있습니다. 그리고 여기서 철학자에 대한 플라톤의 비유에서 한 가지 더 주목했으면 하는 것이 있습니다. 그것은 철학자의 운명에 대한 것입니다. 플라톤은 철학자가 참된 진리를 발견하기 위해 동굴을 벗어나서 빛의 근원인 태양을 발견하는 사람이라고 했습니다. 그런데 태양을 발견한 철학자는 그 뒤에 어떻게 되는 것일까요?

단비 "태양을 발견하고 행복하게 살았습니다"로 끝나는 것이 아닌가요? 그 뒤에 무슨 일이 또 있는 건가요?

김 교수 플라톤은 태양, 즉 진리를 발견한 철학자가 다시 동굴 안으로 돌아가야 한다고 말합니다.

단웅이 네? 기껏 동굴 밖으로 나왔는데 다시 어두운 동굴로 돌아가라고요?

김 교수 네, 앞서 고대 그리스의 시민에 대한 이야기를 했지요. 고대 그리스에서 개인은 공적 영역이 없이는 존재의 의미를 지니지 못합니다. 즉, 폴리스라는 공적 영역이 없는 개인은 상상할 수 없는 것입니다. 따라서 철학자는 개인적으로 진리를 발견할 수는 있지만 혼자 살아갈 수 없고, 다시 동료 시민들이 살고 있는 동굴, 즉 폴리스로 돌아와야 하는 것입니다.

단비   동굴 안으로 다시 돌아온다니, 그럼 철학자는 진리를 발견했으니 철인왕이 될 수 있는 것인가요?

김 교수   전혀 그렇지 않습니다. 철학자는 밝은 빛에 익숙해져 있다가 다시 어두운 동굴 속으로 들어오면 앞을 잘 보지 못하게 됩니다. 우리가 갑자기 어두운 극장에 들어가면 잠시 발밑을 잘 보지 못하는 것과 마찬가지입니다. 철학자는 어두운 동굴 속에 들어와서 한참을 적응하지 못하고 앞을 잘 보지 못합니다. 그래서 돌부리에 발이 걸려 넘어지기도 하고 어리숙하게 행동을 하기도 하겠지요. 그러면서도 사람들에게 당신들이 보고 있는 그림자는 진짜가 아니고 참된 원인은 동굴 밖에 있다는 이야기를 하고 다니게 됩니다. 이런 철학자의 모습을 보고 동료 시민들은 좋아해줄까요?

단웅이   동료들이 별로 환영해주지 않을 것 같은데요? 바보같은 행동을 하면서 자기만 진리를 알고 있다고 이야기하면 사람들이 싫어하게 될 것 같습니다.

김 교수   맞습니다. 철학자는 동료 시민들에게 전혀 환영받지 못합니다. 그리고 성가신 존재가 되어 가지요. 그리고 너무 성가진 존재가 될 경우 동료 시민들은 그를 심지어 죽일 수도 있습니다.

단비   어, 그럼 그 철학자가 소크라테스인가요?

김 교수   맞습니다. 플라톤의 "동굴의 우화" 속 철학자는 자기 스승인 소크라테스를 비유적으로 표현한 것이기도 합니다. 참된 진리를 추구하고 이를 다른 사람들과 나누고자 했던 소크라테스의 운명이 "동굴의 우화"에서 그대로 드러나고 있는 것입니다. 그런데 중요한 것은 플라톤이 이러한 철학자의 운명을 거부하지 않고 있다는 것입니다. 자기 스승의 죽음에도 불구하고 철학자는 혼자서 진리를 발견하는 것에 그치지 않고 다시 동료 시민들에게 돌아와 진리의 의미를 나누어야 한다고 보는 것이지요. 철인왕은 철학자가 통치자가 되어야 한다는 실현 불가능한 유토피아적 상상이라고 볼 수도 있지만, 진리 탐구가 개인의 자아실현에 그치는 것이 아니라 항상 동료 시민들과 더불어 현실의 변화로 이어져야 한다는 것을 내포하고 있는 실천적 상상이기도 합니다.

단웅이 철인왕과 "동굴의 우화"가 생각보다 밀접한 관련이 있네요. 6권과 7권은 오히려 앞부분보다 재미있게 읽을 수 있을 것 같습니다. 그럼 나머지 8, 9, 10권은 어떤 내용을 담고 있나요?

김 교수 8권은 철인왕이 통치하는 이상국가가 아닌 정치체제가 어떻게 타락하여 최악의 정치체제가 되는지를 설명하고 있는 부분입니다. 여기서 플라톤은 민주정에 대해 부정적인 평가를 하게 되지요. 민주정은 전제정tyranny 다음으로 나쁜 정치체제로 과도한 자유와 불복종으로 인해 무정부성을 띠게 된다고 이야기합니다.

단비 플라톤은 민주주의를 별로 좋아하지 않았군요. 하긴, 소크라테스의 죽음을 경험했으니 그럴만도 합니다. 하지만 오늘날 우리는 민주주의를 최선의 정치체제라고 생각하지 않나요? 우리가 사는 시대는 플라톤의 생각하고는 많이 다른 것 같습니다.

김 교수 그렇지요. 그래서 『국가』의 주요 개념이나 생각들을 오늘날에 그대로 적용할 수 없다고 한 것입니다. 우리는 근대 민주주의 시대에 살고 있으니 플라톤 시대의 고대 민주주의와는 분명 다른 부분이 있겠지요. 그러나 플라톤이 지적했던 민주주의의 부정적 측면들이 오늘날 민주주의에서 완전히 사라진 것은 아니라는 점을 잊지 말아야 할 것입니다. 현대 민주주의에서도 다수의 의견이 항상 옳은 의견일 수는 없다는 점을 기억해야 할 것입니다.

단웅이 교수님 말씀을 들어보니 오늘날에도 민주주의가 항상 최선의 결과를 가져오지는 않는 것 같다는 생각이 듭니다.

김 교수 좋습니다. 그럼 이어서 9권과 10권의 내용을 간략히 이야기하고 마무리하겠습니다. 9권은 멀리 돌고 돌아 2권에서 이야기한 개인의 정의 문제로 돌아옵니다. 폴리스의 정의를 논한 뒤 개인의 정의 문제를 논하기로 했기 때문이지요. 그런데 플라톤은 생각보다 개인의 정의에 대한 이야기를 많이 하지는 않습니다. 그래서 이 책의 제목이 『국가』가 될 수 있는 것이겠지요. 플라톤은 개인이 폴리스와 닮은 정의를 추구해야 하며, 최선의 정치 체제가 지혜를 사랑하는 이들의 정치체제인 것처럼 개인 역시도 이성을 통해 지혜와 정의를 추구해야 한다고 답합니다. 그리고 이렇게 정의를 추구하는 삶이 그렇지 못한 삶보다 더 가치있고 복을 받을 것이라는 이야기로 마무리를 하지요.

단비 개인의 정의에 대해서 어떤 이야기를 할지 궁금했는데, 약간

아쉽습니다.

김 교수 앞서도 이야기했듯이 사실 고대 그리스에서 개인의 정의는 폴리스의 정의와 분리될 수 없습니다. 정치 공동체의 정의를 실현하는 것이 개인에게도 정의로운 삶이며, 따라서 정치 공동체에서 맡은 역할을 다하는 것이 개인의 정의를 실현하는 방법이기도 합니다.

함께 읽으면 좋은 책들

단웅이 책에 대한 전반적인 내용을 설명해주셔서 이제 두꺼운 책을 펼쳐볼 용기가 조금 생겼습니다. 교수님의 설명을 기억해두고 차근차근 읽어보도록 하겠습니다.

김 교수 다행입니다. 이 책은 대화의 형태로 되어 있기 때문에 어느 한 부분만 떼어 읽는 것이 별로 의미가 없습니다. 전체적인 흐름을 기억하면서 등장 인물들의 대화에 집중하다 보면 어느새 책을 다 읽고 있는 자신을 발견하게 될 것입니다.

단비 교수님, 그럼 혹시 이 책을 읽을 때 이해에 도움이 될 만한 책들이 있을까요?

김 교수 플라톤의 철학을 잘 정리해 놓은 개론서들이 도움이 될 수도 있지만, 개론서에 의존하기보다는 먼저 스스로 책을 끝까지 읽어보는 것을 권합니다. 그리고 다 읽고 나서 이런 저런 개론서를 참고하는 것이 좋습니다. 그리고 책에 대한 흥미가 조금 더 생긴다면 플라톤에게 영향을 받았거나 혹은 플라톤을 비판했던 후대 철학자들의 책을 읽어보는 것도 좋습니다. 대표적으로 칼 포퍼의 『열린 사회와 그 적들』이라는 책이 있습니다. 플라톤이 제시한 이상국가의 모습이 현대 철학자의 눈에는 과도하게 자유를 제한하고 억압하는 전체주의 사상으로 이해될 수 있다는 것을 보여주는데, 플라톤의 책을 역사적 맥락을 배제하고 읽으면 어떻게 평가하게 되는지를 확인할 수 있을 것입니다. 뿐만 아니라 플라톤의 공유제와 유토피아 사상의 영향을 받았다고 평가받는 토머스 모어의 『유토피아』 같은 책도 읽어보기 바랍니다. 그리고 『국가』의 주제이기도 한 "정의란 무엇인가"를 현대적으로 탐구하고 있는 마이클 샌들의 『정의란 무엇인가』를 읽어보면서 정의에 대한 관념이 얼마나 변화하고 발전했는지도 생각해봤으면 좋겠습니다.

단웅이   읽어야 할 책이 많네요. 우선은 『국가』를 끝까지 다 읽어보는 데 집중하도록 하겠습니다. 오늘 말씀 감사합니다.

참고 문헌

1. 저서

마이클 샌들, 김명철 역,『정의란 무엇인가』, 와이즈베리, 2014.

셸던 월린, 강정인 외 역,『정치와 비전』, 2007.

칼 포퍼, 이한구 역,『열린 사회와 그 적들』, 민음사, 2006.

토머스 모어, 주경철 역,『유토피아』, 을유문화사, 2021.

플라톤, 박종현 역,『국가』, 서광사, 2005.

플라톤, 박종현 역,『에우티프론, 소크라테스의 변론, 크리톤, 파이돈(플라톤의 네 대
    화편)』, 서광사. 2003.

2. 사진 자료

Adobe Stock 홈페이지(https://stock.adobe.com/kr)

iStock 홈페이지(https://www.istockphoto.com/kr)

alamy 홈페이지(https://www.alamy.com/)

덕을 향한 삶

―아리스토텔레스, 『니코마코스 윤리학』

백주진

> "인간의 기능을 이해하면 행복이 무엇인지 설명될 것이다. 피리 연주자나 조각가나 온갖 기술자는 물론이고, 특정 기능이 있거나 특정 행위를 하는 모든 사람의 좋음과 행복은 그런 기능을 발휘하는 데 있다고 생각되는데, 이 점은 인간 자체의 경우도 마찬가지이기 때문이다. 인간에게도 특정 기능이 있다면 말이다. [⋯] 그리고 우리가 인간의 기능을 특정한 삶, 곧 혼의 이성적 활동 또는 일련의 행위라고 생각한다면, 그리고 훌륭한 인간의 기능은 이런 행위들을 잘 수행하는 것이고 모든 기능은 거기에 걸맞은 미덕을 가지고 수행해야 제대로 수행하는 것이라면, 인간의 좋음은 결국 미덕에 걸맞은 혼의 활동이며, 미덕이 하나가 아니라 여럿이라면 가장 훌륭하고 가장 완전한 미덕에 걸맞은 혼의 활동이다."
>
> 『니코마코스 윤리학』 1권

단웅이 안녕하세요? 교수님. 아리스토텔레스가 행복한 인생에 대해

아테네 학당 : 플라톤, 아리스토텔레스
출처: alamy

아리스토텔레스
출처: alamy

말했다는 얘기를 수업 시간에 듣고, 『니코마코스 윤리학』이라는 책을 혼자서 읽기 시작했어요. 어떤 부분에서는 아리스토텔레스의 통찰에 감탄하면서도, 어떤 부분에서는 솔직히 이해가 잘 안되었어요. 교수님께서 『니코마코스 윤리학』과 아리스토텔레스에 대해서 전체적으로 설명해주시면, 제 독서에 많은 도움이 될 것 같아요.

백 교수 단웅이가 『니코마코스 윤리학』을 읽기 시작했다니 기쁘네요. 쉽지 않은 책이지만 그 안에 서양 윤리학과 정치학의 뿌리가 있는 만큼, 단웅이가 이 책을 읽으면 세상을 이해하는 데 큰 도움이 될 거예요. 그리고 거기서 개인의 행복한 인생을 위한 놀라운 통찰들도 찾아볼 수 있을 거예요. 그럼 시작해볼게요. 『니코마코스 윤리학』은 아리스토텔레스가 쓴 윤리학에 관한 책이에요. 잘 알려진 라파엘로의 그림 「아테네 학당」을 보면 중앙에 플라톤과 아리스토텔레스를 볼 수 있죠. 플라톤과 아리스토텔레스 각자 책을 들고 있는데, 플라톤이 들고 있는 책이 『티마이오스』이고 아리스토텔레스가 들고 있는 책이 바로 『니코마코스 윤리학』입니다. 르네상스인들에게 『니코마코스 윤리학』은 아리스토텔레스를 대표하는 책이었던 셈이죠. 니코마코스는 아리스토텔레스의 아들 이름이에요. 그러나 이 책은 아버지가 어린 자식을 위해 쓴 인생 교훈서는 아니에요. 단웅이도 읽어보면 금세 알겠지만, 아이가 읽을 만큼 쉬운 책이 아니에요. 아리스토텔레스가 윤리적 주제들에 관해 강의할 때 사용했던 노트들을 묶어놓은 책이라 할 수 있을 거예요. 『니코마코스 윤리학』이라는 이름이 붙게 된 것은, 그의 아들이 이 강의 노트들을 한 권의 책으로 편집했기 때문이에요.

아리스토텔레스라는 인물

단웅이 아하 그렇군요. 그러면 아리스토텔레스는 어떤 사람이었나요?

백 교수 아리스토텔레스는 아테네가 아니라 그리스 본토 변방 지역 마케도니아에서 BC 384년에 태어났어요. 그의 아버지는 마케도니아 필리포스 왕의 주치의였어요. 아리스토텔레스는 아마 의사 아버지로부터 경험과 관찰을 중시하는 태도를 배웠을 거예요. 아버지는 어린 아들의 총명함을 보고, 그를 당시 그리스 문화의 수도였던 아테네로 유학을 보냅니다. 그렇게 아리스토텔레스는 플라톤의 학교였던 아카데미아에 입학하여 그곳에서 뛰어난 학생으로 두각을 나타내게 되죠. 졸업 후 그는 아카데미아의 교수가 되어 역시 뛰어난 교수로서 인정받았어요. 그렇기에 그는 자신이 플라톤을 계승해, 아카데미아의 수장이 되고 싶었을 거예요. 그러나 플라톤 사후 그는 아카데미아 수장 선발에서 탈락하게 되고, 이에 실망해 자기 학교, 리케이온을 세우게 됩니다. 그는 알렉산드로스 대왕의 어렸을 때 스승이었지만, 알렉산드로스와 얼마나 가까웠는지는 알려지지 않았어요. 정치에 대한 두 사람의 관점은 꽤 달랐어요. 알렉산드로스가 여러 민족을 묶는 세계 제국을 꿈꿨다면, 아리스토텔레스는 전통적인 도시국가 체제를 지지하는 보수주의자의 모습을 보였죠. 어쨌든 그는 알렉산드로스와 같은 나라 사람이었기에, 알렉산드로스가 젊은 나이에 죽자, 아테네를 정복한 자에게 반감을 품은 아테네 시민들에게 위협을 받게 됩니다. 그래서 그는 아테네인들이 소크라테스에게 했듯이 자기를 죽임으로써 철학에 다시 죄를 짓는 것을 면하게 해준다는 명목으로, 아테네를 떠나게 됩니다. 그리고 그리스 연안의 할키스에 정착해 연구와 실험 등에 힘쓰다가, 일 년 후 그곳에서 위장병으로 BC 322년에 죽습니다.

『니코마코스 윤리학』과 고대 아테네

단웅이 교수님께서 방금 알렉산드로스는 세계 제국의 꿈을 꾸었다면, 아리스토텔레스는 전통적인 도시국가 체제를 지지하였다고 말씀하셨어요. 아리스토텔레스의 이러한 의견이 『니코마코스 윤리학』과 관련되는 건가요? 이 기회에 『니코마코스 윤리학』의 내용을 설명해주세요.

백 교수 아리스토텔레스는 이 책에서 좋은 시민이 되어야 하는 이유와
좋은 시민이 되기 위한 자질들에 대해서 말합니다.

단웅이 교수님, 그렇지만 그 당시 시민이라는 것은 오늘날 시민이라
는 것과 다르지 않습니까?

백 교수 그 당시 시민이라고 한다면 도시국가에 사는 참정권을 지닌
자유민들을 의미했습니다. 오늘날 시민은 현대적 민주 국가에 사는
참정권을 지닌 모든 사람을 의미해요. 그렇기에 현대의 시민 개념도
고대 시민 개념에 그 뿌리를 두고 있다고 할 수 있어요. 그렇지만 단
웅이 말대로 아리스토텔레스 윤리학을 이해하기 위해서는 그가 살았
던 시대를 이해할 필요가 있어요. 먼저 그리스 사회의 발전과 철학의
등장 배경을 살펴보도록 하죠. 기원전 8세기 무렵 그리스에서 전쟁과
혼돈의 시대가 막을 내리고 역사 시대가 시작하게 돼요. 이 당시 그
리스 본토의 농업 생산성이 높아지면서 도시국가들의 인구가 많아지
고, 인구 문제를 해결하기 위해 그리스인들은 식민지 개척을 떠나게
돼요. 잘 알려진 호메로스가 이러한 시대상을 반영하여 『일리아드』
와 『오딧세이』를 8세기 무렵에 썼으리라 추정되고 있습니다. 그리하
여 지중해 연안과 흑해 연안에 많은 그리스 식민지가 생겨나고, 7세
기 무렵에는 이 식민 도시들과 본토 도시들 사이에 활발한 무역이 이
루어지게 돼요. 그렇게 지중해와 흑해 연안에 퍼진 도시국가들로 이
루어진 그리스 문명권이 탄생하게 되죠. 이러한 그리스 문명은 한 명
의 지배자가 다스리지 않고, 자치권을 갖는 수많은 작은 도시국가로
이루어져 있었어요. 이러한 상황이 당시 그리스 철학을 이해하기 위

해서 매우 중요해요. 대표적인 두 도시국가가 바로 아테네와 스파르타죠. 스파르타는 영화 300에서 볼 수 있듯이 군사적으로 중요한 국가였어요. 그렇지만 아테네가 서양 지성사에서 훨씬 중요하죠.

단웅이 아하, 그렇군요, 교수님. 아테네에 관해서 더 알고 싶습니다.

백 교수 네, 아테네가 서양 지성사에서 중요한 것은 그곳에서 민주주의가 발전했기 때문이에요. 아테네 시민들은 도시 중심에 있는 아고라, 즉 광장에 모여 도시국가와 관련된 일들을 투표로 결정했어요. 그리고 투표를 하기 전에 특정한 견해를 지지하는 사람 몇몇이 광장에 나와 일장 연설을 함으로써 자기 견해 쪽으로 표를 모으곤 했어요. 그런데 이러한 민주주의 발달로 인해 수사학이 대단히 중요해져요. 즉, 말을 그럴듯하게 해 사람들을 설득하는 것이 정치가의 필수적인 자질이 되죠. 그리하여 이러한 설득의 기술을 가르치는 사람들이 등장하게 되는데 이들이 바로 소피스트들이에요. 그런데 진리 그 자체보다 타인을 어떻게 설득하는지에 관심을 가졌던 소피스트들은 회의주의 또는 상대주의에 빠지기 쉬운 위치에 있었죠. 그들은 상대방을 설득해서 자기 말에 동의하게만 하면 그만이라고 생각했어요. 그 말이 참인지 거짓인지는 상관없이 말이죠. 이러한 견해는 더 발전해서 돈이나 권력으로 상대방의 동의만 구한다면, 그것이 바로 진리이자 선이라는 입장으로까지 나아가게 돼요. 플라톤의 스승이었던 소크라테스는 이러한 상대주의가 아테네를 혼란스럽게 하고 약하게 만든다고 보고, 소피스트들을 비판하였던 거예요. 소크라테스는 인간에게 이성이 있어서, 이 이성을 통해서 인간이 불변하는 진리 또는 선을 인식할 수 있다고 말했어요. 그리고 이러한 이성에 기반해 아테네의 관습과 법을 세운다면, 아테네를 강하고 안정된 도시국가로 만들 수 있으리라 생각했어요. 이러한 입장은 그의 제자였던 플라톤, 아리스토텔레스에게도 이어지게 돼요.

단웅이 소크라테스, 플라톤, 아리스토텔레스를 잇는 것이 '이성'에 대한 믿음이었군요. 교수님, 아리스토텔레스가 생각했던 이성에 대해 더 잘 알고 싶습니다.

백 교수 그래요. 서양철학에서 '이성'을 보통 불변하는 보편타당한 진리를 인식하는 영혼의 능력으로 간주해요. 보편타당한 진리의 예로는 "3 더하기 2는 5이다" 또는 "인간은 자고로 부모님께 효도해야 한다." 같은 것들이 있을 거예요. 그런데 아리스토텔레스는 이러한 보편타당한 진리들을 사물들의 자연적 목적과 관련하여 이해해요. 우주에 있는 모든 사물에게 고유한 자리와 고유한 역할이 있다고 보았던 것이죠. 이성은 사물의 이러한 고유한 자리, 고유한 역할을 인식하는 타고난 능력이고요. 단웅이 학생 공부방의 물건들, 가령, 연필, 필통, 지우개, 키보드에는 제자리가 있고, 주방의 물건들, 가령 칼, 도마, 그릇, 행주에도 제자리가 있듯이, 우주의 사물들에도 모두 제자리가 있을 거예요. 가령, 돌은 떨어트리면 언제나 밑으로 내려가지요. 이는 아리스토텔레스에 따르면 돌의 원래 자리가 바로 땅 밑이기 때문이죠. 그리고 불은 언제나 하늘로 올라가죠. 이는 불의 원래 자리가 바로 하늘이기 때문이에요. 이러한 식으로 우주의 모든 사물에는 그것의 쓰임과 제자리가 있고, 사물들은 그러한 쓰임과 자리를 향해

가고자 해요. 같은 논리로 사람은 사회 안에서 자신의 원래 자리와 기능을 갖는데, 이성은 그러한 자리와 기능을 인식하는 영혼의 능력이에요.

『니코마코스 윤리학』의 구성

단웅이 아하, 교수님. 그렇군요! 잘 이해가 됩니다. 그러면 교수님, 아리스토텔레스의 『니코마코스 윤리학』의 내용에 대해 더 자세히 설명해주세요.

백 교수 좋아요. 『니코마코스 윤리학』의 순서를 따라가면서 설명해보죠. 『니코마코스 윤리학』은 총 10권으로 이루어져 있고, 1권은 행복에 대해서 논의하고, 2권, 3권, 4권은 덕이 무엇인지를 설명해요. 5권은 정의의 덕에 대해, 6권은 지적 덕들에 관해 설명하죠. 그리고 7권은 결단력 결핍의 문제와 쾌락에 대해 논의하고, 8권과 9권은 우정에 대해 길게 논의합니다. 그리고 마지막 10권은 쾌락과 관조적 삶의 가치를 설명해요. 조금 더 자세히 살펴보면 제1권과 제2권에서 아리스토텔레스는 윤리학이 무엇인지를 설명합니다. 먼저 주의할 점은 아리스토텔레스가 윤리학이라는 말보다 정치학이라는 말을 더 자주 사용한다는 것이에요. 정치학은 모든 시민이 제자리를 찾고 조화를 이루는 도시국가를 만드는 것을 목적으로 하는데, 이를 위해 정치학은 시민들이 가져야 하는 자질들에 관한 연구를 포함해야 해요. 아리스토텔레스는 이러한 시민들의 자질들에 관한 연구를 윤리학이라고 불러요.

단웅이 교수님, 그러면 아리스토텔레스에게 윤리학은 정치학의 한 부분이군요. 윤리학과 정치학의 관계에 대해서 조금 더 설명해주세요.

백 교수 네. 아리스토텔레스는 우리 삶과 관련된 것들을 연구하는 모든 학문을 두 가지로 나누었어요. 첫째는 윤리학, 정치학을 포함한 실천학이고, 둘째가 제작학들이이에요. 실천학과 제작학의 구별이 중요해요. 실천학은 행위 그 자체를 대상으로 해요. 반면, 제작학은 행위가 어떤 특정한 결과를 생산한다는 것에 주목해요. 풀어서 얘기하자면, 실천학은 한 행위가 인간 본성을 실현한다는 것에 관심을 두고 행위의 조건을 연구하는 반면, 제작학은 한 행위가 신발, 옷, 감동, 승리와 같이 특정한 결과를 산출한다는 것에 초점을 맞춰 행위를 연구해요. 제작학의 예들에는 여러 기술이 있죠. 가령, 신발 만드는 기술, 옷을 만드는 기술, 감동을 주는 기술로서의 시학, 전쟁에서 승리하는 법을 가르치는 전쟁술 등이 있죠. 아리스토텔레스는 정치학이야말로 실천학의 최고봉이고, 그렇게 다른 제작학들에 위계를 부여할 수 있는 학문이라고 보았어요. 그런 점에서 그는 정치학을 건축술적 학문이라고 명명해요.

아리스토텔레스의 행복론

단웅이 방금 교수님께서 행위가 인간 본성을 실현하는 한에서 행위에 관심을 둔다라는 표현을 쓰셨어요. 이것에 대해서 조금 더 설명해주세요.

백 교수 그래요. 조금 더 설명해볼게요. 아리스토텔레스는 인간이 살아가는 궁극 목적을 "행복"이라고 말했어요. 이때 행복은 그리스어로는 에우다이모니아(eudaimonia)이고, 현대적 의미에서의 행복과 약간 달라요. 오늘날 한국 사회에서 사람들은 행복을 지극히 개인적이고 주관적인 것으로 생각하는 경향이 있어요. 아리스토텔레스는 행복의 그런 측면을 부정하지는 않았어요. 그렇지만 그는 행복의 공동체적 측면이 더 중요하다고 생각했어요. 현대 심리학에서는 몰입(flow) 체험을 통해 행복을 묘사하곤 하죠. 몰입은 인간이 어떤 내적인 거부감도 느끼지 않고, 창의적인 문제해결 활동에 전념하는 것을 말해요. 이때 인간은 자신의 잠재성을 실현한다는 느낌과 함께 강한 만족감을 느끼게 되죠. 아리스토텔레스가 말하는 행복에도 이러한 측면은 분명히 있어요. 그러나 현대 긍정 심리학이 행복과 관련해 몰입의 주관적이고 개인적인 체험에 초점을 맞춘다면, 아리스토텔레스는 행복을 공동체 안에서 오랜 시간 지속되는 상태로 보았어요. 그러므로 아리스토텔레스는 한 인간이 행복한지 아닌지는 끝에 가서야 평가할 수 있는 것이라고 말해요. 그는 "제비 한 마리가 날아온다고 하루아침에 봄이 오지 않듯, 사람도 하루아침에 또는 단기간에 행복해지지는 않는다"라고 말했습니다. 얼마나 지속적으로 공동체를 위해 몰입하면서 살았는지가 행복의 열쇠입니다.

단웅이 아, 행복은 공동체적이군요?

백 교수 네, 맞아요! 그렇지만 이러한 행복을 실현하기 위해서는 중요
한 조건이 있어요.

단웅이 그게 무엇인가요?

행복의 조건으로서 덕

백 교수 그게 바로 덕이에요! 『니코마코스 윤리학』 2, 3, 4권은 길게 덕
이 무엇인지를 설명해요. 덕은 행복에 이르기 위한 좋은 성격을 말해
요. 그리고 윤리학은 어원적으로 행복에 이르기 위한 좋은 성격에 관
한 연구라는 의미를 가져요. 그렇다면 덕이 무엇인지를 살펴보도록
하죠. 첫째, 덕은 후천적으로 얻은 성격이에요. 성격이라는 말은 한
사람의 됨됨이로서, 한 사람이 자라나면서 얻게 되는 복합적인 성향
을 말하죠. 사람들은 무엇을 먹는 것을 좋아하거나 싫어하고, 무엇을
보는 것을 좋아하거나 싫어하고, 무엇을 듣는 것을 좋아하거나 싫어
합니다. 이러한 여러 성향이 어떤 연관성을 갖고 서로 묶이면 성격이
되는 것이죠. 이러한 성격은 한 번 획득되면, 없애거나 바꾸기가 극
히 어렵다는 것을 우리는 쉽게 확인해요. 그런데 아리스토텔레스는
성격 중에 또 좋은 성격이 있다고 말합니다. 아리스토텔레스는 이러

한 점에서 덕을 한 번 가지게 된 자는 웬만해서는 그 덕을 잃지 않는다고 말했어요.

그렇지만 이러한 성격은 동물의 성격과는 다른 것이에요. 가령, 개를 기르는 사람들은 같은 종의 개라 할지라도 성격 차이가 있다는 것을 알아요. 같은 리트리버 중에서도 더 순하고 더 사나운 개들이 있죠. 그렇지만 인간에게 있어 성격은, 동물과 달리 합리적 선택이라는 것을 포함해요. 다시 말해, 인간은 현재 욕구에 따라 그냥 선택하지 않고, 특정한 목적에 맞게 욕구들 사이에 우선순위를 정하고, 그러한 순위에 따라 욕구를 실현해나갈 수 있다는 점에서 "합리적 선택"의 능력을 가져요. 이것이 3권 2장의 내용이에요.

단웅이 그렇다면 좋은 성격이란 무엇인가요?

백 교수 좋은 성격을 지닌 자는, 아리스토텔레스의 표현을 따르자면 "고귀한" 목적을 지향하는 자이며 그것에 맞게 자신의 욕구에 우선순위를 정할 줄 아는 자이에요. 그리하여 덕은 그냥 성격이 아니라, 탁월한 성격이에요. 즉, 덕은 좋은 목적을 이루기 위한 "탁월성(arete)"이에요. 이점은 덕이 요즘 우리 사회에서 덕이라고 부르는 것과 다르다는 것을 보여주어요. 우리가 요즘 누군가 덕스럽다고 말하면, 그것은 그가 성격이 까다롭지 않아 여러 사람과 두루 잘 어울릴 수 있다는 것을 의미해요. 그렇지만 그리스 시대의 덕에는 더 나아가 어떤 목적을 이루는 능력이라는 뜻이 함축되어 있어요. 가령, 야구 선수 중에서 좋은 선수는 야구의 목적을 알고, 그것에 맞게 자기의 기량을 발휘할 줄 아는 선수일 것이에요. 윤리의 영역에서도 비슷합니다. 덕을 가진 자는 장애를 극복하고 자신의 "고귀한 목적"을 성공시킬 수 있는 능력을 가진 자일 거예요.

마지막으로, 덕은 공동체적 성격을 가져요. 다시 말해서 공동체의 관습은 개인에게 특정한 성격을 요구하고, 개인의 그러한 성격은 공동체의 관습을 강화해요. 가령, 어떤 문화에서는 용기보다는 겸손을 중요시할 수 있으며, 다른 문화에서는 겸손보다 용기를 중요시할 수 있을 거예요.

단웅이 아리스토텔레스에게 덕은 목적 지향적인 성격을 말하는 것이 군요.

백 교수 네, 단웅이 학생이 맞아요. 아리스토텔레스의 덕 개념을 더 깊이 이해하기 위해서는 그의 영혼에 대한 사상을 살펴보아야 해요. 이것이 그의 『니코마코스 윤리학』 1권 13장이 전제하는 내용이며, 그의 다른 책인 『영혼론』에서 자세히 소개되는 내용이에요. 아리스토텔레스는 덕을 지적인 덕과 성격적인 덕으로 구분하는데, 이러한 구분을 영혼의 부분들을 구별함으로써 정당화해요. 아리스토텔레스는 영혼을 세 부분으로 나누었어요. 제일 밑에는 식물적 영혼이 있는데, 이 부분은 도덕적 기능이 없어요. 그래도 설명한다면, 이 식물적 영혼은 생명체의 생장과 소화기능을 담당하는 영혼이에요. 식물뿐만 아니라 모든 동물도 이러한 식물 영혼을 지녀요. 털이 자라고, 발톱이 자라고, 먹은 것을 소화하는 기능은 식물 영혼이 생명체 안에서 담당하는 기능이에요. 이러한 식물적 영혼은 합리적 선택과 관련되지 않으며, 그러한 점에서 도덕과 관련되지 않아요. 다음으로 동물적 영혼이 있는데, 이 영혼은 도덕과 관련되어요. 동물은 식물과 달리 스스로 움직일 수 있다는 점에서, 동물적 영혼은 자발적 운동 능력으로 특징지어져요. 아리스토텔레스는 이렇게 스스로 움직이는 기능은 감각 기능과 떨어질 수 없다고 생각했어요. 다시 말해 동물은 감각하기에 움직인다고 볼 수 있어요. 그렇다면 이러한 동물적 영혼은 왜 도덕과 관련될까요? 그것은 동물적 영혼이 감정을 가능하게 하기 때문이에요. 아리스토텔레스는 감정이 감각에서 파생되는 기능이라고 보았어요. 정의로운 일에서 즐거움을 찾고, 정의롭지 않은 일에서 불쾌감을 느끼는 자가 도덕적인 사람이에요. 그렇기에 동물적 영혼은 도덕과 관련되는 거예요. 그렇지만 감정만으로는 도덕이 있을 수 없어요. 마지막으로, 이성적 영혼이 필요해요. 이성적 영혼은 목적에 걸맞게 계획을 세우는 능력, 즉 합리적 선택 능력으로 특징지어져요. 이성적 영혼은 동물 중에서도 오직 인간만 가진 것이에요. 인간은 다른 사람들과 계획을 함께 세우고, 계획을 실현하기 위해 협력해요. 그렇기에 이성적 영혼은 대화의 기능도 포함해요. 이성적 영혼과 함께 우리는 공동체의 영역으로 들어가며, 도덕의 영역으로 완전히 들어가게 되어요.

실천적 지혜 없이는 행복할 수 없다

단웅이 이 영혼에 대한 이해가 어떻게 윤리학과 관련되나요?

백 교수 윤리적 행위가 있으려면 이성적 영혼과 동물적 영혼이 특정한 덕을 갖추고 협력해야만 해요. 이성적 영혼이 지휘하고, 동물적 영혼은 그에 순종해야 해요. 먼저, 이성적 영혼이 지녀야 하는 덕에 관해서 얘기해볼게요. 이성적 영혼의 덕을 아리스토텔레스는 프로네시스, 즉 "실천적 지혜"라고 불렀어요. 실천적 지혜는 "숙고"를 올바르게 하는 능력을 말해요.

단웅이 숙고라는 말은 친숙한데, 어떤 뜻인가요?

백 교수 숙고는 합리적 선택을 준비하는 사유 과정이에요. 다시 말해 숙고는 목적을 이루기 위한 수단들을 검토하고 그 수단들 사이에 순위를 설정하는 의식 활동이에요. 숙고를 통해 목적을 이루기 위한 최적의 행위나 행위들을 찾아내는 것이죠. 문제해결을 위한 반성이라고 현대적으로 말할 수 있을 것이에요. 숙고를 잘할 줄 아는 것, 그것이 바로 "실천적 지혜"에요. 실천적 지혜를 가진 자는 자연에 내재한 목적을 인식하며, 목적과 관련된 수단들을 고려하고 자신의 욕구를 통제해요. 실천적 지혜는 개인적 차원뿐만 아니라, 공동체적인 차원을 가져요. 즉, 특정한 집단의 공동 목표를 인식하고, 그 목표에 맞게 계획을 짜는 사람은 실천적 지혜를 가진 사람이에요. 가령, 정치인들은 환경 오염과 경제 발전과 같은 문제들을 인식하며, 문제들 사이의 관계를 살펴보고 문제들의 최적 해결을 위해 다양한 수단들(입법, 정책)을 검토합니다. 아리스토텔레스의 특수성은 이러한 이성적 영혼의 활동이 사회에 실질적 영향력이 있는 행동으로 나타나기 위해서는 동물적 영혼의 개입이 반드시 필요하다고 보았다는 것이에요. 정치라는 것은 문제해결뿐만 아니라, 시민들의 감정적 동의까지 끌어내는 절차를 포함해야만 한다고 본 것이죠.

성격의 덕과 중용

단웅이 아 교수님, 알겠습니다. 아리스토텔레스는 인간은 이성적 존재이지만, 감정 없이는 사회적 삶, 윤리적 삶이 있을 수 없다고 보았던 것이네요. 그렇다면 동물적 영혼이 가져야 하는 덕에 대해서 조금 더 설명해주시겠어요?

백 교수 네, 동물적 영혼의 덕이 바로 성격의 덕이며, 아리스토텔레스가 "중용"이라고 부르는 것이에요. 감정과 관련된 덕이라는 것이죠. 덕스러운 자는 사회적 관습을 내면화하고 맥락에 맞게 감정을 조절할 수 있어야 해요. 가령, 장례식장에서는 적절하게 슬퍼할 줄 알아야 하고, 결혼식장에서는 적절하게 기뻐할 줄 알아야 해요. '중용'이라는 말은 지나침과 부족함의 중간을 지칭해요. 그렇다고 이 중간이 지나침과 부족함의 평균을 의미하는 것은 아니에요. 1과 9 사이의 산술적 중간은 5라고 한다면, 각 사람에게 중용은 달라져요. 어떤 사람에게는 1과 9사이의 중용이 3일 수 있고 어떤 사람에게는 7일 될 수도 있죠. 중용이란 사람마다 그리고 상황마다 달라지는 것이에요. 그러한 점에서 실천적 지혜가 없다면 이러한 중간을 찾아낼 수 없을 것이에요. 상황마다 영혼이 "적절한 중간(=중용)"을 찾아낼 수 있는 것은 "실천적 지혜"가 있기 때문이에요. 그렇지만 실천적 지혜가 중용을 일방적으로 결정하는 것은 아니에요. 동물적 영혼은 자기의 고유성을 갖고 있기에, 이성이 동물적 영혼을 다스리기 위해서는 이러한 고유성을 인정해야만 해요. 비유를 들어 말해보겠습니다. 훌륭한 기수는 자신이 타는 말의 장점과 약점을 두루 잘 알고 있어야 해요. 그래야만 자기가 탄 말이 기량을 최대한 발휘할 수 있게 할 수 있을 테니까요.

단웅이 그러면 마음의 수양을 통해서 행복에 이르게 되나요?

백 교수 그렇죠. 그러나 개인 수양만으로는 불충분해요. 아리스토텔레스의 덕 윤리는 사회 즉 공동체와 떨어질 수 없어요. 동아시아에서 "효", "예"라고 부르는 것들은 모두 어떤 덕을 지칭하는데, 동양의 고유한 공동체 문화를 떠나 이해할 수 없는 것들이죠. 마찬가지로 아리스토텔레스 덕 이론은 고대 그리스의 문화를 반영해요. 가령, 『니코마코스 윤리학』 3, 4권에서는 "용기", "절제", "관대함"(generosity), "원대한 마음"(pride=magnanimity), "통 큼"(magnificence)의 덕들이 논의되어요. 다시 말해, 덕을 함양한다는 것은 마음의 수양뿐만 아니라 적극적인 사회 참여도 포함하는 실천이에요.

단웅이 구체적인 덕들에 관해서 설명해주세요. 먼저, 용기에 관해서 설명해주시면 좋겠어요. 용기는 언제나 중요한 덕목이라고 생각했거든요. 그게 저든, 타인이든 누군가 부당한 처우를 받을 때 그러한 상황을 바로잡는 데 참여하고 싶어도, 제가 받을 피해 등을 생각하면 나서기가 쉽지 않더라고요.

백 교수 아리스토텔레스에게 용기는 '고귀한' 목적을 위해 두려움을 이겨내는 성격을 말해요. 『니코마코스 윤리학』 3권 6장에서 9장까지 용기가 논의되는데, 여기서 조국을 지키려는 시민군들이 전쟁에서 발휘하는 용기야말로 최고의 용기라고 설명돼요. 이는 당시 전쟁이 흔하던 시대상을 반영한 것이죠. 어쨌든 용기를 갖는다는 것은 두려움을 이겨내고 적진을 향해 돌진하거나, 자신을 괴롭히는 자에게 사납게 달려드는 행위 이상의 의미를 가져요. 다시 말해, 진정한 용기가 있으려면 공동체의 지평을 희미하게라도 인지하고 있어야 해요. 그러한 점에서 단웅이 학생이 말하는 그런 일상적인 맥락에서의 용기도 공동체의 정의에 대한 고려가 있다고 한다면, 분명 용기라고 할 수 있을 거예요.

단웅이 그렇다면 절제란 무엇인가요?

백 교수 3권 10장에서 13장까지 논의되는 절제는 촉각과 미각의 쾌락과 직결되는 덕목이에요. 많은 건강 문제가 쾌락의 남용과 관련된다는 점에서 절제는 개인에게 중요한 덕목이에요. 그렇지만 아리스토텔레스는 절제의 사회적인 측면에 더 관심을 두고 있어요. 그에 따르자면 절제 있는 자는 쾌락을 필요한 만큼, 적당한 때, 적당하게 취해요. 즉, 그는 사회적 관례에 맞게 자신이 즐겨야 할 것을 즐기는 자라고 할 수 있어요. 이렇게 관습에 따라 자신의 욕구를 제어할 수 있는 자는 이성의 요구를 거부감 없이 자기 것으로 받아들일 수 있어요. 이러한 점에서 절제는 다른 덕들을 준비하는 덕이라고 할 수 있어요.

단웅이 용기와 절제는 두려움, 분노, 쾌락, 고통과 직결되는 덕목들이라는 점에서 성격적 덕이라고 불리는군요. 그렇다면 덕 중에 더 사회적인 덕들이 있는지요?

백 교수 물론이에요. 그러한 덕들이 바로 관대함, 통 큼, 자부심이라고 불리는 것들입니다. 4권 1장에서 관대함은 재화를 주고받음으로써, 사람들과 좋은 관계를 맺고 유지하는 덕으로 묘사돼요. 누군가와 가깝게 지내기 위해서는 그에게 무엇인가를 주고, 때로는 받을 줄도 알아야 해요. 그렇기에 아리스토텔레스는 관대함을 지나치게 주는 것, 즉 낭비와 지나치게 주지 않는 것, 인색의 중간이라고 보았죠. 이것은 아주 부자는 아니지만 어느 정도 재산을 지닌 자유로운 시민의 덕이에요. 관대한 자는 실천적 지혜의 도움을 받아 주어야 할 사람에게, 주어야 할 때, 주어야 할 것을 주는 사람이에요.

단웅이 오늘날 누구와 더 친해지기 위해서는 한턱을 낸다든지, 선물을 해주어야 하는데, 당시에도 그랬군요. 문화와 시대를 넘어 인간의 본성은 같나봅니다. 그러면 통 큼이란 무엇인가요?

백 교수 통 큼은 아주 큰 부자들의 덕이에요. 여기서도 덕의 사회적 성격이 잘 보여요. 아테네에서는 시민들에게 세금을 거두지 않았어요. 그렇기에 기념물을 세우든지, 큰 축제를 하기 위한 자금을 부자들의 기부를 통해 충당했다고 해요. 그러한 점에서 부자들의 기부도 필수적이었고요.

단웅이 아, 교수님 말씀을 들으니. 오늘날의 노블레스 오블리주가 생각납니다. 각종 봉사 사업에 기부하는 것을 오늘도 큰 부자들의 의무로 생각하는 경향이 있는데, 과거에도 그랬군요.

백 교수 지금 내가 말한 모든 덕에서 실천적 지혜의 작용을 보아야 해요. 즉, 어떤 상황에서 누구에게 어떻게 용기를 내야 할지, 어떤 상황에서 어떻게 무엇을 절제해야 할지, 누구에게 언제 어떻게 무엇을 주고받아야 하는지 등을 결정하는 것은 모두 숙고를 전제하는 활동들이니까요.

단웅이　아 그렇군요. 그러면 "자부심"은 어떤 덕인가요?

백 교수　네, 그러면 마지막으로 4권 3장에 등장하는 "자부심"을 살펴보죠. 자부심을 지닌 사람은 아리스토텔레스에 따르면 자신이 큰일을 할 만하다고 생각할뿐만 아니라 실제로 큰일을 하는 사람이에요. 물론 이때 큰일이라는 것은 아리스토텔레스가 "고귀한" 일이라고도 부르는 공동체를 위한 일일 거예요. 자부심은 "허영"과 "소심" 사이의 중용으로서, 이 덕을 지닌 사람은 자신이 많은 덕을 지니고 있고 이를 바탕으로 큰일을 할 수 있다고 믿어요. 아리스토텔레스에 따르면 자부심을 가진 자는 자신이 많은 덕을 가진 줄 알기에, 권력자나 부자의 눈치를 보지 않고, 어디서든 할 말을 하고, 어려운 사람을 발 벗고 도와주어요. 오늘날 사람들이 말하는 "자존감" 높은 사람에 해당한다고 할 수 있어요. 이러한 자부심은 다른 덕들을 강화해요. 그리고 그렇게 강화된 덕들은 재차 자부심의 덕을 강화해요. 그러한 점에서 자부심은 성격의 덕 중에서 중추적인 역할을 한다고 볼 수 있어요.

단웅이　그렇다면 덕을 어떻게 함양할 수 있나요?

백 교수　좋은 질문입니다. 여기서 저 유명한 파이데이아(교육)의 문제가 제기돼요. 아리스토텔레스에 따르면 이러한 탁월한 성격은 긴 "습관"을 통해서 형성될 수밖에 없어요. 좋은 성격은 우선 좋은 습관을 들임으로써 차츰 찾아오게 되는 것이죠. 그래서 어렸을 때 부모, 또는 양육을 담당한 사람의 역할은 결정적입니다. 공교육도 좋은 습관 형성의 연장선상에서 이해할 수 있을 거예요. 아리스토텔레스는 정치가의 일차적인 임무도 이런 교육적인 것이라고 보았어요. 정치가는 좋은 법을 제정함으로써 그 법을 준수하는 시민들이 좋은 습관을 형성하게끔 유도해요 그렇지만 이러한 '교육'은 파블로프의 개의 예에서 볼 수 있는 것처럼 조건반응 형성과는 다른 것입니다. 유아였을 때 교육은 수동적인 형태로 이루어지지만, 청년이 된 후부터 진정한 덕을 얻기 위해서는 매 순간 합리적 선택을 해야 하기 때문이죠. 사람은 행위를 함으로써 덕을 형성하지만(성격의 덕), 이는 행위를 할 때마다 그 행위를 반성적으로 선택함으로써 가능해요. 이러한 점에서 아리스토텔레스에게 인간은 자신의 성격에 대해서 책임을 져요. 술을 마시고 사고를 칠 경우, 아리스토텔레스에게 술을 마신 것은 죄를 감해주는 사유가 아니라 부가하는 이유가 되는 것이죠. 덧붙여 교육에서 롤모델의 중요성을 아무리 강조해도 부족할 거예요. 덕을 함양하는 가장 효과적인 방법은 스스로 자신의 롤모델을 찾아 그의 행위를 모방함으로써 좋은 습관, 나아가 좋은 성격을 형성하는 것이니까요.

단웅이 아하 그렇군요. 저도 남은 대학 생활 동안 하고 싶었던 일들을 미루지 않되 충분히 숙고하고 하겠으며, 학우들, 교수님들 중에서 롤모델을 찾아 덕을 닦기 위해 노력하겠습니다. 그리고 사회의 여러 이슈에 무관심하지 않고, 제가 사회에 할 수 있는 작은 기여들을 해나가겠습니다.

백 교수 단웅이 학생, 멋집니다. 그렇다면 덕과 공동체 사이의 관계를 더 탐색해봅시다. 아리스토텔레스는 덕을 통해 개인이 자기와 직접 이해관계를 공유하는 사람들을 넘어 공동체를 위하기를 원했어요. 즉, 공동체라 함은 자유로운 시민들의 공동체로서 이 안에서 시민은 친구나 가족 외에도 자신이 모르는 시민들과 관계를 맺고 살아가며, 다른 시민들과 때로는 협력하고 때로는 경쟁하며 살아갑니다. 아리스토텔레스는 이러한 공동체가 단순히 사람들의 이기심을 바탕으로 형성될 수는 없고, "정의"와 "우애"의 덕목을 필요로 한다고 말했어요. 그러한 점에서 『니코마코스 윤리학』 5권은 "정의"의 개념과 덕을 설명하는 데에 할애되고 있어요. 여러 개인이나 집단이 모여 있는 사회에서는 분쟁이 일어날 수밖에 없고, 그래도 공동체가 무너지지 않기 위해서는 이러한 분쟁들은 조정되어야만 해요. 정의는 이러한 분쟁들을 조정하기 위한 덕목입니다.

아리스토텔레스의 정의론

단웅이 아, 정의는 오늘날에도 매우 중요한 개념 아닙니까?

백 교수 네, 맞아요. 2300년 전 그리스에서도 그러했습니다. 그러면 정의에 대해서 잠깐 설명해보죠. 아리스토텔레스는 정의를 세 종류로 나누었어요. 분배적 정의, 교정적 정의, 교환적 정의가 그러한 정의들이죠. 분배적 정의는 사회 구성원들의 공이나 능력에 따라 재화를 동등하게 분배함으로써 성립해요. 그러므로 공동체에 같은 정도로 기여한 사람들이 공동체로부터 가치가 같지 않은 몫을 받거나 공동체에 같은 정도로 기여하지 않은 사람들이 가치가 같은 몫을 분배받는 것은 정의롭지 않겠죠. 아리스토텔레스는 이러한 분배적 정의를 기하학적 비례에 따른 정의라고 불렀어요. 가령, 사회에 4를 기여하는 사람은 사회에 1을 기여한 사람보다 4배의 수익을 받아야 할 것입니다. 교정적 정의는 한 사람이 다른 사람에게 손해를 입혔을 때, 가령, 그의 재산을 빼앗는다든지, 신체상 위해를 가하게 되면, 피해자가 입은 손해만큼 가해자가 피해자에게 배상하도록 하는 것이죠. 이렇게 교정적 정의는 두 사람 사이에 파괴된 동등성을 회복합니다. 피해 보상을 위한 소송, 형벌 등은 이러한 교정적 정의의 예들이에요. 마지막으로, 교환적 정의는 우리 삶에서 거래가 이루어지는 모든 곳에서 발견됩니다. 모든 거래는 동등한 가치를 가진 사물들끼리 이루어져야 해요. 가령, 집 한 채의 가치가 신발 백 켤레의 가치와 동등하다면, 집 두 채는 신발 이백 켤레와 교환되어야 할 거예요. 이러한 교환을 우리는 정의로운 교환이라고 불러요. 아리스토텔레스는 공동체가 초기에는 교환의 필요성에 의해서 만들어졌을 것이고, 교환을 수월하게 하기 위해 "화폐"가 탄생했을 것이라고 말하기까지 해요.(1133b). 이러한 세 가지 경우가 바로 공동체 안에서 우리가 정의를 문제 삼는 경우들인데, 이는 현대 사회에서도 크게 다르지 않음을 볼 수 있어요. 그렇다면 정의가 덕이라는 것은 어떤 의미일까요? 우선, 실천적 지혜와 정의의 관련성을 생각해볼 수 있을 거예요. 사람들 사이에 동등성이 파괴되었을 때, 동등성을 복원해내는 것은 쉽지 않은 일이며, 깊은 숙고를 즉 실천적 지혜를 요구하는 일일 거예요. 이러한 점에서 정의는 덕의 요건을 갖춘다고 볼 수 있어요. 덧붙여, 정의로운 사람은 공정하게 배분하고, 공정하게 거래하는 활동에서 즐거움을 얻는 사람이어야 할 텐데, 우리는 우리에게 그러한 욕구가 있음을 느끼죠. 그러한 점에서 정의로움은 덕입니다.

아리스토텔레스의 우애론

단웅이 아, 정의의 덕목은 사회의 분쟁을 조절하고 예방하는데 쓰임이 있군요. 그렇지만 정의의 덕목만으로 다스려지는 사회는 어딘가 엄격하고 딱딱한 사회일 것 같습니다.

백 교수 네, 단웅이 학생 말이 맞아요. 그래서 아리스토텔레스는 『니코마코스 윤리학』 8권, 9권에서 필리아, 즉 우애에 대해서 말하죠. 아리스토텔레스가 우애에 관해서 두 권이나 할애했다는 것은 그가 우애를 얼마나 중요하게 생각했는지를 보여줍니다.

단웅이 아, 친구가 없다면 불행할 것 같아요. 우애는 정말 행복에 필수적인 것 같아요. 교수님, 우애에 대해서 조금만 더 설명해주세요.

백 교수 아리스토텔레스도 단웅이 학생과 같이 생각했어요. 그리하여 아리스토텔레스도 친구가 없다면 인생이 의미가 없을 것이라 말하며, 친구가 있으면 즐거움은 배가 되고, 슬픔은 반으로 줄어든다고 말합니다. 단웅이 학생도 절친들이 있을 거예요. 아리스토텔레스는 아주 친한 친구 사이에 있는 이러한 끈끈함이 어떤 점에서 공동체 전체로 확장되어야 한다고 생각했어요.

단웅이 정의가 사회 통합을 위한 차가운 원리 같은 것이라면, 우애는 따뜻한 원리 같은 것이네요.

백 교수 네, 단웅이 학생 말이 맞아요. 아리스토텔레스는 친구 사이에 성립하는 우애를 세 종류로 나누었어요. 쾌락에 따른 우애, 이익에 따른 우애, 그리고 덕에 따른 우애가 그러한 우애들이죠. 쾌락에 따른 우애는 음식을 같이 즐기든지, 운동을 같이 즐기는 친구들 사이의 우애일 거예요. 이익에 따른 우애는 경제적 이익을 위해 맺은 우애일 것이며, 가령 계 모임과 같은 것을 생각해보면 될 거예요. 덕에 따른 우애는, 덕을 가진 사람들끼리의 우애로서 여기서 각자는 쾌락이나 이익 때문에 친구를 좋아하는 것이 아니라, 친구의 됨됨이 때문에 친구를 좋아하는 것이에요. 쾌락이나, 이익에 따른 우애는 그것들이 사라지면 사라지게 되어 있어요. 반면 덕에 따른 우애는 쾌락이나 이익에 의존하지 않기에 오래 지속되죠. 단웅이 학생이 예상하다시피 아리스토텔레스는 덕에 따른 우애를 으뜸으로 쳤고, 덕에 따른 우애가 덕을 형성하기 위해서 필수적이라고 보았습니다. 덕을 가진 친구들은 서로를 보며 서로를 닮고자 하기에 덕은 우애를 통해 더 공고해지기 때문이죠. 아리스토텔레스에 따르면 이러한 우애는 공동체를 진정한 국가로 만드는 원리이기도 해요. 인간이 처음에 무리를 이루고 살게 된 것은, 아마도 생존을 위한 것이었을 거예요. 그러나 사회가 더 커질수록 인간이 사회를 통해서 추구하는 것은 한낱 생존을 넘어서게 되죠. 이성적인 동물인 인간은 이상적인 공동체의 모습을 그리

화합의 예로서 월드컵 응원

출처: alamy

게 되고, 같은 이상을 공유한 이들과 모종의 우애를 나누게 되죠. 이렇게 같은 가치를 공유한 사람들이 우애로 맺어질 때, 비로소 국가가 있게 된다는 것이 아리스토텔레스의 생각이었어요. 그래서 아리스토텔레스는 국가가 형성된 계기는 생존이지만, 국가의 목적은 개개인의 삶을 행복하게 만드는 것이고, "정치적인 공동체는 순간에 유익한 것을 추구하지 않고 삶 전체에 유익한 것을 추구"한다고 『니코마코스 윤리학』 8권에서 말하는 것이죠.

단웅이 아, 우애가 없다면 국가도 없고, 덕스러운 삶도 없는 것이군요.

백 교수 단웅이 학생 말이 맞아요. 아리스토텔레스가 말하는 화합에서 그것을 잘 확인할 수 있어요. 화합은 우애와 유사해요. 그러한 점에서 화합은 공동체 구성원 간의 단순한 의견 일치와는 달라요. 의견의 일치는 서로 우애를 느끼지 못하는 사람들 사이에서도 있을 수 있으니까요. 가령, "2+2=4"라는 의견에 서로 우애를 느끼지 못하는 사람끼리도 동의할 수 있어요. 하지만 같은 의견을 가졌다고 해서 화합한다고 말할 수는 없어요. 사람들은 사회생활을 하면서 공동의 목적이 있을 때 화합해요. 예를 들어 어떤 공동체의 구성원들이 모두 '부정부패는 나쁜 것이니, 없애야 한다'라고 믿는다면, 그 공동체는 화합하고 있다고 볼 수 있어요. 이는 이러한 믿음이 단순한 의견이 아니라, 사회적 시행착오를 요구하는 실천이기 때문이죠. 덕 있는 사람들은 늘 화합하고 있는 상태에 있어요. 그들은 항상 덕을 향한 같은 마음을 갖고 있기에, 사회를 더 덕스럽게 만들 수 있는 모든 일들에서 화합할 거예요.

단웅이　아리스토텔레스의 생각은 지금과 같이 분쟁이 많은 사회에서 큰 울림이 있는 것 같습니다. 그렇다면 마지막으로 교수님의 설명을 들으며 느꼈던 바를 정리해보겠습니다. 아리스토텔레스는 실제 "행위"를 정말 중요하게 여겼던 사람인 것 같아요. 아리스토텔레스는 행복해지기 위해서는 행동을 해야만 한다고 말하는데, 이는 쉽게 나태해지고 게을러지는 제가 깊이 새겨들어야 할 말입니다. 그리고 아리스토텔레스는 덕을 통해 제가 하는 행위가 저의 잠재성을 실현하는 동시에 공동체에 기여하는 행위이기를 바랐습니다.

백 교수　단웅이 학생이 잘 정리하였습니다. 자 이제 덕을 향한 여정을 같이 가봅시다.

참고 문헌

1. 저서

아리스토텔레스, 천병희 옮김, 『니코마코스 윤리학』, 숲, 2018.

아리스토텔레스, 강상진, 이창우, 김재홍 옮김, 『니코마코스 윤리학』, 길, 2011.

아리스토텔레스, 천병희 옮김, 『정치학』. 숲, 2020.

다미앵 클레르제-귀르노, 김정훈 옮김, 『무기력한 날엔 아리스토텔레스』, 자음과모음, 2018.

모티머 애들러, 별보배 옮김, 『모두를 위한 아리스토텔레스 - 쉽게 풀어낸 어려운 생각』, 마인드큐브, 2022.

유재민, 『아리스토텔레스의 니코마코스 윤리학 - 행복한 사람이 욕망에 대처하는 자세』, EBS Books, 2021.

윌리엄 데이비드 로스, 김진성 옮김, 『아리스토텔레스』, 세창출판사, 2020.

조대호, 『아리스토텔레스 - 에게해에서 만난 인류의 스승』, arte, 2019.

2. 사진 자료

alamy 홈페이지(https://www.alamy.com/)

분별을 넘어
절대 자유의 세계에서 노닐다
─장주(莊周), 『장자(莊子)』

윤승준

한참 꿈을 꾸고 있을 때는 그것이 꿈인 줄 모른다. 꿈속에서 꿈을 해몽하기까지 하는데, 깬 다음에야 그것이 꿈이었음을 안다. 대각大覺이 있어야만 삶 자체가 대몽大夢이었음을 아는 것이다. 그러나 어리석은 자는 스스로 깨어있다고 하면서 버젓이 아는 체를 한다. 그래서 임금이니 목동이니 하지만, 고루한 일이다. 나나 그대나 모두 꿈을 꾸고 있는 것이다. 내가 그대는 꿈을 꾸고 있다고 말하는 것 역시 꿈이다. 이러한 말을 사람들은 지극히 기이하다고 할 것이다. 그러니 만년 뒤에 위대한 성인을 만나서 그 뜻을 알게 되더라도 그것은 일찍 만나는 셈일 것이다.

─장자, 제물론(齊物論)

단웅이 안녕하세요? 교수님. 오늘은 장자莊子, 369~286 B.C.에 대해서 이야기를 듣고 싶은데요. 흔히 장자 하면 나비가 되어 날아다니는 꿈을 꾸다가 잠에서 깨었는데, 결국 자기가 나비 꿈을 꾼 장자인지 아니면 장자가 된 꿈을 꾸고 있는 나비인지 구분하지 못했다고 하는 아주 흥미로운 이야기로 널리 알려져 있잖아요. 그런데 그 이상 그가 과연 어떤 인물이었는지, 또 그가 지었다고 하는 『장자』에는 구체적으로 어떤 이야기들이 담겨 있는지는 잘 모르고 있어요. 아

육치(陸治, 1496~1576), 「夢蝶」　　출처: alamy

무래도 동양 고전을 읽는다는 것이 쉽지 않기 때문이 아닌가 하는데요. 어떻게 하면 쉽게 다가설 수 있을까요?

윤 교수　그렇지요. 한문으로 된 동양 고전을 읽고 이해한다는 것이 쉽지 않지요. 분명 우리도 동양 사람인데, 현대인의 삶이 동양의 전통적인 사유 방식이나 문화로부터 멀리 떨어진 것이다 보니, 또 한자나 한자어도 일상생활 속에서 자주 쓰이지 않게 되다 보니 동양 고전을 읽는다거나 이해한다는 것이 갈수록 어려워지는 것 같아요. 그렇지만, 우리 마음의 고향이 그런 동양 고전 속에 있다는 점을 알면 조금은 편하게 다가설 수 있고, 또 그것을 알고 나면 더 잘 이해할 수도 있어요. 재미있는 것들도 많고요. 괜히 동양 고전은 어렵다거나 따분하다는 선입견을 가질 필요는 없어요. 자, 그럼 어떤 이야기부터 시작해 볼까요?

장자(莊子)라는 인물

단비　먼저 장자가 어떤 분이셨는지 대강이라도 알면 좋을 것 같습니다. 그래야 그의 책 속에 나오는 이야기도 좀 더 잘 이해할 수 있을 것 같네요. 교수님.

윤 교수　그래요. 장자는 기원전 369년에 태어나서 286년에 죽었다고 하는데, 그가 정확히 언제 태어나고 언제 죽었는지 알려져 있지는 않아요. 그는 송宋나라 몽현蒙縣; 지금의 山東省 曹縣. 河南省 商邱縣이라고도 함 사람으로, 이름은 주周라고 했어요. 그는 진 시황이 천하를 통일하기 전, 전국시대 중기에 살았어요. 아주 혼란스러운 시기였지요. 전국칠웅(연, 조, 제, 위, 한, 초, 진)을 비롯한 여러 나라가 제각기 부국강병에 힘쓰고 천하의 패권을 차지하기 위해 합종연횡合縱連橫하던 시기였는데, 그러면서도 유가, 법가, 묵가, 도가, 명가, 병가, 음양가 등 제자백가가 제각기 다양한 사상과 문화를 화려하게 꽃피운 시기이기도 했어요. 장자 역시 그러한 백화제방百花齊放의 시대를 대표하는 학자들 가운데 한 사람이었어요. 도가를 대표하는 사상가 가운데 한 사람이었던 그는 책을 이해하고 언설을 분석하는 데 뛰어났고 특히 이야기를 만들어 진리를 유추하는 데 탁월한 재능을 가졌었다고 해요. 그러한 재능을 활용해서 당시 커다란 영향력을 떨치고 있던 유가儒家와 묵가墨家를 공박했다고 해요. 장자는 양 혜왕梁惠王, 제 선왕齊宣王과 같은 시대의 사람이었다고 하는데, 단웅이는 혹시 『맹자』를 읽어보았나요?

단웅이　아니요. 마음만 먹고 아직 읽어보지는 못했는데, 왜 그러시지요?

윤 교수 그렇군요. 『맹자』를 보면, 양 혜왕과 제 선왕에게 맹자가 유세하는 이야기가 나와요. 맹자는 왕도정치보다는 부국강병에만 골몰하고 있던 양 혜왕에게 오십보백보 이야기를 들려주기도 하고, 왕도정치를 묻는 제 선왕에게는 생명을 아끼는 마음으로 하는, 차마 하지 못하는 정치[不忍之政]를 베풀면 된다고 하면서 항산恒産이 없으면 항심恒心이 있을 수 없으니 민생부터 잘 살피라는 이야기를 해 주기도 하지요. '연목구어緣木求魚'라는 고사성어도 맹자와 제 선왕의 대화에서 나온 것이랍니다. 어쨌든 장자는 양 혜왕, 제 선왕과 같은 시대의 인물이었으니, 맹자와도 같은 시기를 살았던 인물이라고 할 수 있어요.

단비 네. 그렇군요. 그럼 장자가 구체적으로 어떤 인물이었는지 말씀해 주실 수 있을까요? 맹자도 그렇지만, 장자는 아무래도 좀 더 낯설거든요.

윤 교수 장자와 관련해서는 단웅이 군이 말한 '호접몽'을 비롯해서 많은 이야기가 전하는데, 여기서는 우선 한두 가지를 들어서 그가 어떤 인물이었는지 소개해 보지요. 먼저 장자의 아내가 죽었을 때 얘기입니다. 장자의 벗이었던 혜시惠施가 장자의 아내가 죽었다는 소식을 듣고 조문을 갔는데, 장자가 두 다리를 뻗고 앉아서 동이를 두드리며 노래를 부르고 있었다고 해요. 그래서 물었다고 하지요. 함께 살면서 자식을 기르고 동고동락해 온 아내가 죽었는데, 어찌 슬퍼하는 기색 하나 없이 동이를 두드리고 노래까지 부를 수 있느냐고 말이지요. 그랬더니 장자는 이렇게 대답했다고 해요. "그렇지 않아. 아내가 죽었는데 어찌 나라고 슬프지 않을 수 있겠나. 그런데 그 본원을 생각

장자(莊子, 369~286 B.C.)
출처: alamy

해 보니, 본래 생명이란 것이 없었고 형체도 없었으며 기운도 없었던 것이더군. 혼돈 가운데에서 무엇인가가 변하여 기운이 생겨나고 형체가 생겨나 생명이 있게 되었다가 지금 다시 변해서 죽은 거야. 그러니 이건 봄이 가면 여름이 오고 여름이 가면 가을이 오는 계절의 운행과 같은 것이 아니겠나. 아내는 지금 우주의 거대한 저택에 편안히 잠들어 있을 텐데 나만 홀로 소리 내어 곡을 했으니, 내 스스로 천명을 알지 못하고 그런 것 같아서 그만둔 것이라네."라고 말이에요. 장자의 이와 같은 행동을 단웅이 군은 이해할 수 있겠어요? 이처럼 삶과 죽음조차도 그의 마음을 붙들어 둘 수 없을 만큼 장자는 비범한 인물이었어요. 그러니 세속적인 가치로 그의 마음을 흔든다는 건 엄두도 낼 수 없는 일이었지요.

사마천의 『사기』에는 이런 이야기도 전해요. 한번은 초나라 위왕威王이 장자가 현명한 인물이라는 걸 알고는 사신을 보내 많은 예물을 주면서 재상으로 모시고자 했지요. 물론 장자는 거들떠보지도 않았다고 해요. 주겠다고 하는 천금이 커다란 재물이고 정승 자리 역시 존귀한 벼슬이었지만, 여러 해 살지게 잘 먹다가 화려한 비단옷을 입고는 교외 제사에 제물로 바쳐져야 하는 소(희생) 같은 신세가 되기보다는 차라리 더러운 오물 속에 뒹구는 돼지처럼 살더라도 자기 뜻대로 살겠다고 한 것이지요. 이런 이야기들이 장자라는 인물을 이해하는 데 도움이 될지 모르겠군요?

단웅이　네. 교수님. 들려주신 얘기만으로도 장자는 좀 특별한 사람처럼 보이는데요. 벼슬을 하지 않고 내 뜻대로 살겠다고 한 것은 충분히 그럴 수도 있겠다 싶은데, 아내의 죽음 앞에서 어떻게 그럴 수가 있을지? 그건 정말 특별하네요. 이해하기도 쉽지 않고요. 어떻든 장자는 좀 특이한 사람인 것 같습니다. 일종의 기인이라고 할까요? 일반적인 사람과는 많이 달라 보입니다.

윤 교수　맞아요. 우리의 일반적인 상식으로는 납득하기가 쉽지 않지요. 장자는 이런 말도 했어요. 사람이 죽음을 싫어하는 것은 자기가 어디서 온 지 모르기 때문인데, 이는 어려서 길을 잃어버려 평생 고향을 찾을 줄 모르는 사람과 다를 바 없다고요. 삶에 대해서 그토록 집착하던 사람이 죽고 나서 '내가 왜 그랬을까?' 하고 후회하지 않을지 어떻게 알 수 있느냐고도 했지요. 삶과 죽음을 이렇게 바라볼 수 있는 경지가 쉽지는 않지만, 그렇다고 어려워할 필요도 없어요. 그가 남긴 글들은 재미있는 이야기들로 가득 차 있어서 따라가다 보면 이야기의 재미 속에 푹 빠지게 되고, 그 재미를 따라가다 보면 그가 생각하고 추구했던 세계도 조금씩 이해할 수 있게 된답니다.

『장자』라는 책은 어떤 책인가요?

단비　네. 교수님. 알겠습니다. 잘 따라가 보도록 하겠습니다. 그래도 가능하면 어렵지 않은 이야기부터 들려주시면 좋겠습니다. 먼저 『장자』라는 책에 대해서 간략히 얘기해 주시겠어요?

윤 교수 그럽시다. 지금 우리가 보는 『장자』라는 책은 위진남북조 시대 서진西晉의 사상가였던 곽상郭象, 252~312이라는 사람이 주석을 달고 편집해 놓은 거예요. 내편 7편, 외편 15편, 잡편 11편, 총 33편으로 이루어져 있는데, 이 가운데 장자 자신의 저술로 알려진 것은 내편 7편이

「장자」　　　출처: 국립민속박물관

고, 외편과 잡편은 후학이나 다른 사람들의 글이라고 해요. 그렇기는 하지만, 내편의 7개 편만이 아니라 『장자』 마지막에 실린 「천하天下」편을 비롯해서 「천도天道」, 「천운天運」, 「추수秋水」, 「지락至樂」, 「달생達生」, 「산목山木」, 「우언寓言」 등등 장자의 사상을 이야기할 때 자주 거론되는 유명한 얘기들이 곳곳에 실려 있어 어느 하나 빼고 버리고 할 것이 없답니다.

『장자』의 구성

내편	소요유, 제물론, 양생주, 인간세, 덕충부, 대종사, 응제왕
외편	변무, 마제, 거협, 재유, 천지, 천도, 천운, 각의, 선성, 추수, 지락, 달생, 산목, 전자방, 지북유
잡편	경상초, 서무귀, 칙양, 외물, 우언, 양왕, 도척. 설검, 어부, 열어구, 천하

장자는 「천하」편에서 유가나 법가, 묵가 등 당시의 제자백가들을 우물 안 개구리와 같은 '일곡지사一曲之士'라고 비판하면서, 각기 자기의 학설만이 최고라고 여기는 이들 때문에 도道와 덕德이 갈기갈기 찢겨 나가 결국 후세의 학자들이 천지의 순연한 이치와 옛사람들의 원만한 지혜를 알지 못하게 될 것이라고 우려했어요. 그런 점에서 보면 『장자』는 이처럼 분열과 혼란으로 치달아 가던 당시 학술계를 비판하고 바로잡고자 한 것이었다고도 할 수 있지요.

단웅이 그렇군요. 교수님. 그런데 아까 장자는 이야기를 만들어 진리를 유추하는 데 탁월한 재능을 가진 인물이었다고 하셨는데, 도대체 어떻게 했길래 이런 얘기를 듣는 건가요? 실제로 그런 이야기들이 『장자』에 많이 실려 있나요?

윤 교수 그런 평가는 사마천이 『사기』에서 한 거예요. 장자는 천하가 침체하고 혼탁해서 정론을 펼 수 없게 되자 치언卮言을 통해 사리를 미루어 나아가고, 중언重言을 사용해 진실한 것이라고 믿게 하고, 우언寓言을 써서 사람의 뜻을 넓게 했다고 했어요. 자신의 이야기 방식을 치언, 중언, 우언 세 가지로 말한 것인데, 그 중에서도 특히 우언은 그가 쓴 글의 90%를 차지할 정도로 큰 비중을 차지했고, 이후 글쓰기나 말하기의 중요한 방식으로 널리 사용되었어요. 조선후기의 실학자였던 연암燕巖 박지원朴趾源, 1737~1805이 '외전外傳'과 '우언'을 대표적인 글쓰기 방법으로 거론한 것만 보아도 그 영향력을 가히 짐작할 수 있지요. 우언이 어떤 식의 글쓰기 방식인지를 이해하려면 구체적인 예를 직접 보는 것이 더 쉬울지도 모르겠군요.

단비 네, 그렇게 해주시면 더 좋을 것 같습니다.

윤 교수 어떤 얘기를 할까요? 음, 그래요. 장자가 그의 벗이었던 혜시惠施의 무덤 곁을 지나며 제자들에게 들려준 이야기를 가지고 봅시다.

> 옛날 초나라 서울인 영郢 땅의 어떤 사람이 하얀 석회를 자기 코에 파리 날개 모양으로 얇게 발라놓고는 장석匠石을 불러 그것을 깎아 내게 했다. 장석이 도끼날을 휘두르는데 마치 바람이 일어날 듯하였다. 그러나 그 영郢 땅 사람은 태연하게 있었다. 마침내 하얀 석회는 하나도 남김없이 깨끗이 깎였다. 그러나 코끝은 조금도 다치지 않았다. 영郢 땅 사람 역시 똑바로 선 채 얼굴빛 하나 까딱하지 않고 있었다. 송나라 임금[元君]이 이 이야기를 전해 듣고는 장석을 불러 "과인에게도 그같이 한번 해보라."라고 하자, 장석은 대답하기를 "제게는 아직 그렇게 깎을 수 있는 능력이 있습니다만, 제 상대가 되어줄 수 있는 사람은 이미 오래전에 죽었습니다."라고 했다고 한다.
>
> 그대가 죽고 난 후로는, 정녕 내 상대가 되어줄 사람이 아무도 없소. 내 더불어 말할 수 있는 사람이 이제는 없소.
>
> —장자, 서무귀(徐無鬼)

짐작하겠지만, 이 얘기는 단순히 초나라 서울 영郢 땅 사람과 장석匠石 사이에 있었던 일이나 송나라 임금과 장석 사이에 있었던 일을 전하기 위한 것이 아니지요. 초나라 서울 사람과 장석, 송나라 임금과 장석 사이에 있었던 일을 얘기하고 있지만, 실제로는 혜시가 장자에게 어떤 존재였던가를 말하고자 했던 것이지요. 이처럼 우언은 일종의 쓰리 쿠션이라고 할까요? 이것은 이런 것이고 저것은 저런 것이다 이렇게 직접 대놓고 말하는 것이 아니라 다른 것에 빗대어 에둘러 표현하는 거지요. 서로 다른 사물이나 존재들 사이에 존재하는 이면적 동질성을 근거로 추론하는 것을 유추 혹은 유비추론이라고 하는데, 우언을 자주 그것도 잘 활용한 것을 보면 장자는 유추의 원리를 잘 활용할 줄 알았던 인물이었던 것 같아요. 그래서 『장자』는 딱딱하고 지루한 철학책이라기보다는 재미있는 이야기책이라고 할 수도 있어요. 어때요? 이야기가 어렵지는 않지요?

단웅이 네, 교수님. 흥미로운 이야기라 잘 들어오는데요.

윤 교수 그렇지요. 그래서 『장자』를 읽을 때는 더 잘 읽어야 합니다. 재미있다고, 흥미롭다고 이야기에만 정신이 팔려서 읽다 보면, 장자가 전달하고자 한 참뜻을 놓치고 말 수도 있기 때문이지요. 물고기를 잡으면 통발은 잊어야 하는데, 통발에 신경을 쓰다 보면 물고기를 놓치게 된다는 얘기입니다. 어쨌든 장자는 이러한 이야기 방식을 통해 자신이 전달하고자 한 이야기를 풀어 놓았어요. 지금부터는 그런 이야기를 몇 가지 살펴보면서 『장자』의 세계에 조금 더 다가가 보기로 합시다.

단비 네, 교수님. 그렇게 말씀해 주시니 더 기대가 되는데요. 물고기를 놓치지 않도록 주의하면서 듣겠습니다.

분별을 넘어 하나가 된다는 것

윤 교수 물고기를 놓치지 않게 주의해서 듣겠다고 했으니, 물고기 이야기부터 해 볼까요? 역시 장자와 혜자의 얘기입니다.

장자와 혜자가 호수濠水 다리 위에서 놀고 있었다. 장자가 말했다. "저것 좀 보게. 물고기가 정말 유유자적하니 소리도 내지 않고 물을 가르고 지나가는 구면. 저것이야말로 물고기의 즐거움 아니겠나?" 혜자가 말했다. "자네는 물고기도 아니면서 어떻게 물고기의 즐거움을 아는가?" 장자가 말했다. "자네는 내가 아닌데, 어떻게 내가 물고기의 즐거움을 아는지 모르는지 아는가?" 혜자가 말했다. "내가 자네가 아니니 자네를 알지 못하는 것처럼, 자네도 물고기가 아니니 자네가 물고기의 즐거움을 알지 못한다는 것만은 분명하지." 장자가 말했다. "그러지 말고 처음으로 돌아가 보세. 자네가 내게 '자네는 어떻게 물고기의 즐거움을 아는가?'라고 물었으니, 이미 내가 안다는 것을 알고서 물은 것이지. 나는 그것을 이 호수 가에서 알았단 말일세."

조석진(趙錫晉, 1853~1920),
「樂矣莊生濠上水」
출처: 한국문학예술저작권협회

—장자, 추수(秋水)

말장난을 하는 것처럼 보이지만, 「추수」 편에 나오는 이 장자와 혜자의 대화는 『장자』에서 아주 유명한 얘기입니다. 단웅이 군, 이 이야기가 무슨 말인 것 같아요? 장자는 이 얘기를 통해서 무엇을 말하고자 했을까요?

단웅이 교수님. 갑자기 어려워졌어요. 장자가 말하고자 한 것만이 아니라 장자와 혜자가 나눈 이야기 자체도 알쏭달쏭하고, 특히 장자가 마지막에 한 말은 무슨 말인지 더 이해가 안 되네요.

윤 교수 허허. (웃음) 그렇지요. 쉽지 않지요. 하지만 천천히 따라가 봅시다. 처음에 장자가 다리 위에서 물을 가르고 나아가는 물고기의 모습을 보고 한 말이 문제의 발단이었지요. 그런데 장자는 과연 물고기의 즐거움을 알고 이렇게 말한 것일까요? 혜자가 그에 대해서 문제를 제기한 것입니다. 그러자 장자는 이렇게 답해요. 자네는 내가 아닌데, 어떻게 내가 그것을 아는지 모르는지 단정적으로 얘기할 수 있느냐고 말이지요. 그에 대한 혜자의 논리는 명확합니다. 내가 자네가 아니기 때문에 자네가 그것을 아는지 모르는지 모르는 것처럼, 자네도 물고기가 아니기 때문에 자네가 물고기의 즐거움을 알 수 없다는 것은 분명하다는 것이지요. 여기까지는 이해되지요?

단웅이 네. 교수님. 거기까지는 알겠습니다.

윤 교수 그런데 문제는 바로 여기에 있어요. 장자와 혜자가 되었든, 물고기와 장자가 되었든, 혜자는 내가 아닌 존재는 나와 하나가 될 수 없음을 전제로 하고 있지요. 나와 내가 아닌 존재가 하나가 될 수 있다는 것 자체를 혜자는 아예 생각지 않는 것이지요. 그런데 장자는 그런 분별 자체를 부정하거든요. 하나가 아닌 둘이 되는 것을 부정하는 것이지요. 그래서 혜자처럼 분별의 마음을 가지고 접근하는 한, 장자의 경지를 이해할 수 없는 것은 당연한 거예요. '물아일체'의 경지에 이를 수 없기 때문이지요. 장자는 혜자에게 자네와 내가 하나가 될 수 있는 단서를 혜자의 질문에서 찾을 수 있다고 제시하고, 또 자신과 물고기가 하나가 될 수 있는 단서를 호수 다리 위에서의 노닒에서 찾고 있는 것이지요.

단비　장자와 혜자가 가지고 있는 생각의 토대 자체가 달랐다는 말씀이시군요.

윤 교수　맞아요. 이해를 돕기 위해 하나의 예를 더 보도록 합시다. 이번에는 내편 「양생주」에 나오는 얘기입니다. 조금 길지만 잘 들어보세요.

　　포정庖丁이 문혜군文惠君을 위해 소를 잡는데, 그 손을 놀리고 어깨를 기울이고 발로 밟고 무릎을 구부리는 동작에 따라 휙휙 울리는 뼈 발라내는 소리, 칼로 가르는 소리가 어느 하나 절도에 맞지 않는 것이 없었다. 포정의 몸놀림은 은殷 탕왕湯王 때의 춤인 상림桑林에 어울렸고 칼 움직이는 소리는 요堯 임금 때의 음악인 경수經首에 들어맞았다.

　　이를 본 문혜군이 감탄하며 말했다.

　　"아! 훌륭하구나. 소 잡는 기술이 어떻게 이런 경지에 이를 수가 있단 말인가."

포정이 칼을 내려놓고 대답했다.

"제가 좋아하는 것은 도입니다. 기술 따위하고는 다른 것이지요. 처음에 제가 소를 잡기 시작했을 때는 보이는 게 온통 소 아닌 것이 없었습니다. 3년이 지나서야 비로소 소를 보지 않게 되었는데, 이제는 정신으로 대하고 눈으로 보지 않게까지 되었습니다. 눈이라고 하는 감각기관이 멈출 줄 알게 되자 정신이 작용하게 된 것이지요. 해서 천리天理에 따라 큰 틈새를 열어젖히고 빈 곳을 쳐 나간답니다. 소가 생긴 대로 칼을 움직이니 제 칼날은 뼈와 살이 연결된 곳을 다치게 한 적이 한 번도 없습니다. 하물며 큰 뼈가 있다 한들 무슨 장애가 되겠습니까? 재주 있는 소잡이는 1년에 한 차례 칼을 바꾼다고 하는데 이는 살을 가르기 때문이고, 또 대부분의 소잡이들은 한 달에 한 차례씩 칼을 교체한다고 하는데 이것은 뼈를 건드리기 때문입니다. 저는 지난 9년 동안 줄곧 같은 칼을 사용해왔고, 소 수천 마리를 잡았어도 그 칼날은 지금 막 숫돌에 갈아낸 것 같습니다. 소의 뼈마디에는 틈새가 있고 칼날은 두께가 없을 정도로 날카로우니, 두께 없는 칼날을 벌어져 있는 뼈마디 사이에 집어넣음에 그 공간이 널찍해서 칼날을 놀리기에 충분한 것입니다. 이 때문에 9년을 써도 칼날은 방금 숫돌에 갈아낸 듯한 것이지요. 하지만 칼날이 근육과 골반이 연결된 곳에 이를 때마다 저 역시 어려움을 절감하며 근심하고 경계를 늦추지 않는답니다. 눈길을 한 곳에 모으고 손놀림을 천천히 하면서 칼날을 아주 세심하게 움직이며 집중하다 보면 마치 흙덩이가 땅바닥에 툭 떨어지는 것처럼 어느새 뼈와 살이 확연히 갈라져 나옵니다. 일을 마친 뒤에는 칼을 들고 서서 주변을 둘러보면서 잠시 머뭇거리다가 마음이 흐뭇해지면 칼을 잘 닦아 챙겨 둡니다."

문혜군이 말했다.

"훌륭하구나. 내가 포정의 말을 듣고 양생養生의 이치를 얻었도다."

—장자, 양생주(養生主)

어때요? 재미있는 이야기지요? 어렵지도 않구요?

단웅이 네. 교수님. 아주 흥미로운 이야기인데요. 그런데 포정이라는 소잡이 역시 보통 인물은 아니네요.

윤 교수 맞아요. 그런 인물을 너무 쉽게 대하려고 했던 게 문혜군이지요. 『맹자』맨 처음에 나오는 이야기가 맹자와 양 혜왕의 대화인데, 거기에 보면 자기를 찾아온 맹자에게 양 혜왕은 선생께서 천 리를 멀다 하지 않고 찾아와 주셨으니 장차 우리나라에 이로움利이 있지 않겠느냐고 하지요. 그 양 혜왕이 바로 이 이야기에 등장하는 문혜군이에요. 문혜군은 포정이 소를 잡는 모습을 보고 그 빼어난 재주에 감탄해서 훌륭한 기술을 칭찬했는데, 포정은 그러한 문혜군의 칭찬이 마음에 들지 않았던 모양입니다. 자기가 소를 대하는 마음이나 태도를 이해하지 못한 채 겉으로 드러난 모습만 보고 칭찬한 것이었기 때문이지요. 인仁이나 의義를 이야기하지 않고 이로움을 이야기하는 양 혜왕이 마음에 들지 않았던 맹자와 같은 심정이었을지도 모르지요. 어쨌든 포정이 문혜군의 칭찬과 같이 기술만 빼어난 소잡이였다면 그 역시 1년에 한 번, 아니 한 달에 한 차례씩 칼을 바꿔야 했을지도 몰라요. 그렇지만 포정은 그런 소잡이들과는 달랐던 것이지요. 결국 문혜군은 포정의 이야기를 듣고 나서야 양생養生의 이치, 도에 대해서 알게 되지요.

그런데, 여기서 더 중요한 것은 소 잡는 도를 양생의 이치로 치환하는 힘입니다. 그리고 그것은 앞서 얘기했던 장자와 혜자의 이야기에서 나와 내가 아닌 존재가 하나가 되는 것을 둘러싼 수수께끼 같은 말장난을 이해하는 단서가 되기도 합니다. 단비는 이 두 가지를 연결시켜 이해할 수 있겠어요?

단비   생각을 좀 해 보아야겠는데요. 교수님. 갑자기 둘을 연결시켜서 이해해 보라고 하시니, 정리가 잘 안 됩니다.

윤 교수   그래요. 이 둘을 연결해서 하나로 이해할 수 있게 되면 장자를 어느 정도 이해한 것이라고 할 수 있어요. 시간을 가지고 생각해 보십시오. 어쨌든 장자와 혜자, 장자와 물고기, 포정과 소처럼 나와 내가 아닌 존재 사이의 분별을 넘어설 때, 비로소 크고 작음, 길고 짧음, 많고 적음, 차고 빔, 귀하고 천함, 번성하고 쇠퇴함, 삶과 죽음 사이의 구별이나 차별이 사라지는 경지에 이르게 되지요. 그래서 장자는 천지도 싸라기와 같이 작고, 털끝도 태산같이 크다고 할 수 있었던 것입니다.

생각해 보면 장자가 2,500년 전에 이런 말, 이런 생각을 했다는 것이 놀랍지 않아요? 물론 과학기술이 발달한 시대의 현대인들은 우리가 살고 있는 지구가 우주 공간 속에서 얼마나 미세한 입자에 불과한지를 알고 있고, 또 나노 세계의 발견을 통해 이전에는 상상할 수조차 없었던 새로운 세상을 살아가고 있지요. 생각해 보세요. 광대한 우주 공간에 비한다면 우리가 살고 있는 이 세상은 그야말로 싸라기보다 더 작은 세계일 수 있지 않나요? 또 나노¹나노미터는 10억분의 1미터라고 하는 그 작은 세계 속에 얼마나 많은 자료와 정보가 담길 수 있는지 새삼 놀라고 있잖아요. 그런데 이와 같은 사실을 상상도 할 수 없었던 그 옛날에 어떻게 그런 생각을 할 수 있었는지, 물론 오늘날 우리가 이야기하는 사실이나 개념과 똑같은 것은 아니지만 그런 생각을 할 수 있었다는 것 자체가 놀랍지 않아요?

혼돈의 죽음, 그리고 쓸모없음의 쓸모 있음

단웅이 네. 교수님. 장자는 정말 대단하네요. 상상을 초월하는 상상력을 가지고 있었던 사람 같아요. 그런데 왜 사람들은 포정의 소 잡는 도에 대해서는 감탄하고 칭찬할 줄 알면서 실제로 그렇게 하지는 못하는 거지요?

윤 교수 단웅이 군이 재미로만 얘기를 듣지는 않는군요. 아주 훌륭한 질문이에요. 바로 그 질문 속에 장자 사상의 핵심이 담겨 있어요. 장자는 단웅이 군이 질문한 것처럼 그렇게 하지 못할 경우 생기게 되는 비극적 결과에 대해서도 얘기했어요. 「응제왕應帝王」에 나오는 혼돈渾

沌의 죽음 이야기가 그것이지요.

남쪽 바다의 제왕은 숙儵이라고 하고 북쪽 바다의 제왕은 홀忽이라고 했는데, 숙과 홀은 중앙의 제왕인 혼돈渾沌의 땅에서 만나곤 했다고 해요. 그리고 그럴 때마다 혼돈은 그들을 아주 융숭하게 잘 대접해주었나 봐요. 그래서 그들은 혼돈에게 보답을 하기 위해 혼돈에게도 사람들처럼 일곱 개의 구멍七竅을 뚫어 주기로 하지요. 사람들은 누구나 일곱 개의 구멍을 가지고 있어서 그것을 통해 보고 듣고 먹고 숨 쉬고 하는데, 혼돈만은 유독 이 일곱 개의 구멍을 가지고 있지 않았기 때문에 뚫어 주기로 했던 거예요. 그래서 하루에 구멍 하나씩을 뚫기 시작해서 이레 만에 일곱 개의 구멍을 모두 뚫었는데, 일곱 개의 구멍이 모두 뚫리자 혼돈은 죽었다고 해요.

숙이든 홀이든, 혼돈이든, 사람이든 다 제각기 타고난 본성이 있어 그 본성을 잘 따를 때 생을 온전하게 할 수 있는데, 그 본성을 따르지 않고 그에 거스르는 일을 하게 되면 결국에는 혼돈의 죽음과 같은 비극적 결말에 이르고 만다는 얘깁니다. 숙과 홀은 혼돈의 본성을 생각지 못하고 자신들의 생각에 따라 혼돈에게도 일곱 개의 구멍이 필요할 것이라고 여겨 뚫어 주었던 것이지요. 물론 숙과 홀의 입장에서는 혼돈을 위한다고 한 일이었지요. 그것이 혼돈을 죽음에 이르게 할 것이라고는 꿈에도 생각지 못했을 거예요. 그렇지만 혼돈의 본성을 생각지 못한 결과가 이런 끔찍한 결과를 낳고 말았답니다. 그러니 상대방 생각은 하지 않고 내 생각만으로 판단하거나 처리하는 일의 결과가 어떤 결과를 가져올지 우리는 심각하게 생각하지 않을 수 없어요.

반면 소의 본성에 따라 조심조심 칼을 놀렸기에 9년 동안 수천 마리의 소를 잡았어도 칼날을 조금도 상하게 하지 않았던 포정은 숙이나 홀과는 반대되는 경우라고 할 수 있지요. 1년에 한 번씩 칼을 바꾸어야 하거나 한 달에 한 번씩 칼을 교체해야 했던 소잡이들이 그처럼 자주 칼을 바꾸어야 했던 것은 숙이나 홀처럼 상대방의 본성은 생각지 않고 자기 생각대로만 칼을 휘둘렀기 때문입니다.

단비　아, 양생의 도라고 하는 것이 그것이군요. 교수님, 이해했어요.

윤 교수　허허. 그래요 단비도 문혜군이 깨달았던 것을 깨쳤군요. 맞아요. 그래서 장자는 학의 다리가 길다고 해서 그것을 자르려고 해서는 안 되고 오리의 다리가 짧다고 해서 그것을 늘리려고 해도 안 된다고 했어요. 나에게 나의 본성이 있듯, 상대방에게도 상대방의 본성이 있음을 인정하고 그것을 존중할 줄 알면 장자에게 조금은 다가간 것이라고 할 수 있어요.

단웅이　그런데요, 교수님. 긴 건 긴 것이고, 짧은 건 짧은 거 아닌가요? 어떻게 길고 짧다는 것을 다르다고 하지 않을 수 있지요?

윤 교수　이제 단웅이 군의 질문이 점점 장자 사상의 핵심을 향하고 있네요. 「인간세人間世」에 나오는 상수리나무 이야기를 다시 봅시다. 장석匠石이라는 목수가 한번은 제齊 나라로 가다가 곡원曲轅이라는 곳에 이르러 그곳 사당 앞을 지나게 되었어요. 마침 사당 앞에는 엄청나게 큰 상수리나무가 있었는데, 그 나무가 얼마나 크고 장관이었던지 사람들이 구름처럼 모여서 구경하고 있었대요. 하지만 장석은 본체만체 돌아보지도 않고 그냥 지나쳐 버렸어요. 그러자 제자들이 이처럼 훌륭한 재목은 그동안 본 적이 없는데, 왜 그냥 지나치시느냐고 물었어요. 장석은 그 나무는 배를 만들면 가라앉고 널을 짜면 썩어버리고 그릇을 만들면 망가지고 문을 만들면 진물이 나고 기둥을 만들면 좀이 슬어 재목으로 쓸 수 없는, 아무짝에도 쓸모없는 나무라고 했어요. 그래서 그 나무는 그렇게 오랜 세월 베임을 당하지 않고 수를 누릴 수 있었다는 거예요. 사람에게 쓸모가 없는 것이 상수리나무에게는 쓸모가 있었던 것이지요.

그날 밤 장석의 꿈에 상수리나무가 나타났다고 해요. 모든 사물은 쓸모가 있으면 그 생을 편안히 하지 못하고 시달리다가 천수天壽를 누리지 못하고 일찍 요절하기 마련이라서 상수리나무는 쓸모없게 되기를 오래전부터 바라 왔다고 말했다고 해요. 그리고 이제야 비로소 그 목적을 이루게 되었다고 했다네요. 그러면서도 장석이나 상수리나무 자신이나 사물이기는 다 마찬가지인데 어째서 장석은 자기만 사물로 보려고 하느냐면서 거의 죽을 때가 다 된 쓸데없는 사람이 쓸모없는 나무를 어찌 알겠느냐며 나무랐다고 하네요. 쓸모가 있고 없고의 기준은 사람의 기준과 나무의 기준이 다른데, 사람의 기준만 가지고 사람이나 나무 모두에게 적용하려고 한 장석을 비판한 것이지요. 배나 널이나 그릇이나 문이나 기둥은 사람에게는 유용하지만, 나무에게는 아무런 소용이 없을 뿐 아니라 도리어 자신의 생을 괴롭히고 위협하는 것이지요. 그러니 사람에게 유용하다고 해서 상수리나무에게도 유용하다고 할 수는 없지 않겠어요?

길고 짧은 것도 마찬가지라는 거예요. 어느 관점에서 보느냐에 따라 긴 것이 될 수도 있고 짧은 것이 될 수도 있다는 거예요. 관점에 따라 짧은 것이 짧은 게 아닐 수도 있다는 거지요. 7백 년을 산 팽조彭祖가 장수하고 갓 태어나자마자 죽은 아이가 요절했다고 말하는 것은 이 세상에 한정해서 보기 때문이에요. 그렇지만 저 세상까지 시야를 확장해 보면 오히려 이 세상에서 장수한 팽조가 저 세상에서는 오래 살 수 없으니 요절하게 되는 셈이고 이 세상에 갓 태어나자마자 죽은 아이는 저 세상에서 장수하게 되는 셈이지요. 이런 관점을 가지고 있기 때문에 장자는 길고 짧음, 크고 작음, 많고 적음, 차고 빔, 귀하고 천함, 번성하고 쇠퇴함, 삶과 죽음 사이의 구별이나 차별을 넘어설 수 있었던 겁니다. 그래서 아내의 죽음 앞에서도 동이를 두드리며 노래를 부를 수 있었던 것이고, 장자 스스로 나비가 될 수도 있었고 물고기와도 하나가 될 수 있었던 것이지요.

단비　상대는 생각하지 않고 자기 생각만 옳다고 주장하거나 자기가 가지고 있는 기준이나 잣대만 절대시해서는 안 된다는 말씀이군요. 그런 생각은 오늘날에도 중요하지 않나요? 교수님.

윤 교수　맞아요. 이런 장자의 생각이나 태도는 다양한 문화와 계층, 종교와 이념, 국적과 피부색, 가치관과 성향을 가지고 있는 사람들이 한 데 어울려 살아가는 오늘과 같은 현실에서는 더 중요하다고 할 수 있지요. 상대방에 대한 이해나 공감 능력이 부족해서 사회적으로 물의를 일으키는 경우를 생각해 보면 혼돈의 죽음이나 장석의 꿈에 나타난 상수리나무의 얘기는 깊이 새겨들을 필요가 있을 것 같습니다.

편향과 차별을 넘어 자유로운 세계로

단웅이 교수님. 그런데 어떻게 하면 장자와 같은 경지에 이를 수 있을까요? 장자는 이에 대해서도 얘기를 했나요?

윤 교수 장자는 문제를 이렇게 진단했어요. 모든 사물은 '저것' 아닌 것이 없고 또 '이것' 아닌 것도 없는데, 자신이 '저것'이라는 사실은 모른 채 '이것'일 뿐이라고만 생각한다는 거지요. 그래서 편향이나 차별이 생긴다는 거예요. 그렇지만 성인은 저것과 이것 가운데 어느 한 쪽을 따르지 않고 하늘의 관점, 즉 자연의 관점에 비추어본다는 거지요. 저것과 이것으로 갈라 세울 수 없는 도의 지도리道樞를 잡아서 무궁한 변화에 응한다는 거예요. 이처럼 도의 관점에서 보게 되면, 귀천도 없고 편애나 편향, 치우침도 없어진다고 했어요. '심재心齋'나 '좌망坐忘'이 곧 그런 경지라고 하는데, 장자는 그걸 이렇게 말했어요.

　'심재'는 위衛 나라로 가는 안회에게 공자가 들려준 이야기 중에 나오는 말이에요. 물론 이 얘기는 실제로 있었던 게 아니라 장자가 꾸며낸 것이지요. 이야기 속 공자는 안회에게 명예와 지혜란 결국 서로를 헐뜯고 해치는 다툼의 결과이자 수단이라고 하면서 부정을 피하고 몸을 깨끗이 하라고 말해 주지요. 안회는 집이 가난해서 술도 마시지 못하고 냄새나는 푸성귀도 먹지 못한 지 몇 달이 되었다면서 이만하면 재계했다고 할 수 있지 않겠느냐고 하는데, 이에 대해서 공자는 마음을 재계心齋하라고 다시 일러주지요. 마음의 재계란 다른 것이 아니라 마음을 비우는 거예요. 도道는 빈 곳에 모이는 법이고, 비워야만 모든 사물을 받아들일 수 있기 때문에 마음을 비우라고 한 거지요. 마음을 비우려면 귀로 듣지 말고 마음으로 들어야 하고, 더 나아가 마음으로 듣지 말고 기氣로써 들어야 한다고 하지요.

단비   교수님. 귀로 듣지 말고 마음으로 들어야 하며, 마음으로 듣지 말고 기로써 들어야 한다는 말이 무슨 뜻인가요? 기 수련을 하는 도인이 되라는 말은 아니겠지요?

윤 교수   허허(웃음), 좀 어렵지요? 귀는 들으라고 있는 것인데 귀로 듣지 말라고 하고, 또 한 걸음 더 나아가 기로써 들으라고 하니 도대체 무슨 말인지 이해하기가 쉽지 않지요. 그렇지만 한번 생각해 봅시다. 귀로만 들으려고 하지 말고 마음으로 들으라고 하는 것은 무엇일까요? 건성으로 듣지 말라는 것이지요. 귀에 들린다고 해서, 그걸 들었다고 해서 그것을 온전히 이해하는 것은 아니잖아요? 듣는 것과 이해하는 것은 별개의 것이기 때문이지요. 그래서 귀로 듣지 말고 마음으로 들으라고 한 것이지요. 그런데 마음으로 듣지 말고 기로 들으라고 한 것은 또 무슨 말인가요? 내 맘대로 해석하지 말라는 겁니다. 선입견을 가지고 대하지 말라는 말이지요. 내가 좋아하는 대로 곡해해서는 안 된다는 말이에요. 그런데 사람은 내 마음에 맞는 말을 좋아하기 마련이지요. 그래서 내 마음에 맞지 않으면 잘 들으려고 하지 않고 곧이곧대로 이해하려고 하지도 않아요. 겉으론 상대방의 말을 듣는 것 같고 이해하는 것 같지만, 속으로는 이것저것 분주하게 손익 계산을 하면서 이 말을 어떻게 받아들여야 할지 고민하지요. 이렇게 해서는 주관적 이해에서 한치도 벗어날 수 없게 된다는 거예요. 그래서 마음을 비우라고 하는 겁니다. 그래야 곡해하지 않고 있는 그대로 받아들일 수 있다는 거지요. 오늘날 의사소통이 어려운 것도 바로 여기에 그 이유가 있지 않을까 생각해 볼 필요가 있어요.

단웅이 네. 알았습니다. 말씀을 듣고 나니 훨씬 명확해지는데요. 그런데 교수님, '좌망'은 또 뭔가요?

윤 교수 '좌망'도 '심재'처럼 공자와 안회의 대화 속에 등장하는 말이에요. 장자는 자기 생각을 직접 대놓고 얘기하기보다는 에둘러 표현하는 방식을 많이 사용했다고 했는데, 공자와 같은 성인을 끌어들여서 그가 한 말인 것처럼 얘기함으로써 사람들이 믿게끔 하는 방법도 많이 썼어요. (물론 공자가 안회와 이런 말을 한 적은 없어요.) 이러한 이야기 방식은 그가 말했던 세 가지 방식 가운데 '중언'이라고 하는 건데, 간단히 말하면 이름만 대면 누구나 다 아는 아주 유명한 사람이나 권위 있는 사람을 빌려 말을 하는 거지요.

그런데 '좌망'은 '심재'와 달리 공자가 한 말이 아니라 안회가 한 말이라는 점에서 차이가 있어요. 한번은 안회가 공자를 뵙고는 자기 공부가 늘었다고 얘기했어요. 그러자 공자가 무슨 말이냐고 물었지요. 안회는 인의仁義를 잊었다고 했어요. 그러자 공자는 애썼다고 하면서도 아직은 멀었다고 하지요. 얼마 후 안회가 다시 공자를 뵙고 자기 공부가 또 늘었다고 했어요. 공자가 또 무슨 말이냐고 물으니, 이번에는 안회가 예악禮樂을 잊었다고 했어요. 공자는 이번에도 애썼다고 했지만 역시 그것으로는 아직 부족하다고 했어요. 얼마 후 다시 안회가 공자를 뵙고 자기 공부가 또 늘었다고 했어요. 공자는 이번에도 무슨 말이냐고 물었지요. 그러자 안회가 자기는 모든 것을 잊었다坐忘고 했어요. 그러자 공자가 낯빛을 바꾸며 모든 걸 잊다니, 그것이 무슨 말이냐고 물었어요. 안회는 육체를 떠나고 앎을 제거하여 커다란 도와 하나가 되는 것을 '좌망'이라고 한다고 답하지요. 도와 하나가 되었기에 모든 것을 잊게 되었다는 거예요. 커다란 도와 하나가 됨으로써 세상을 잊고 온갖 외물을 잊게 된 것이지요.

진인과 지인의 경지, 절대 자유의 세계

단비 모든 것을 잊고 도와 하나가 되는 것을 '좌망'이라고 한다는 말씀이지요? 그런데 그것이 가능한가요? 교수님.

윤 교수 맞아요. 어려운 일이지요. 그렇지만 장자는 이처럼 도와 하나가 된 경지에서 모든 것을 바라보고 이야기하고 있지요. 그는 이런 경지에 이른 사람을 '진인眞人'이라고 하고 '지인至人'이라고도 했어요. '진인'은 삶을 좋아할 줄도 모르고 죽음을 싫어할 줄도 모르며, 이 세상에 태어나는 것을 기뻐하지도 않고 다시 돌아가는 것을 거부하지도 않아요. 무심히 왔다가 무심히 갈 뿐, 자기 존재의 시원을 잊지 아니하고 자기 존재의 종착점을 추구하지도 않지요. 그래서 자기 마음으로써 도를 저버리지 않고 인위로써 자연을 거들지도 않아요. 그렇기에 드넓은 풀숲이 온통 불타올라도 그를 뜨겁게 할 수 없고 큰 강물이 꽁꽁 얼어붙어도 그를 춥게 할 수 없으며 벼락이 산천을 깨뜨리고 폭풍이 바닷물을 뒤흔들어도 그를 놀라게 할 수 없다는 거예요. 그래서 '지인'은 구름 기운을 타고 해와 달을 몰아 사해四海 바깥에서 노닐기 때문에 삶이나 죽음도 그에게 영향을 끼칠 수 없다는 거지요. 그러니 자잘한 이득이나 손해 같은 것으로는 당연히 그의 마음을 바꾸게 할 수 없겠지요. 이런 '진인'이나 '지인'은 이 세상의 그 어떤 것에도 얽매임 없이 절대 자유의 경지에서 노닐지요. 장자가 추구한 궁극의 경지는 바로 이 절대 자유의 세계에서 소요하는 것이에요. 장자는 그런 모습을 구만리 높은 하늘을 나는 붕새를 통해 보여주었는지도 몰라요.

단웅이 아, 그렇군요. 교수님. 말씀을 듣다 보니 이야기의 재미에 빠져서 시간 가는 줄 몰랐네요. 덕분에 장자에 대해서도 조금은 이해할 수 있는 길을 찾은 것 같습니다. 긴 시간 좋은 말씀 해주셔서 감사합니다. 혹시 마지막으로 들려주시고 싶은 말씀이 있다면 한 말씀 부탁드리겠습니다.

윤 교수 지루하지 않았다니 다행입니다. 또 장자를 조금이나마 가까이 할 수 있게 되었다면 다행이고요. 끝으로 얘기를 하나 더 하자면 다른 어떤 것보다 『장자』에 나오는 제 환공과 윤편輪扁의 이야기를 들려드리고 싶네요.

　　제나라 환공桓公이 방에서 책을 읽고 있을 때 목수 편은 뜰에서 수레바퀴를 만들고 있었다. 편이 망치와 끌을 내려놓고 뜰 위로 올라와 환공에게 물었다.
　　"황공하옵니다만, 공께서 읽고 계시는 책은 누구의 책인가요?"

"성인聖人의 말씀일세."

"네, 그 성인께서는 지금 살아 계십니까?"

"이미 돌아가셨지."

"네, 그러면 공께서 읽으시는 것은 성인이 뱉어놓은 찌꺼기로군요."

"무엇이라? 내가 성인의 책을 읽는데, 네 놈이 어디라고 왈가왈부하느냐? 네 놈의 말이 맞는다면 모르겠거니와, 맞지 않으면 죽을 줄 알라."

목수 편이 말했다.

"저는 수레바퀴를 만드는 놈이니 제가 하는 일을 가지고 말씀드리겠습니다. 수레바퀴를 깎는데 너무 늦추면 헐거워서 끼우기는 쉬워도 단단하지 못하고, 너무 조르면 빡빡해서 좀체 들어가지를 않습니다. 그런데 조르지도 늦추지도 않게 하는 것은 손에서 얻어져 마음으로 응하는 것이라 그것을 말로는 설명할 수 없으니, 거기에는 어떤 무엇이 있는 것이옵니다. 그러므로 저는 제 자식에게도 가르쳐 줄 수 없고 저의 자식 또한 저에게서 그것을 이어받을 수가 없습니다. 그래서 저는 나이 칠십이 되도록 늙어서도 수레바퀴를 깎고 있는 것입니다. 옛 성인께서도 끝내 그것을 전하지 못하고 돌아가셨을 것이니, 그렇다면 공께서 읽고 계시는 그 책은 옛사람이 뱉어놓은 찌꺼기가 분명하지 않겠습니까?"

—장자, 천도(天道)

성인이 남기신 글을 통해 배우고자 하는 제 환공의 노력도 중요하지만, 수레바퀴를 깎으면서 깨친 윤편의 깨달음이야말로 진정한 깨달음이라고 할 수 있겠지요. 꼭 책을 붙들고 앉아서 읽는 것만이 책을 읽는 것은 아니에요. 일상 속에서도 우리는 얼마든지 책을 읽을 수 있어요. 윤편처럼 말이에요. 물론 책 읽는 것만 그런 것도 아니지요. 모든 것이 다 그래요. 꼭 이렇게 해야만 한다고 정해져 있는 건 아무것도 없을지 몰라요. 세상은 늘 변화하기 마련이지요. 그 변화에 구속되지 않고 자유롭게 살아갈 수 있어야 한다는 것이 장자가 말하고 싶었던 것이 아닐지 모르겠어요.

그러기 위해서는 어떻게 해야 할까요? 작은 세계에 갇혀 내가 옳으니 네가 옳으니 다투기보다는 더 크고 더 높은 꿈과 이상을 가지고 상대방을 이해하고 세상 만물을 하나로 끌어안을 수 있는 안목과 태도를 갖추는 일, 그 어떤 변화에도 흔들리지 않고 대응할 수 있는 내공을 쌓는 일이 필요하겠지요. 장자에 대한 이해가 그런 기초체력을 탄탄히 하는 데 도움이 되기를 바랍니다.

참고 문헌

1. 저서

王先謙, 『莊子集釋』, 三民書局, 1985.

黃錦鋐 註譯, 『新譯 莊子讀本』(古籍今註新譯叢書), 三民書局, 1974.

장주, 김학주 역, 『장자』, 을유문화사, 1983.

김달진 역해, 『장자』, 고려원, 1987.

감산 지음, 오진탁 옮김, 『감산의 장자 풀이』, 서광사, 1990.

사마천 지음, 김원중 옮김, 『사기 열전』, 민음사, 2020.

김교빈·이현구, 『동양철학 에세이』, 동녘, 1993.

김충열, 『김충열 교수의 노장철학강의』, 예문서원, 1995.

윤재근, 『학의 다리가 길다고 자르지 마라』, 도서출판 둥지, 1990.

정용선, 『장자, 마음을 열어주는 위대한 우화』, 도서출판 간장, 2011.

왕꾸어똥 지음, 신주리 옮김, 『장자 평전』, 미다스북스, 2005.

푸페이룽 지음, 심의용 옮김, 『장자 교양강의』, 돌베개, 2011.

풍우란, 박성규 옮김, 『중국철학사(상)』, 까치, 1999.

2. 사진 자료

alamy 홈페이지(https://www.alamy.com/)

국립민속박물관

한국문학예술저작권협회

법치와 제왕학의 고전,
개혁과 혁신을 위한 외침

―한비자,『한비자』

김원중

법에 따라 형벌을 집행하자 군주가 이 때문에 눈물을 흘리는 것은 인자함을 드러내는 것이지 다스림으로 삼을 수 있는 것은 아니다. 무릇 눈물을 흘리며 형을 집행하지 못하는 것은 인仁이고, 형을 집행하지 않을 수 없는 것은 법法이다. 선왕이 법을 우선하고 눈물에 따르지 않은 것은 인으로는 [백성을] 다스림으로 삼을 수 없음이 분명하기 때문이다.

―오두(五蠹)

한비자와『한비자(韓非子)』
한비자는 누구이며『한비자韓非子』라는 책은 어떤가

단웅이 『한비자韓非子』라는 책은 어떤 책이고 어떤 내용이 있나요? 한비자는 누구인가요?

한비자   출처: alamy

김 교수 『한비자韓非子』는 중국 춘추전국시대 한나라의 사상가 '한비자'韓非子, 기원전 280~?가 지은 책입니다. 한비자는 나라를 엄격한 규율과 원칙으로 통치하는 법에 대하여 세상이 몰라주는 것에 대한 울분으로 이 책을 지었는데요. 한韓나라의 서자 출신의 공자公子, 제후의 자제로서 비주류의 처절한 아픔을 겪은 한비자가 집필한 『한비자』는 사방이 적국으로 둘러싸인 조국 한나라가 약소국의 비애와 굴욕을 벗어나기 위해서는 실용적인 법가를 바탕으로 강력한 군주론과 제왕학으로 무장해야 한다는 주장이 담겨 있습니다.

단비   아, 한비자는 한韓나라의 서자 출신인 비주류의 공자셨군요. '울분의 저서' 하면 사마천이 떠오르는데요, 사마천은 『사기』를 집필하고 숨겨 두었고, 내용을 수정하기도 한 것으로 아는데 한비자의 경우는 어땠나요?

김 교수 한비자는 한나라 왕에게 적극적으로 간언했지만 결국 그의 의견은 받아들여지지 않았습니다. 그리하여 흥미로운 것은 이 『한비자韓非子』 책이 빛을 발한 곳이 한비자의 고향인 한나라가 아닌 진나라라는 것입니다.

단웅이 『한비자』가 진나라와 연관된다니 흥미로운데요, 좀 더 설명해

주시죠.

김 교수 한비자는 최초의 중국을 세운 진시황의 사상적 틀을 제공한 아주 결정적인 인물입니다. 한비자는 진시황의 진나라가 전국시대를 통일하는 과정에서 법가라는 자양분을 제공하지요. 진나라를 건설하고 세우는데 한비자의 사상이 주춧돌 역할을 했단 말이죠.

단비 진시황의 사상적 틀을 제공했다는 말을 이해하기 어려운데요, 당시의 사상을 조금 덧붙여 설명해 주시겠어요?

김 교수 그 당시 제자백가의 여러 사상이 있었는데요. 유가, 도가, 묵가, 합종가, 연횡가 등 많은 학파들이었습니다. 여러 학파 중에서 흔히 유가와 도가라는 큰 양대 축을 생각을 할 때, 유가는 제도적이고요, 도가는 자연적이죠. 제도적인 것과 자연적인 것의 흐름을 같이 아우르는 생각을 할 수 있다는 것이 쉽지 않아요.

단웅이 당시의 사상과 한비자의 사상은 구체적으로 어떤 차이가 있었나요?

김 교수 한비자는 일단 강력한 법치의 틀인 제도를 받아들여요. 이것은 순자에게 배운 유가의 사상이죠. 거기에 한비자는 또한 노자의 자연사상을 융합합니다. 한비자의 사상적 흐름이 「해로解老:노자를 해석하다」와 「유로喩老:노자를 깨워주다」 편에서 볼 수 있듯이 노자의 사상과 접목되어 있어요. 한비자는 유가의 사상과 노자의 사상을 같이 아우르면서도 강력한 제왕학을 제시합니다. 강력한 카리스마로 혼란을 잠재울 수 있는 강한 리더십을 제창한 거죠.

단비　　그래서 『한비자』가 진시황의 눈에 띈 것이고, 『한비자』를 제
　　　　왕학의 성전이라고 표현하는군요. 그렇다면 한비자가 원하던 것이
　　　　이루어진 것인가요?

김 교수　한비자의 『한비자』를 마키아벨리의 『군주론』과 비교를 많이
　　　　합니다. 한비자가 꿈꾸는 것은 강력한 카리스마를 갖춘 제왕이 혼란
　　　　을 잠재우고 궁극적으로 통일을 이룩하는 겁니다. 더 나아가 제국의
　　　　기초 시스템을 완성해 일사불란한 체제로 만들기를 원했습니다. 아
　　　　마 이것이 한비자가 생각하고 원했던 세상이라면 진나라에서 법률과
　　　　도량의 무게와 길이를 통일하고 수레 바퀴폭과 문자를 통일하는 등
　　　　의 시스템과 통치력에서 증명된다고 할 수 있죠.

단뭉이　『한비자』의 지은이 한비자에 대해 다시 한번 자세히 말씀해
　　　　주세요. 그가 약소국 출신이라고 하는데요, 왜 그런가요?

김 교수　한비韓非, 기원전 280~?는 한비자라고 하며, 전국시대 한韓나라 명
　　　　문귀족의 후예입니다. 말더듬이였으나 논리적인 문장을 갈고닦는 데
　　　　힘써 탁월한 문장력을 갖추었습니다. 그는 자라면서 유학자인 순자
　　　　荀子의 문하에서 이사와 함께 학문을 배웠습니다. 이때 이사는 자신
　　　　의 능력이 한비자만 못하다는 열등감을 가지고 있었다고 알려질 정
　　　　도로 한비자는 탁월한 인물이었습니다. 한비자가 살았던 당시의 한
　　　　나라는 전국칠웅 중에서도 가장 작고 약한 나라였습니다. 영토는 사
　　　　방 천 리도 못 되는데다 서쪽으로는 진나라, 동쪽으로는 제나라, 북
　　　　쪽으로는 위나라, 남쪽으로는 초나라와 국경을 맞대고 있어 잠시도
　　　　평온할 날이 없었지요. 이런 시대적 상황에서 한비자는 한나라 왕이

법률과 제도를 정비하고 권력을 장악해 나라를 부강하게 만들고 어진 인재를 등용하는 데 힘쓰기는커녕, 실속 없는 소인배들을 등용해 그들을 실질적인 공로자보다도 높은 자리에 앉히는 것을 매우 안타까워했으며 이에 대한 대안으로 철저한 능력주의를 내세웁니다. 특히 한비자는 군주와 신하의 기본적인 관계를 동상이몽의 관계, 즉 본능적으로 자신의 이익만을 추구한다는 관점에서 출발한다고 보았습니다. 인간의 본성이 선하다고 본 전통적인 유가의 관점은 그에게 고려의 대상도 되지 않았지요. 그는 법·술·세라는 세 테두리 안에서 모든 것이 해결된다는 데 강한 자신감과 신념을 가지고 단호한 어조로 통치하는 방식을 이야기했습니다. 그러나 한비자의 의견이 관철되지 않았으니 결국 약소국이라는 오명을 짊어져야 했을 겁니다.(아래에서 이동)

단비　한비자라는 사상가를 다시 한번 정리해 주시겠어요?

김 교수　한비자는 구체적이고 체계적인 법조문을 제정하지는 않았습니다. 그러나 "신상필벌 즉, 공이 있는 사람에게는 상을 주어 격려하고 죄를 지은 사람에게는 벌을 주어 뉘우치도록 하는 원칙을 강조했던 법가의 집대성자입니다. 한마디로 한비자가 살던 당시 전국시대의 국제관계는 철저하게 실력에 의지하는 약육강식의 원리가 지배하였으므로 나라의 멸망을 피하려면 엄격한 법 집행을 통해 부국강병을 이루는 것이 가장 중요하다고 보았던 사상가로 볼 수 있습니다.

혼돈의 춘추 전국시대와 법가

단웅이 널리 알려진 대로 중국의 역사, 그리고 동아시아의 역사를 지금까지도 지배하고 있는 사상들은 대부분 춘추 전국시대에 등장했다고 하는데 춘추 전국은 어떤 시대였습니까?

김 교수 한마디로 혼돈의 시대였습니다. 기원전 11세기 무렵부터 중국을 통치해왔던 주周나라는 소왕昭王 때부터 왕도가 무너지기 시작했습니다. 포악한 여왕厲王에 이르러서는 제후들이 천자의 조회에도 들지 않고 서로 싸우고 반란을 일으켰죠. 유왕幽王 때에는 더욱 심각했습니다. 포사褒姒라는 여인에게 빠져 정치를 혼란스럽게 했습니다. 포사는 평소 잘 웃지 않았는데, 그 웃는 모습을 보려고 봉화를 올려 각지 제후들이 허겁지겁 몰려드는 해프닝을 연출했다고 합니다. 그러다가 결국 진짜 적이 쳐들어왔을 때에는 봉화를 올려도 아무도 도우러 오지 않았죠. 이렇게 유왕이 어이없는 최후를 맞이하여 서주 시대가 막을 내리고 춘추 시대가 열립니다. 천자의 질서가 유명무실해지자 더욱 혼란스러운 상태로 접어든 것이죠.

단비 당시의 혼란은 구체적으로 어떤 점을 말하는 건가요?

김 교수 당시에 일어난 혼란은 크게 세 가지입니다. 첫째, 정치적 분열입니다. 둘째, 인간에 대한 자각과 도덕적 위기입니다. 마지막으로 백성의 의식주가 피폐해졌습니다. 50여 개의 크고 작은 제후국의 다툼이 시작되는 때를 춘추 시대기원전 770년~기원전 404년라고 하고, 진秦·초楚·제齊·조趙·위魏·한韓 일곱 제후국의 패권주의가 난무하는 때를 전국 시대기원전 403년~기원전 221년라고 합니다. 시대적 배경을 보더라도 생존과 패망, 좌절과 혼돈, 전쟁의 시대라고 할 수 있는 시대적 상황이 있습니다. 그리고 주나라 멸망과 제후국으로의 분열과 거듭되는 전란으로 인해 왕실도서관의 붕괴에 따른 서적의 민간 유출로 인한 다양한 사람들의 지적 욕망과 갈증이 한 원인이 되겠습니다. 중국의 역사, 그리고 동아시아의 역사를 지금까지도 지배하고 있는 사상들이 대부분 춘추 전국시대에 등장하게 된 배경입니다.

단웅이 한비자가 활동한 전국시대는 제자백가諸子百家가 활동하였고, 그중에서도 한비자가 주장한 학설은 법가라고 하는데 법가는 무엇인가요?

김 교수 서양의 법이 신이나 자연의 높은 질서를 인간 사회에 구현해 놓은 것이라면, 법가의 법은 군주의 엄격한 명령을 의미합니다. 그래서 중국의 법은 주로 행정법이나 형법이 발전하는데, 법가는 묵자의 공리주의와 절대복종을 강조하는 묵가 사상으로부터도 영향을 받았고, 무위자연을 중시하는 도가로부터도 영향을 받습니다. 그러나 공자의 유가로 대변되듯이 중국인들은 법의 지배보다는 윤리적인 심성을 지닌 관료의 다스림을 받는 것이 더 안전하다고 느꼈습니다. 법가는 강력한 정부는 유가의 주장처럼 군주와 관료의 도덕성에 의해서 이루어지는 것이 아니라 효과적인 제도에 의해서 가능하다고 주장하였습니다. 그들은 사회가 어떠해야 하는가보다는 사회가 어떠한가에 더 관심을 두었고 바로 이러한 법가 사상이 춘추 시대의 유가와 도가 구도하에서 순자의 성악설, 그리고 상앙보다 110년 후에 나타나 집대성된 것이 한비자의 저서 『한비자』라는 책입니다. 한비자는 전국 시대 법가의 집대성자이면서도 제자의 설을 집대성했다고 평가받지요. 순자의 철학과 정치 학설을 계승하였으며, 한 걸음 더 나아가 형명刑名 법술法術학으로 발전시켰고, 노자를 숭상하여 노자의 철학 사상을 귀감으로 삼았으면서도, 노자의 '무위'는 유약하다며 버렸고, '도'에 법술적 의미를 부여하여 강한 '유위'를 주장하였지요. 그는 또 이전 시기 법가의 법法, 술術, 세勢를 계승하고, 이 세 가지를 융합하여 자신의 사상 체계를 완성했습니다. 법가는 유가 전통의 중국 사회에서 이단에 속하는 사상이라고 할 수 있습니다.[1] 흔히 중국이 유학을 국교로 삼아 유가 중심의 정치 철학으로 국가 시스템을 구축했다고 알고 있지만, 실상을 보면 꼭 그렇지는 않습니다. 한나라를 세운 고조高祖 유방劉邦을 비롯하여 명나라 주원장朱元璋 등으로 면면히 이어져 내려온 유가의 계보가 있는가 하면, 최초로 천하를 통일한 진시황과 위나라의 실질적 창업자인 조조曹操 등 법가의 계보도 분명 존재합니다.

한비자와 관련된 사람들

『한비자』와 제갈공명

단비　　　저 유명한 삼국지의 제갈공명이 가장 애독한 책이 『한비자』라

1　이운구 역, 『한비자 Ⅰ』, 한길사, p.29.

고 하는데 사실인지요?

김 교수 사실입니다. 사실상 공자·맹자를 주축으로 하는 유가儒家와 노자·장자를 핵심으로 하는 도가道家를 양대 축이라고 하지만, 중국 최초의 제국을 세운 진시황秦始皇이 통치의 이념으로 삼은 것은 법가法家였습니다. 충신으로 알려진 제갈량諸葛亮이 오장원에서 죽으면서 어리석기로 알려진 후주後主 유선劉禪에게 읽도록 한 책이 『한비자』였다고 합니다.

단웅이 제갈공명이 『한비자』를 애독한 이유는 무엇일까요?

김 교수 한비자는 법가를 체계화했는데요. 앞서 한비자는 유가와 도가의 사상까지도 받아들이고 새롭게 융합했다는 점을 말씀드렸는데요, 한비자는 유가를 신랄하게 비판합니다. 유가의 제도는 인간의 품성을 믿고 인간이 바른 길을 잘 갈 수 있도록 하는 것인데요. 극도의 혼란기에서는 유가가 말하는 제도 자체만으로는 안 된다는 거죠. 한비자는 신상필벌과 같이 강력한 통치의 수단이 필요하다는 것이고 이것을 제갈량 역시 공감했다고 볼 수 있습니다.

한비자의 스승, 순자

단비 한비자가 유가의 법가적 변용자 순자荀子의 제자로 알려져 있는데요. 순자는 누구인가요?

김 교수 사마천이 한비자가 이사와 함께 순자의 제자라고 했지만 그

순자   출처: alamy

문제와 관련해서 순자의 생몰연대나 이설이 많습니다.[2] 우선 순자를 소개하도록 하죠. 순자약 기원전 310~220의 이름은 황况이며 자는 경卿이고 맹자와 함께 공자 학설을 전한 사람입니다. 순자의 사상은 훨씬 논리적이고 질서정연한 형태로 전해졌는데, 이는 『순자』라는 책이 대부분 순자가 직접 저술한 글을 모아 놓은 것이기 때문입니다. 순자는 50세에 제나라의 직하학궁稷下學宮에 갔으며, 제나라 양왕襄王 때에는 세 차례나 좨주祭酒를 지냈다고 합니다. 직하학궁은 전국 시대 제자백가들이 모여 자유롭게 학문을 연구하던 곳으로, 출신 나라에 상관없이 모든 학자에게 숙소와 생활비가 제공되어 이곳을 중심으로 학문이 크게 번창하였지요. 순자는 이곳에서 제자백가의 여러 가지 사상을 두루 섭렵함으로써 학문의 폭을 넓힐 수 있었습니다. 순자는 공자나 맹자보다 정치적·행정적 경험이 훨씬 많았으므로 통치자들이 '예'와 '덕'으로 다스릴 때 직면하게 되면 어렵다고 보고 공자나 맹자가 테두리를 잡아 놓은 여러 사상들의 철학적 토대를 넓혔습니다. 예를 들면, 공자가 미신이나 예외적인 사항 등에 대해 이렇다 할 논의를 하지 않은 것과 달리 순자는 인본주의적이고 합리적인 우주관을 분명하게 제시하였던 사상가입니다. 즉 맹자가 공자의 '인의' 학설을 계

---

2   貝塚茂樹, 이목 역(2012), 『한비자교양강의』, 돌베개, p.59.

승했다면, 순자는 공자의 '예악' 학설을 계승한 것입니다. 맹자가 내재적인 인을 취하여 성선설을 주장했다면, 순자는 외재적인 '예'를 취하여 성악설을 주장하였습니다. 순자는 인간의 본성은 악하므로 '작위僞'가 필요하다고 했지요. '위僞'는 '본성性'에 반대되는 말로서, '人〔사람〕'과 '爲〔행위〕'의 합성 개념으로 후천적인 인위적 노력을 의미합니다. 이 '위'의 극치는 '예의'이고, 이 예의가 사회 질서를 유지하는 근간이라고 본 것이 순자의 기본적인 시각입니다. 또 맹자가 '의義'를 중시하고 '리利'를 경시했다면, 순자는 '의'를 중시하면서 '리'도 중시하였습니다. 맹자가 왕도王道만을 숭상했다면, 순자는 패도覇道도 함께 숭상했습니다.

『한비자』와 진시황

단웅이 『사기』에 보면 한비자가 진시황을 만났다고 하는데 사실인가요? 그 배경부터 설명해 주시죠.

김 교수 진나라는 오늘날의 산서성과 하남성 중북부, 하북성 중남부 지역에 위치하였고, 춘추 시대에는 한 차례 제후들을 제패할 만큼 경제적·문화적으로 크게 발달했습니다. 진나라는 이미 진시황이 통일하기 전부터

진시황   출처: alamy

지리적으로 주나라 문화와 서북쪽에 위치한 융적의 문화를 융합시켜

실용성을 중시하고 공리적인 면을 강조했지요. 특히 진나라는 산동 지역의 인재를 중시하여 임용하였고, 빈객들의 정책을 받아들였지요. 또한 농사와 전쟁을 중시하였고, 철기의 사용이 상당히 보편화되었으며, 산동의 유목민을 불러들여 황무지를 개간함으로써 농업 생산과 가정 수공업을 안정되게 발전시켰습니다. 하지만 문학·예술·철학·사상은 발전하지 못했고 법가를 중시했습니다.

단비　말하자면 법가의 중요성을 아는 사람들이 필요충분조건으로 만난 건가요?

김 교수　네, 맞습니다. 거듭 말하지만 법가의 틀을 세워 천하를 한번 새로운 시각에서 만들어 보겠다고 자신의 조국이기도 한 한왕에게 많은 유세를 하지만 한왕은 한비자의 생각을 하나도 받아들이지 않습니다. 한나라는 소국이면서도 널리 인재를 구하지 않았어요. 한나라 군주는 시대를 보는 긴 안목과 통찰력이 없었던 거죠. 이때 자신만의 새로운 시대를 준비하면서 나온 책이 바로 『한비자』라는 책이지요. 한비자의 사상이 바로 진시황의 눈에 들어온 것입니다. 물론 사마천은 극적으로 구성하고 있지만 말입니다.

단웅이　『사기』는 어떻게 기록되어 있나요?

김 교수　사마천은 진시황이 우연히 읽고 감동하여 이렇게 말했다고 적고 있습니다.

　　"아아! 과인이 이 사람을 만나 함께 이야기를 나눌 수 있다면 죽어도 여한이 없겠구나!"라고 말합니다. 진시황은 이토록 『한비자』를 마음에 들어 했습니다. 진나라가 어딥니까? 서쪽의 변방이죠. 진나라는 많은 나라들 중에 비주류죠? 중원에서 봤을 때 멀리 떨어진 하나의 지방에 불과한 겁니다. 중원에서 크게 벗어난 곳에 위치해 있었기 때문에 진시황은 새롭고 강력한 어떤 돌파구를 필요로 했는데요.『한비자』책에 나와 있는 법·술·세는 진시황에게 꼭 필요한 것으로 신선한 충격으로 다가옵니다.

단비　법·술·세는 무엇인가요?

김 교수　법은 백성들을 다스리기 위한 것으로 모든 사람이 지켜야 합니다. 술은 군주가 신하를 다스리는 기술로서 권모술수적인 측면이 두드러지죠. 세는 통치를 제대로 하기 위해 갖춰야 하는 보이지 않는 힘으로서 군주의 권세를 말합니다. 이러한『한비자』의 법술세를 보면 세상의 흐름과 권력의 흐름이 한눈에 들어옵니다. 진시황은 한비자가 쓴 책을 읽고 자기의 비주류적인 환경을 뛰어넘고 중심으로 들어가 패권국이 될 수 있다고 확신합니다.

단뭉이　진시황을 만나 유세한 한비자는 어떻게 되었나요?

김 교수　애석하게도 실제 한비자의 모습과 한비자가 지은 책에 비춰진 한비자의 모습과는 거리가 있었죠. 눌변인 한비자는 진시황을 감동시키지 못합니다. 흥미로운 이야기도 있습니다. 객경客卿 벼슬에 오른 이사는 동문수학한 친구 한비자가 진시황의 총애를 받는 것을 꺼려 서슴지 않고 그를 모함했지요. 이사는 한비자가 한나라의 공자公子이기 때문에 진나라를 위해서 일하지 않을 것이며, 그를 등용하지 않고 억류했다가 돌려보낸다면 후환이 될 것이니 죽여야 한다고 주장했고, 진시황은 이사의 말이 옳다고 생각해 한비자를 가두고 사약을 보내 자결하도록 했다고 알려집니다. 진시황은 뒤늦게 자신이 저지른 일을 후회했지만, 이미 한비자가 죽은 뒤였다고 기록합니다.

단비   안타까운 일이네요. 책으로 펼친 이론과 현실에서의 변수는 이렇게 먼 것인가요?

김 교수   안타까움은 여기서 그치지 않습니다. 한비자는 본래 신하가 군주에게 유세하기 어렵다는 점을 터득하고 『한비자』 여러 편 중에서 「난언難言」과 「세난說難」, 즉 말하기의 어려움, 유세의 어려움이라는 뜻이죠. 이런 편들에서 군주를 설득하는 진언의 방법을 자세하게 말했지만, 정작 자신은 죽임을 당하는 화를 피하지 못했던 것은 참으로 아이러니합니다.

단웅이   진시황이 특히 『한비자』의 「오두五蠹」편과 「고분」편을 보고 한비자를 꼭 만나고 싶었다고 했는데요. 「오두」와 「고분」편이 왜 진시황에게 와닿았을까요?

김 교수   '오두'란 나라를 좀 먹고 갉아먹어 황폐하게 만드는 다섯 부류의 사람들을 말합니다. 다섯 부류의 사람을 유가儒家, 세객說客들과 종횡가縱橫家, 유협游俠, 권문귀족權門貴族, 상공인商工人이라고 했습니다. 하나하나 그 이유를 살펴보면, 첫째는 유가儒家인데요, 유가들은 고대 성왕만을 칭송하고 인의도덕의 정치를 주장해 군주의 마음을 동요시키고 있다는 겁니다. 둘째는 세객說客들과 종횡가縱橫家인데 엉터리 주장을 늘어놓는 웅변가로 보면 됩니다. 셋째는 사사로운 무력으로 나라 질서를 해치는 유협游俠이고, 넷째는 공권력에 의지해 병역이나 조세의 부담에서 벗어나는 권문귀족權門貴族, 다섯째 상공인은 농민들의 이익을 빼앗는다는 이유입니다. 한비자는 이러한 다섯 부류의 사람들을 '두蠹' 즉 좀벌레라고 지목하며 법의 힘으로 없애야 나라를 강하고 부유하게 다스릴 수 있다고 주장합니다.

단비 　'오두'가 그런 뜻이었군요. '고분'도 이어서 설명해 주시죠.

김 교수 　진시황이 감동한 「고분孤憤」편에서 '고분'은 글자 그대로 외로울 고孤와 분개할 분, 성낼 분憤이거든요? 외롭게 분개한다는 뜻입니다. 한비자의 마음을 표현한 거죠. 자기가 유세하려고 해도 유세가 받아들여지지 않아 혼자 외롭게 있는 어떤 지식인의 모습이에요. 세상 사람들이 알아주지도 않고 자기의 사상을 좀처럼 들으려고 하지 않는 상황을 그대로 이야기한 것인데요. 진시황이 처했던 당시의 상황과 상당히 연관성이 있다고 생각해 볼 수 있죠. 진시황 역시 외롭게 분노하고 있는 자신의 모습을 한비자의 글을 읽고 감정이입이 된 것이 아닌가 생각됩니다.

단웅이 　난언, 세난, 오두에 이어 고분, 모두 의미심장한 제목들이었네요. 그 내용도 소개해 주실 수 있나요?

김 교수 　「고분」편을 예로 들어보죠. 「고분」편에는 여러분도 익히 알고 있는 수주대토守株待兎라는 이야기가 나옵니다. 송나라 농부가 밭을 갈다가 토끼가 죽으니까 그루터기에서 계속 토끼를 기다리는 거예요.

여기서 핵심은 시대의 과제와 요청은 이미 변했는데, 과거의 문제 해결방식과 대안에 사로잡혀 냉정한 판단을 그르치는 어리석은 자를 비유하거든요. 여러분들이 잘 아는 각주구검, 배를 타고 건너다 강에 빠뜨린 칼을 찾으려고 배에 표시해 두었다가 강변에 도착하여 칼을 찾으려 했다는 고사를 연상해 보면 비슷합니다. 군주는 그 시대와 상황에 알맞은 방식을 사용해 정치를 해야만 한다는 거죠. 한비자는 그 시대, 바로 전국시대를 강력한 변화의 시대로 생각합니다. 왜 옛날 얘기인 요순시대를 들먹이면서 옛날을 그리워하냐는 것이죠. 다시 말하면 유가의 사상으로는 감당할 수 없는 시대이니 법가의 사상을 받아들이라는 것입니다.

단비 아, '수주대토' 고사가 『한비자』에 있는 고사였군요. 쉽고 재미있는 고사라고 생각했지 이런 깊은 뜻이 있을 줄 몰랐습니다.

김 교수 진시황이 여기에 감응을 합니다. 만약 진시황이 동쪽에 있는 제나라 출신이라면 한비자의 사상을 받아들이기 어려웠을 겁니다. 제나라는 전통이 강한 나라였기 때문에 변화하기란 쉽지 않았겠죠. 진시황은 기반도 없고, 자기의 출신 성분이 왕족이지만 서자 출신이다 보니 결국은 실력 중심으로 자기 힘으로 서야겠다는 의지가 강했습니다. 진시황과 한비자는 이런 면에서 맞았다는 거죠. 사실상 진시황이 국가의 바탕 이념으로 삼은 사상이 바로 법가였고, 이를 토대로 시스템 개혁에 성공해 천하를 통일하지 않았습니까? 진나라가 시스템을 구축할 때 수레바퀴의 너비까지 통일하고, 60센티미터나 되던 화폐를 지금의 동전 크기로 만든 것도 다 법가 사상에서 비롯된 겁니다. 진나라의 군현제郡縣制를 한나라가 그대로 받아들였고, 당나라의 삼성육부三省六部 같은 체제가 조선에 유입되어 동아시아 제도사의 한 틀을 형성했습니다. 또 한나라 이후, 겉으로는 유가 사상의 인치仁治를 주장하지만 실제로는 법가 사상으로 통치하는 외유내법外儒內法의 틀을 제공했습니다.

단웅이 한비자의 사상이 법가 사상인 것은 알겠는데요. 왜 법가의 집대성자인 동시에 제왕학을 가장 적나라하게 펼친 사상가라고 보는 걸까요?

김 교수 한비자는 법가를 대표하는 인물이지만, 그가 나오기 전에 이미 세 갈래의 큰 학파가 있었지요. 첫째는 법法을 강조한 상앙, 둘째는 술術을 강조한 신불해申不害, 셋째는 세勢를 강조한 신도慎到가 바로 그들입니다.

단비 아까 말씀하신 법술세가 이 셋을 합쳐 말한 것이군요. 좀 더 자세히 설명해 주시죠.

김 교수 쉽게 말하면, 법과 기술, 세력 정도로 보면 됩니다. 상앙, 신불해, 신도라는 사람이 이 셋을 하나씩 강조했던 사상가들이고요. 상앙이 주장한 '법'은 백성들의 사익 추구를 막고 나라의 이익을 우선시하는 원칙을 의미합니다. 신불해의 '술'은 신하들이 내세우는 이론과 비판을 그들의 행동과 일치시키는 기술로서, 신하들을 잘 조종해 군주의 자리를 더욱 굳게 다지는 인사정책을 말하고, 신도의 '세'는 군주만이 가지는 배타적이고 유일한 권세를 말합니다.

단웅이 한비자는 이 세 학파의 주장을 두루 수용해 발전시켰다는 말씀이신데, 구체적으로 어떻게 했다는 것인가요?

김 교수 한비자에 의하면, 일찍이 현명한 군주가 제도를 시행할 때는 우선 '법'에 기준하여 공평하게 원칙을 지키고, 인물을 가려 뽑을 때는 '술'을 이용하여 적재적소에 맞는 인물을 등용하여 그를 비난하거나 곤경에 빠뜨리는 자가 없었습니다. 그리고 권세를 이용해 법을 엄하게 시행해도 군주의 뜻을 거스르는 백성이 없었다는 뜻이지요. 이렇게 세 가지 요소가 군주에게 갖춰진 뒤에야 비로소 법을 시행할 수 있다는 것입니다. 다시 말해서 한비자는 이 가운데 어느 하나만 가지고 통치할 수 있는 것이 아니고, 군주는 반드시 '법·술·세'의 세 가지 통치 도구를 모두 갖추어야 한다고 주장했던 것입니다. '법'과 '권세'는 쉽게 이해될 텐데 '술'이 한 번에 이해가 안 될 겁니다. 이 부분은 뒤에 예시로 더 들어 설명하기로 하죠. 그런데 중요한 것은 한비자가 주장하는 법이란 겉으로는 군주와 신하 그리고 백성들이 모두 함께 준수해야만 하는 규칙이지만, 실제로는 군주가 나라를 다스리는 도구에 불과하다고 말할 수 있다는 점이 바로 제왕학의 선구자라고 불리는 이유이기도 합니다.

단비 한비자는 현실문제에 대해 날카롭게 지적하는 현실주의 사상가라고도 하는데 한 예를 들어줄 수 있나요?

김 교수 이런 이야기가 있습니다.

"빈객으로 제왕齊王을 위해 그림을 그리는 자가 있었습니다.

제왕이 말하기를, '무엇을 그리는 것이 가장 어려운가?'라고 하자, 빈객은 '개와 말이 가장 어렵습니다'라고 했습니다. '무엇이 가장 쉬운가?'라고 하니, 빈객은 '귀신이 가장 쉽습니다. 대체로 개와 말은 사람들이 알고 있는 것으로 아침저녁으로 사람들의 눈앞에 보여 유사하게 그릴 수 없기 때문에 어려운 것이고, 귀신은 형체가 없는 것으로 사람들의 눈앞에 보이지 않기 때문에 그리기 쉬운 것입니다'라고 대답했습니다."

여기서 한비자는 개나 말처럼 사실적인 물체를 그리는 것은 어렵지만 귀신이나 도깨비처럼 무형의 상상적인 것을 그리는 것은 쉽다고 밝히고 있습니다. 오늘날 생각해 봐도 탁월한 관점이 아닌가 생각합니다.

단웅이 『한비자』라는 책이 위작시비도 있고 그 정착 과정에 논란이 많다고 하는데 무엇인가요?

김 교수 『한비자』는 본래 『한자韓子』라고 불렸습니다. 그런데 송宋나라 이후부터 그전 당唐나라 때의 학자 한유韓愈를 '한자韓子'라 부르게 되면서 이 둘을 구별하기 위해 『한비자』로 바꿔 부르게 되었다고 알려져 있습니다. 『한비자』가 몇 편으로 이루어졌는가에 대해서는 정확한 근거가 없다고도 합니다. 일찍이 사마천司馬遷은 역사책인 『사기史記』를 저술하면서 한비자의 전기를 실었는데, 사마천은 『사기』 「노자한비열전老子韓非列傳」에서 「세난」 편을 언급하면서 [한비자는] 청렴하고 정직한 인물들이 사악한 신하들 때문에 받아들여지지 못하는 것을 슬퍼하고 옛날 성공과 실패에 관한 변화를 살펴 「고분孤憤」, 「오두五蠹」, 「내저설內儲說」, 「외저설外儲說」, 「설림說林」, 「세난說難」 편 등 10여만 자의 글을 지었다."라고만 했을 뿐, 『한비자』의 전체 편수에 대해서는 정확히 언급하지 않았습니다. 그래서 그의 책과 관련된 위작 시비 논란*이 사그라지지 않는 것도 분명한 사실이기도 합니다. 그리고 한漢나라의 역사책인 『한서漢書』의 목록집 「예문지藝文志」에는 총 55편이라고 적혀 있기도 하는데 역사책인 『수서隋書』의 목록집 「경적지經籍志」에는 20권이라 적혀 있어 논란이 많습니다. 오늘날 전해지고 있는 가장 오래된 판본은 '송건도본宋乾道本'인데, 원래 원元나라 때 발견된 판본은 53편이었다고 하죠. 명明나라 때 능영초凌瀛初의 『한비자』 「범례」를 보면 「간겁시신姦劫弑臣」 한 편과 「설림」의 하편이 없어졌다고 합니다. 그러나 오늘날 여전히 55편이 전해지고 있으니 그 일부가 남아 전해지는 듯합니다. 그 밖에도 다른 책에 인용된 『한비자』의 문장 중에는 지금 우리가 보는 『한비자』에는 실려 있지 않은 글들이 꽤 있어 위작시비가 사그라지지 않습니다.

단비 이 방대한 책을 한비자가 다 썼는가 하는 점이 의문입니다. 위작시비에는 어떤 것들이 있나요?

김 교수 한비자가 일찍 독살되었고, 『전국책』 등의 내용과 유사한 점 등이 지적되면서 저작에 대한 많은 의문이 있습니다만 아직까지 『한비자』가 몇 편으로 이루어졌는지에 대한 정확한 근거도 없는 실정입니다. 대체로 4가지 설이 있는데, 한비자의 제자 혹은 후학이 편찬한 책이라는 설, 진나라 조정의 도서관의 어사御史가 편찬한 책이라는 설, 한비자의 기본 저작에 친구였던 이사의 참여와 훗날 유향의 최종 편찬이 진행되어 완성되었다는 설, 한대 초기까지 이 책은 없었으며, 한대 유향이 편찬했다는 설 등으로 요약됩니다.

단웅이　어떤 기록들을 근거할 수 있나요?

김 교수　사마천이 『사기』 「노자한비열전」에서 「세난」 편을 언급하면서 "한비자는 청렴하고 정직한 인물들이 사악한 신하들 때문에 받아들여지지 못하는 것을 슬퍼하고 옛날 성공과 실패에 관한 변화를 살펴 「고분」, 「오두」, 「내저설」, 「외저설」, 「설림」, 「세난」 편 등 10만여 글을 지었다."라고 하는 존재가치를 확인했고, 한나라의 역사책인 『한서』의 목록집 「예문지」에는 총 55편이라고 적혀 있다. 또 수나라 역사책인 『수서』의 목록집 「경적지」에는 20권이라고 적혀 있습니다. 그 밖에도 다른 책에 인용된 『한비자』의 문장 중에는 지금 우리가 보는 『한비자』에는 실려 있지 않은 글이 꽤 있습니다.

단비　선생님께서는 어떻게 보십니까?

김 교수　진시황이 구체적으로 「고분」, 「오두」 두 편을 읽고 나서 한비자를 만나기를 이사에게 요청한 것秦王見孤憤, 五蠹之書曰: 嗟乎, 寡人得見此人與之游, 死不恨矣!도 기록한 것과 이처럼 구체적인 편명까지 제시한 사실을 볼 때 이런 한비자의 저작임을 부정할 근거는 없다고 보며, 단지 55편 중에서 사마천이 제기한 편명 들을 제외한 다른 편명은 위작 가능성이 있다고 볼 수 있겠습니다.

단웅이 『한비자』에 보면 설득술 혹은 유세술에 관한 내용도 많은 듯 합니다. 과연 그런가요?

김 교수 한비자는 신하들이 군주에게 말하길 꺼려하는 열두 가지 이유를 구체적으로 들려줍니다.

   1. 저의 말이 (주상ᠼᆃ의 뜻을) 좇아 유창하고 매끄럽게 줄줄 이어지면 화려하지만 실속이 없다고 여겨질 것입니다言順比滑澤, 洋洋纚纚然, 則見以爲華而不實.

   2. 고지식하고 순박하면서 공손하며 강직하고 신중하며 완벽하면 서투르고 조리가 없다고 여겨질 것입니다敦厚恭祇, 鯁固愼完, 則見以爲拙而不倫.

   3. 말을 많이 하고 번번이 (다른 사물을) 거론하여 비슷한 것을 열거하고 다른 사물에 비유한다면 (그 내용은) 텅 비고 쓸모가 없다고 여겨질 것입니다多言繁稱, 連類比物, 則見以爲虛而無用.

   4. 은미隱微한 부분을 총괄하여 요지를 설명하고 간략히 말하며 꾸미지 않으면 미련하고 말재주가 없다고 여겨질 것입니다摠微說約, 徑省而不飾, 則見以爲劌而不辯.

   5. 곁에 달라붙어 친근히 하며 다른 사람의 속마음까지 살펴 알려고 한다면 남을 비방하며 겸양을 모른다고 여겨질 것입니다激急親近, 探知人情, 則見以爲僭(? → 譖)而不讓.

   6. (말하는 뜻이) 넓고 넓어 오묘하고도 깊어서 헤아릴 수 없으면 과장되어 쓸모가 없다고 여겨질 것입니다閎大廣博, 妙遠不測, 則見以爲誇而無用.

7. 자기 집안의 이익을 계산해 세세하게 이야기하고 구체적인 수치를 들면 고루하다고 여겨질 것입니다家計小談, 以具數言, 則見以爲陋.

8. 말솜씨는 세속적인 것에 가까우면서 말은 상대방의 뜻을 거스르지 않으려고 한다면 목숨을 부지하려고 군주에게 아첨하려는 것으로 여겨질 것입니다言而近世, 辭不悖逆, 則見以爲貪生而諛上.

9. 말솜씨는 세속을 멀리하는 것 같으면서 기이한 말재간으로 인간 세상의 이목을 끌면 엉터리라고 여겨질 것입니다言而遠俗, 詭躁人間, 則見以爲誕.

10. 민첩하고 말재주가 뛰어나며 문채文采가 번다하면 실속이 없는 것으로 여겨질 것입니다捷敏辯給, 繁於文采, 則見以爲史.

11. 일부러 문장이나 학문을 버리고 바탕 그대로 말하면 저속하다고 여겨질 것입니다殊釋文學, 以質性言, 則見以爲鄙.

12. 때때로 《시경》이나 《서경》 같은 경전에 있는 말을 인용하고 고대 성왕의 법도를 본보기로 삼으면, 암송만 되풀이한다고 여겨질 것입니다時稱詩書, 道法往古, 則見以爲誦.

—『한비자』「난언難言」

이 인용문을 읽으니 어떤 느낌이 드십니까? 제가 느끼는 것은 유세를 할 때 결국은 걸리지 않는 것이 없다는 겁니다. 그럼 대체 어떻게 하라는 말일까요? 여기서 한비가 얘기하고자 하는 가장 중요한 점은 바로 군주의 심리를 장악하는 것입니다. 군주가 지금 어떤 마음 상태를 가졌는지 파악하면 유세에서 성공할 수 있고, 잘 모르면 결국 실패할 수밖에 없다는 겁니다. 『사기』와 『한비자』 두 책에서는 모두 위나라의 신하 미자하彌子瑕 이야기를 예로 들어 설명합니다. 추측컨대 미자하는 왕과 동성애 관계를 맺고 있었던 것 같습니다. 미자하가 왕의 눈에 들었을 때 자기 어머니가 아프자 왕의 수레를 타고서 궁궐 문을 빠져나가 몰래 어머니를 병간호하고 들어왔습니다. 그리고 자기가 먹던 복숭아를 반쯤 남겨 왕에게 주기도 했습니다. 맛있으니 한번 드셔보시라고 하면서 말이죠. 그럴 때 왕이 뭐라고 이야기했을까요? "미자하야말로 효자로구나. 얼마나 효자면 내 수레를 몰고 나갔을까!", "이놈이야말로 정말 나를 생각하는구나. 복숭아를 저 먹기도 아까울 텐데, 반쯤 먹다가 나를 주느냐!"며 칭찬했습니다. 하지만 미자하가 나이 들어 얼굴에 고운 빛이 사라졌을 때에는 그 태도가 완전히 달라집니다. 똑같은 상황을 두고서 그때부터는 비난하는 겁니다. "저놈 봐라. 감히 군주만 탈 수 있는 수레를 타고 나가다니. 저 나쁜 놈, 무례한 놈, 어떻게 먹다 남은 복숭아를 더럽게도 나한테 먹일 수 있느냐!"고 호통을 칩니다. 같은 상황인데 이처럼 평가가 달라지는 이유는 무엇일까요? 바로 군주의 마음 상태가 달라졌기 때문입니다. 군주가 호好의 감정이 있으면 잘 대해주지만, 오惡의 감정이 있을 때에는 나쁘게 대한다는 겁니다. 군주의 마음 상태에 따라 사안이 좌지우지되기 때문에, 군주를 설득하기 위해서 여러 말을 해봤자 결국 핑계거리 밖에 안 되고, 결국 자기 목숨과 몸만 위태롭게 할 뿐이라는 겁니다. 결국 한비자는 설득의 어려움을 말하면서 상대를 설득하려면 논리가 아닌 마음으로 하라고 권합니다. 이성적인 면이 두드러지는 법가를 주장한 한비자의 설득 방법이 감성을 자극하라는 것이라니, 의외라고 생각하실 수도 있겠습니다. 하지만 상대 마음을 사로잡아 자신이 원하는 바를 얻는 것은 굉장한 능력이라고 봅니다. 이성적인 논리로 접근해 잘 풀리지 않았던 일이 뜻밖의 감성을 건드려 순식간에 해결되는 경우를 종종 보지 않습니까?

단비 한비자는 냉철한 사상가라고도 하는데 그 이유는 무엇인가요?

김 교수 『한비자』를 읽어보니 인간관계를 보는 냉철한 시각과 실리를 중시하는 현실 중심의 가치관을 담고 있어 좀 섬뜩한 느낌조차 듭니다. 전국시대 말기는 전쟁이 극에 달해 피의 시대였고, 죽이거나 죽임을 당하는 시대다고 하는데 그런 점에서 진나라 통일시대로 넘어가는 시점에 사상가 한비자는 냉혹하리만큼 냉철한 사상가라고 할 수 있지요.

단웅이 한비자를 냉철한 사상가라고 할 만한 내용을 하나 예로 들어 주시겠어요?

김 교수 리더들 특히 권력을 가지면 가질수록 자꾸만 법치가 아니라, 마음에 치우치는 인치人治를 하게 되거든요. 그렇기 때문에 우리가 합리적 법 집행, 냉정한 판단, 냉철한 균형감각은 이 시대의 리더들에게 꼭 필요한 덕목입니다. 리더의 주변에 있는 사람들, 인의 장막에 갇혀 판단의 실수를 하는 경우를 많이 봅니다. 이것을 벗어나기 위해 한비자가 이야기했던 서릿발 같은, 그러한 추상같은 조언들은 정말 귀담아들을 필요성이 있지 않을까요? 그러면서도 대단히 현실적입니다. 하나의 예를 들어보죠.

"먼 곳에 있는 물은 가까운 곳에서 난 불을 끄지 못한다. 遠水 不救近火也. 『한비자』「설림 상說林上」"라는 말이 있습니다. 이 말이 나오게 된 배경을 한번 보죠.

노魯나라 목공穆公이 자기 공자들 가운데 어떤 이는 진晉나라 에서 벼슬하도록 하고, 어떤 이는 초나라에서 벼슬하도록 하려 고 하였습니다. 당시 노나라는 이웃 제나라에게 위협받고 있으 므로 나라의 운명이 달린 위급한 일이 생기면 진나라와 초나 라의 도움을 받으려고 생각하고 있었습니다. 여서犁鉏는 목공의 생각이 잘못되었음을 지적하며 말했습니다.

"어떤 사람이 월나라에서 사람을 빌려 물에 빠진 아들을 구 하려고 합니다. 월나라 사람은 비록 수영을 잘할지라도 반드 시 그의 아들을 살리지는 못할 것입니다. 바다에서 물을 길어 다 불을 끄려고 한다면, 바닷물이 비록 많더라도 불은 반드시 끄지 못할 것이니 멀리 있는 물로는 가까이 있는 불을 끌 수 없 습니다.火必不滅矣, 遠水不救近火也. 지금 진나라와 초나라는 비록 강하 지만 적국인 제나라가 가까이 있습니다. 노나라의 근심은 아마 구하지 못할 것입니다."

이 말이 무슨 의미인가요? 아무리 월나라 사람이 수영을 잘 한다 고 해도 아이를 구할 수 없고, 불이 나도 먼 곳의 물은 아무런 소용이 없는 법이지요. 결국 기댈 수 있는 것은 자기 자신밖에 없는 것입니 다. 목공은 제나라와 담판을 지어 두 나라가 선린 우호조약을 맺었습니다. 그런 후 진나라와 형나라와의 유대를 강화하기로 했습니다. 어떤가요? 냉철하지요?

단비   왜 오늘날 법가 사상에 주목해야 하지요?

김 교수   한비자가 외친 개혁과 법치 제왕학의 문제는 오늘날 지금도 여전히 유효합니다. 왜 수많은 사상가들이 고전에서 현재와 미래를 볼 수 있는 혜안과 지혜를 찾고 있는지 분명하지 않습니까? 그 당시의 시대 상황을 보면요, 「오두」편에서도 밝혔듯이 시대의 흐름에 역행하는 세력들이 있었습니다. 기존의 체제를 구성하고 있는 세력들은 워낙 견고하지 않습니까? 개혁에 저항하는 세력을 제거하기 위해서는 군주에게 권한을 집중해야 된다고 생각됩니다. 이 점을 한비자가 꿰뚫어 본 것이 아닐까요? 절대적 권한을 쥔 군주만이 당시 귀족들과 지방의 토착세력들을 제거하거나 제압할 수 있었습니다. 힘이 없다면 칼끝이 군주 자신을 겨누게 되죠. 민주주의 사회에서도 마찬가지로 시대의 흐름에 역행하는 세력들이나 개혁에 저항하는 세력을 제거하지 않으면 결국 진보와 개혁은 멀어질 수도 있습니다.

단웅이   한비자는 인간관계를 꽤 부정적으로 바라보는 듯해 보입니다. 그 이유를 한번 설명해 주실 수 있나요?

김 교수   유가는 인간과 인간 사이에서 존재하는 것이 신뢰라고 하는데요. 한비자는 다른 생각을 합니다. 인간관계는 신뢰가 아니고 이해관계로 얽혀 있다는 겁니다. 한비자는 인간이 본능적으로 이익에서 출발한다는 치우친 시각에서 출발할 것이 분명하며 군주가 함부로 눈물을 흘려서도 안 된다고 경고합니다. 즉 한비는 군주가 형벌을 집행하면서 눈물을 흘리는 것이 결코 인자함을 드러내는 것이 아니라는 견해입니다. 공은 공이고 사는 사라는 인식은 바로 백성의 안위를 책임진 군주가 늘 견지해야 하는 냉철함 그 자체라고 보는 겁니다. 바로 이것을 인간관계술에 응용해 본 것이 이 책입니다. 우리에게 널리 알려진 "동상이몽"으로 설명해 보죠. 어느 날 아내가 남편을 위해 기도를 해요. 우리 남편이 제발 비단 백 필만 얻게 해달라고 소원을 빕니다. 그러니까 남편이 왜 이렇게 적게 비느냐? 오백 필이나 천 필 정도로 돼야 한다고 핀잔을 줍니다. 그랬더니, 아내는 많은 비단을 얻으면 남편이 첩을 살 것이 뻔하기 때문에 이렇게 기원했다고 말합니다. 한비자는 같이 살을 맞대고 사는 부부도 서로 믿지 못하는 존재인데, 군신관계는 항상 이해관계가 있기 때문에 틈만 보이면 사리사욕을 추구할 것이라고 생각한 거죠. 특히 군주는 늘 위협에 빠질 수 있기 때문에 강력한 수단인 법치로 다스려야 한다는 겁니다. 또 하나의 문제는 군주와 신하의 관계에서 늘 군주가 절대적인 우위에 있을 것 같지만 그렇지 않다는 거예요. 유약한 군주일 경우, 신하들이 언제든지 준동하고 왕을 제압하려 대든다는 겁니다. 따라서 군주가 신하들을 조종하는 기술이 필요합니다. 그게 권모술수로서 술입니다. 군주로서 늘 강력한 카리스마 모습을 유지하는 것이 세勢인데요. 세가 신하를 제압할 수 있고 우위에 설 수 있다는 겁니다. 한비자가 인간의 본질을 봤다고 생각됩니다. 예를 들어 "군주는 자신이 하고자 하는 바를 드러내지 않는다君無見其所欲"라는 말을 합니다. 궁궐은 정글의 법칙이 자리 잡고 있어서 신하와 군주, 처첩 등과의 갈등에서 자유롭지 못합니다. 군주는 자신의 감정을 극히 절제해야 한다는 것이라는 한비자의 시각입니다. 왕이 사냥을 좋아하면 신하들도 덩달아 사냥을 좋아하고, 조직도 마찬가지죠. 조직의 장이 골프를 좋아하면 그 아랫사람들은 골프를 좋아하지 않을 수 없죠. 그래서 심지어 한비자는 군주는 오직 자신만을 믿어야 한다는 생각에 "군주의 우환은 사람을 믿는 데서 비롯된다人主之患在於信人"라는 식의 말도 합니다. 말하자면 처절한 자기관리가 필요하다는 것입니다. 그런데도 한비자는 친구인 이사의 농간에 의해 독살당하잖아요. 인간 관계술에 능하고, 인간을 믿지 않고 살았음에도 이런 일을 당한다는 것이 참 아이러니한 것 같습니다. 이렇게 보면 사람을 믿지 말라고 했던 한비자의 말이 이해가 되는 것 같습니다. 하지만 세상은 타인과 함께 살아야 하는 곳이기에 아무도 믿지 않고는 살 수가 없겠죠.

단비　한비자는 신하의 처세에 대해서도 많은 이야기를 하고 있는 듯해 보입니다.『한비자』속에서는 이와 관련된 내용도 찾아볼 수 있나요?

김 교수　『한비자』의「유로」편의 사례를 하나 들어보지요. 초楚나라 장왕莊王이 황하黃河와 형옹衡雍 사이에서 승리하고 돌아와 손숙오孫叔敖에게 상을 주려고 하자, 손숙오는 한수漢水 부근의 모래와 자갈이 있는 토지를 청했습니다. 초楚나라의 법에는 신하에게 봉록을 줄 때, 두 세대를 지난 후에는 영토를 회수하도록 돼 있었는데, 오직 손숙오만은 계속 갖고 있었습니다. 그 토지를 회수하지 않은 까닭은 그 땅이 척박했기 때문입니다. 그래서 손숙오는 아홉 세대까지 제사가 끊이지 않았습니다. 한비자는 노자의 말을 인용하여, "잘 세우면 뽑히지 않고, 잘 끌어안으면 떨어져 나가지 않아 자손이 대대로 제사가 끊이지 않게 할 것이다."라고 했는데, 이는 손숙오를 가리켜 한 말이라고 단언합니다. 만일 손숙오가 욕심을 부렸다면 두 세대는 부귀영화를 누리며 살았겠지만 그렇지 않았기 때문에 그 복을 길게 누릴 수 있었던 것이 아닐까요?

단웅이 신하로서 처세하는 일도 매우 어렵군요. 자신의 뜻을 드러내지 말라는 것인가요?

김 교수 물론 한비가 말하고자 하는 이면을 살펴보아야 하는데, 이 말은 어찌 보면 장기적인 안목에서 모든 것을 한발 물러서서 바라보라는 측면이 더 강하다는 점도 내포하고 있습니다. 위의 예문에서 한비자가 노자의 말을 인용하고 있는데, 또 다른 예문에서 한비자는 이렇게 말합니다. 상대방에게 취하고자 하는 것이 있으면 그것을 주어야 한다.' 이처럼 때로는 미명微明의 지혜, 즉 모습을 드러내지 않는 가운데 일을 시작하면서도 큰 공을 세우는 지혜를 발휘하라는 것이 한비자의 통찰력이지 않나 생각해 봅니다.

단비 보충해보면, 한비자는 속마음을 보이지 않는 것 이상으로 중요한 것이 타인의 속마음을 알아도 아는 척하지 않는 것이라고 했습니다. 그 의미는 무엇인가요?

김 교수 깊은 연못 속의 물고기를 아는 사람은 불길하다. 知淵中之魚者不祥. 『한비자』「설림 상說林上」라는 말이 있습니다. 그 내용은 대략 이러합니다.

습사미闭斯彌라는 자가 나중에 왕을 죽이고 왕위에 오른 전성
자田成子라는 자를 만나게 되었습니다. 그 당시 전성자는 그와
함께 누각에 올라 사방을 둘러보았지요. 삼면이 모두 탁 트였
는데, 남쪽을 보자 습사미의 집에 있는 나무가 시야를 가렸습
니다. 전성자는 아무 말도 하지 않았지만 습사미는 돌아와서
사람을 시켜 그것을 베도록 했습니다.

도끼질을 해 나무가 좀 파였을 때에, 습사미는 갑자기 나무
베는 일을 그치게 했습니다. 그러자 그의 집사가 말했지요.

"어찌 그렇게 빨리 변하십니까?"

습사미가 이렇게 말합니다.

"옛날 속담에 "깊은 연못 속의 물고기를 아는 사람은 불길하
다."는 말이 있소. 전성자는 큰일을 꾸미고 있는데, 내가 그의
미묘한 부분까지 보고 안다면 나는 반드시 위험해질 것이오.
나무를 베지 않는 것은 죄가 되지 않지만, 다른 사람이 말하지
도 않은 것을 알고 있다면 그 허물은 클 것이오. 그래서 베지 못
하게 하는 것이오."

결국 전성자는 자신의 비밀을 알고 있는 자들을 미리 제거하고 거
사를 도모했는데 습사미는 무사할 수 있었다는 이야기입니다.

단웅이 책을 읽으면서, 한비자라는 사람에 대해 생각하면서 문득 그

런 생각이 들었습니다. 한비자가 살았던 시대는 신분제 사회였기 때문에 한비자가 아무리 처세를 잘 하고, 군주론에 정통했어도 왕이 될 수 없었잖아요. 하지만 만일 한비가 지금 태어나 스스로 노력하면 얼마든지 대통령도 될 수 있고, CEO도 될 수 있었다면 완벽한 1인자가 될 수 있었을까요?

김 교수 저는 쉽지 않고 거의 불가능하다고 봅니다. 말더듬이의 사상가 한비자는 참모나 책략가가 제격이지 단연코 리더는 아니라고 보기 때문입니다. 더구나 한비자의 통치술은 다수의 의견을 존중하는 민주주의와는 얼핏 보면 좀 어울리지 않는다는 생각도 들 수 있지요. 오늘날 민주 사회에도 한비자가 고전일 수 있는 영역이 헌법 정신의 실현, CEO의 인사 경영 윤리 등에서 빛을 발할 듯합니다.

단비 한비자는 함부로 간언 즉 군주를 설득해서는 안 된다는 말도 하고 있지요? 처세술을 강조하는 듯하기도 합니다. 과연 그런가요?

김 교수 조금 약았다는 생각도 들 수 있는 대목이 보입니다. 한번 볼까요.

"지혜로운 자가 어리석은 이를 설득했지만 받아들여지지 않은 경우로는 주周나라의 문왕文王이 은殷나라의 마지막 왕 폭군 주紂를 설득한 일입니다. 문왕은 주왕을 설득하려 했으나, 주왕은 문왕을 감옥에 가뒀습니다. 익후翼侯는 불에 구워졌고, 귀후鬼侯는 햇볕에 말려지는 형벌을 받았으며, 비간比干은 심장이 도려졌으며, 매백梅伯은 소금에 절여졌습니다. 관중은 새끼줄로 묶였으며, 조기曹羈는 군주에게 세 번 간언했다가 받아들여지지 않자 진陳나라로 망명했고, 백리자伯里子는 길에서 구걸했으며, 부열傅說은 여기저기 몸을 팔고 다녔으며, 손빈은 위魏나라에서 발을 잘리는 형벌을 받았습니다. 오기吳起는 안문岸門에서 눈물을 흘리며 서하西河가 진秦나라 땅이 될 것을 통탄했으나 끝내 초楚나라에서 몸뚱이가 찢기게 됐습니다. 공숙좌公叔痤는 나라의 재목감으로 공손앙公孫鞅을 추천했으나 도리어 도리를 거스르는 자로 여겨져, 공손앙은 진秦나라로 달아났습니다. 관용봉關龍逢은 목이 베였으며, 장굉萇宏은 애꿎게 배를 갈라 창자를 조각내는 형벌을 당했고, 윤자尹子는 가시덤불 속에 던져졌습니다.")(「난언」 편)

한비자는 유세의 가능성 여부에 초점이 맞춰서 해야 된다는 것인데 그런 것입니다. 신하 된 자는 목숨을 바쳐 간언해야 되지만 그 간언을 받아들일 군주가 준비되어 있지 않다면 그 간언들은 성과도 없이 심지어 자신의 목숨마저 잃는다는 것입니다.

고전, 『한비자』

단웅이 『한비자』를 법가의 고전으로 보는 이유와 난세의 고전이라고 보는 이유는 무엇입니까?

김 교수 한비자가 생각하는 '법'은 글자 그대로 백성의 사리 추구를 막는 사회적인 제어 장치이자 일종의 원칙입니다. 법이란 다스림의 근거이며, 포악한 짓을 금하여 선으로 이끄는 원칙입니다. 법이 바르면 백성이 충성을 다합니다. 죄를 정당하게 처벌하면 백성이 복종합니다. 그러니 군주가 된 자는 법을 중시하지 않을 수 없는 것 한비자는 법이 바르게 적용되기 위해서 철저한 원칙에 바탕을 두지 않으면 안 된다고 생각했습니다. 어떤 상황에서든 군주가 자신의 직분에 맞는 신뢰를 모두에게 보여주어야만 제대로 통치할 수 있다고 본 것입니다. 아마도 지금의 우리 대한민국이 처한 상황이 춘추전국시대에 각 제후국들이 대처해야 할 시대적 소명과 비슷한 면이 있을 겁니다. 춘추전국의 혼란과 무질서를 극복하고 안정과 평화를 꿈꿨던 사상가들은 그때 당시 어쩔 수 없이 고민해야 할 문제에 직면했습니다. 특히 전쟁이었죠. 수많은 전쟁은 인간의 마음을 극과 극으로 치닫게 하고 인간의 모습이 아닌 짐승에 가까운 모습으로 비춰지게 만듭니다. 어떻게 보면 이런 극단적 환경이 시대와 인간을 꿰뚫어 볼 수 있는 계기가 됐죠. 수천 년 전에 고민했던 그 문제들은 지금도 현재진행형이라고 할 수 있습니다. 선현들이 시대의 과제를 풀어내기 위해 언급했던 수많은 문제들, 즉 세상을 어떻게 안정시킬 수 있을 것인지, 올바른 정치는 무엇인지, 사람들이 잘 사는 방법은 무엇인지 등 수많은 문제가 오늘날에도 계속 반복되고 있습니다.

단비　법치 리더십의 창시자 한비자의 사상을 통해 오늘날 리더들이 배워야 할 것은 무엇인가요?

김 교수　한비자는 사물을 냉철하면서도 담담한 시각에서 조직의 흥망과 성쇠에 대한 철저한 분석을 통해 명분보다는 냉철한 현실 인식에 바탕을 둔 사상을 고수하였으며, 그러기에 그의 사상은 난세 중의 난세인 전국시대에 진시황의 제국의 기반사상이 되었으며, 21세기의 오늘의 중국에 이르기까지 도도하게 흘러온 핵심 사상으로 자리매김되어 왔다는 점에서 난세의 문제를 해결하는 고전으로 손색이 없다고 생각합니다. 시스템을 적절히 변용해야 살아남는 오늘날의 시각에서 보더라도 한비자의 냉철한 판단력과 법술세를 아우른 리더쉽은 탁월한 해법이 되리라고 봅니다.

단웅이 『한비자』가 리더들 외에도 오늘날 우리들에게 고전으로 손꼽히는 이유는 무엇일까요?

김 교수 오늘날의 입장에서 법가가 현대사회 개인에게 필요한 이유가 합리적 사고를 바탕으로 인간을 맹목적으로 믿지 않고 적절히 규제하여 공동체가 추구하는 가장 최선의 방향을 만들어가는 데 영감과 지침을 주는 데 있다면 이러한 법가의 고전이 바로 이 책이라고 생각합니다. 물론 자유로운 상하관계, 친구 같은 직장 상사 등이 강조되고 있는 요즘 이 책은 다소 거리감이 느껴질 수도 있습니다. 그러나 『한비자』는 법가 계열의 고전이면서도 기본적으로 인간의 이기적 속성을 기본 전제로 하면서 그의 논리는 펼쳐집니다. 그만큼 아주 냉정하고 현실적인 이야기들로 가득 차 있어 오늘날에도 여전히 고전의 정수로서 시대를 이끄는 지도 이념으로 재생산되는 가치를 지닙니다. 즉 한비자의 세계관이 통치의 차원에서 냉철한 인간의 이해와 심층적 분석에 기대어 있으므로 특히 현대 기업 경영의 인사 관리 방면에서 각광을 받고 있습니다. 뿐만 아니라 좀 더 미시적으로 접근해

보자면 자유로운 상하관계나 친구 같은 직장상사와의 관계 속에도 한비자의 세계관이 유용하게 작용된다는 사실입니다.

참고 문헌

1. 저서

王先慎 撰, 鍾哲點校(1998), 『韓非子集解』, 北京:中華書局.

陳奇猷(2008), 『韓非子新校注』, 上海古籍出版社.

周勳初(1980), 『韓非子劄記』, 江蘇人民出版社.

韓非子, 김원중 역(2017), 『한비자』, 휴머니스트.

이운구 역(2008), 『한비자Ⅰ』, 한길사.

司馬遷, 김원중 역(2019), 『사기』, 민음사.

陳蒲淸, 오수형 역(1994), 『중국우언문학사』, 소나무.

貝塚茂樹, 이목 역(2012), 『한비자교양강의』, 돌베개.

張覺(1992), 『韓非子全譯』, 貴州人民出版社.

____(2007), 『韓非子譯注』, 上海:上海古籍出版社.

馬世年(2011), 『『韓非子』的成書及其文學硏究』. 上海:上海古籍出版社.

김원중(2016), 「『韓非子』를 통해서 본 韓非子의 글쓰기 전략에 관한 몇 가지 검토」, 『中國學論叢』,(49), 한국중국문화학회. pp.99-122.

2. 사진 자료

alamy 홈페이지(https://www.alamy.com/)

제3부

—

과학으로 보는 인간과 지구의 미래

시간과 공간을 초월한 우주의 대서사시

— 칼 세이건, 『코스모스』

이봉우

코스모스(COSMOS)는 과거에도 있었고 현재에도 있으며 미래에도 있을 그 모든 것이다. 코스모스를 정관하노라면 깊은 울림을 가슴으로 느낄 수 있다. 나는 그때마다 등골이 오싹해지고 목소리가 가늘게 떨리며 아득히 높은 데서 어렴풋한 기억의 심연으로 떨어지는 듯한, 아주 묘한 느낌에 사로잡히고는 한다. 코스모스를 정관한다는 것이 미지 중 미지의 세계와 마주함이기 때문이다. 그러므로 그 울림, 그 느낌, 그 감정이야말로 인간이라면 그 누구나 하게 되는 당연한 반응이 아니고 무엇이겠는가?

칼 세이건과 코스모스

단웅이 『코스모스』을 집필한 칼 세이건에 대해서 말씀해주세요.

이 교수 책에 제시된 저자 소개에서 보듯이 칼 세이건은 과학 대중화에 공로가 큰 과학자입니다. 물리학을 전공하고 천체물리학 박사 학

칼 세이건　　　　　　출처: alamy

위를 받은 후 천문학 분야에서 대학교수 및 연구원으로 일하고 NASA의 자문위원으로 보이저나 바이킹 프로젝트에 참여하였을만큼 과학계에서도 큰 역할을 하였습니다.

그런데 그것보다도 칼 세이건을 유명하게 만든 것은 바로 『코스모스』를 비롯한 여러 책을 쓴 저자라는 점입니다. 대학에서 인문학을 전공하였기 때문인지 그의 글은 무척이나 매끄럽고 아름답습니다. 지금 소개하고 있는 『코스모스』도 천문학을 바탕으로 한 글이지만, 책 곳곳에는 문학 작품에서나 발견할 수 있을 듯한 시적인 표현들이 가득합니다. 또한 알려주고 싶은 내용을 논리적이면서도 친절하게 잘 설명하고 있습니다. 그는 전문용어가 아닌 대중이 쉽게 이해할 수 있는 용어를 사용하였기 때문에 대중들에게 인기가 많은 책을 집필하였습니다. 『코스모스』는 물론 퓰리쳐상을 받은 『에덴의 용』과 영화화되어 많이 알려진 『콘텍트』 등이 대표작입니다.

단비　『코스모스』는 다큐멘터리도 있다면서요? 다큐멘터리가 만들어진 배경에 대해서 말씀해주세요.

이 교수　책 『코스모스』가 출간일은 1980년 10월 12일입니다. 다큐멘터리 〈코스모스〉가 첫방송된 날이 1980년 9월 28일이니, 다큐멘터리와 책은 비슷한 시기에 나온 것입니다. 아마도 다큐멘터리 제작 작업을 하면서 동시에 책을 집필하였을 것입니다. 칼 세이건은 과학의 대중화에 매우 관심이 많았고, 강력한 대중 매체인 텔레비전이 좋은 역할을 할 수 있을 것이라고 생각했습니다. 1978년부터 작업을 시작한 다큐멘터리는 1980년 9월 28일을 시작으로 12월 21일까지 13주동안 방영되었고, 몇 번씩 재방송되면서 다큐멘터리 역사에서 최고 높은 시청률을 거두기도 했습니다.

이 다큐멘터리에서 칼 세이건은 직접 출연하여 천문학을 설명하였고, 텔레비전을 통한 시각적인 자료는 천문학을 잘 이해할 수 있도록 도움을 주었습니다. 단순히 우주에 대한 이야기만이 아니라 우주 속에서 인간의 이야기를 펼친 것입니다.

칼 세이건이 죽은 후, 천체물리학자 닐 디그래스 타이슨이 출연한 2014년 버전 다큐멘터리 〈코스모스〉가 새로 만들어졌습니다. 원작과 구분하기 위해 시공간 오딧세이A Spacetime Odyssey라는 부제가 붙여졌습니다. 인터넷 영화 데이터베이스인 IMDb에서 과학 다큐멘터리 인기 순위를 매겼는데, 『Cosmos: A Spacetime Odyssey(2014)』가 1위를 차지했고, 『Cosmos(1980)』도 6위를 차지하였습니다.

책 『코스모스』가 번역본 기준으로 본문만 685쪽에 달해 읽기가 쉽지 않은 것은 사실입니다. 칼 세이건이 아주 쉽게 설명했다고 하지만 빅뱅이론과 상대성이론을 포함한 여러 과학적인 설명은 이해하기가 쉽지 않습니다. 다큐멘터리는 그 어려움을 덜어주어 책 『코스모스』에 좀 더 가깝게 다가갈 수 있는 방법을 안내해 줄 수 있을 것입니다.

단비　칼 세이건은 과학 대중화를 포함한 과학교육에 큰 관심을 가지고 있습니다. 과학교육의 중요성이 무엇 때문이라고 생각했을까요?

이 교수　칼 세이건은 첨단 과학기술에 뿌리를 둔 민주주의 사회에서 한 사람이 건전한 시민으로 성숙하기 위해서는 효율적인 과학교육이 꼭 필요하다고 주장했습니다. 이런 관점에서 그는 과학을 대중들에게 쉽고 바르게 알려주기 위한 대중화 운동을 펼쳤고 여러 책과 다큐멘터리 제작에 참여한 것입니다.

흔히 과학을 과학자가 되기 위한 과목이라고 인식하곤 합니다. 그러나 현대의 교육에서 '과학'을 배우는 이유는 과학적 소양을 지닌 시민을 양성하는 것을 목표로 하고 있습니다. 학교에서 배우는 과학 교과목의 목표에는 과학 지식을 익히는 것뿐만 아니라 과학적 탐구 능력과 과학적 태도를 함양해서 개인과 사회의 문제를 과학적이고 창의적으로 해결할 수 있는 역량을 갖추는 것을 담고 있습니다. 생활 주변에서 일어나는 많은 현상을 논리적이고 합리적으로 생각하여 바르게 판단하고 행동할 수 있는 역량을 갖추는 것이 바로 과학교육의 목표입니다.

코스모스와 우주 연구의 목적

단웅이　'코스모스'란 무엇인가요? 왜 우리가 '코스모스'를 알아야 하나요?

이 교수 코스모스란 '정연한 질서로서의 세계'라는 뜻의 그리스어입니다. 세계가 생성되기 이전의 혼돈 상태를 나타내는 '카오스'와 반대되는 말이라고 할 수 있습니다. 코스모스라는 단어를 처음 사용한 이가 피타고라스라고 되어 있는데, 피타고라스의 세계상이 코스모스의 성격을 충분히 갖추고 있다고 합니다. 피타고라스는 사물의 본질을 수학에서 찾았습니다. 입체도형 중에서 가장 완전한 도형이 구라고 생각해서 지구와 세계가 구형이라고 생각하기도 했습니다.

이 책의 제목이 코스모스인 것은 우주의 질서를 의미합니다. 이 책이 단순히 천문학을 다루는 것만이 아니라, 우주의 질서를 깨달음으로써 인간이 어떻게 태어났고 어떻게 현재 지구에서 존재할 수 있는지를 이해할 수 있게 합니다. 이에 우주의 원리로부터 인류의 존재 이유부터 미래상까지 다루는 것입니다.

단웅이 우주 연구에는 막대한 비용이 필요합니다. 그런데도 우주를 연구하는 이유는 무엇일까요?

이 교수 우선 과학을 연구하는 이유가 무엇인지 생각해 보는 것이 좋을 것 같습니다. 가장 먼저 생각할 수 있는 이유는 실용적인 목적입니다. 오늘날 우리의 삶에 가장 큰 영향을 준 것이 바로 과학기술의 발전입니다. 따라서 많은 나라에서는 과학기술 발전을 위해 국가 예산의 많은 부분을 투자하는 것이죠. 그런데 과학의 목적은 또 다른데 있습니다. 바로 진리탐구를 통한 지적 호기심 해결입니다. 인간이 동물과 차별되는 이유 중 하나로 인간은 호기심을 갖고 그것을 해결하는 과정에서 발전한다는 것입니다.

이 두 가지 관점에서 우주 연구의 목적을 생각해 보려 합니다. 사람들이 많이 하는 철학적 질문에는 '나는 누구인가? 나는 어디에서 왔나?'와 같은 인간의 정체성에 대한 고민입니다. 우주의 기원, 생명의 기원과 같은 문제를 탐구하는 것은 바로 인간 존재의 근원을 알아내려고 하는 것입니다. 그런 관점에서 우리가 살고 있는 이 지구, 우주는 어떻게 탄생했고, 또 어떻게 생을 마감할 것인지는 나의 존재와 밀접하게 관련이 있습니다. 이러한 호기심을 충족시키기 위한 탐구의 과정이 바로 우주 연구라고 할 수 있습니다.

또 한 가지는 실용적인 목적도 들 수 있습니다. 식민지 개척을 위한 탐사 과정에서 아메리카가 발견된 것처럼 근대 사회의 시작은 지구 탐사와 밀접하게 관련이 있습니다. 배를 타고 지구 개척에 성공한 영국, 스페인, 네덜란드, 포르투갈, 프랑스 등 여러 나라들은 근대 시대에 지구의 중심에 서서 막대한 부와 권력을 누렸습니다. 이 과정이 우주 탐사에도 적용될 수 있을 것으로 기대하고 있습니다. 아직은 걸음마 단계이지만, 앞으로 먼 미래에 우주탐사의 결과가 경제적인 부를 가져올 수 있을 것입니다.

우주 연구에서의 측정

단비   천문학에서 우주는 워낙 크기가 커서 거리단위를 빛이 1년동안 이동하는 거리인 광년을 사용합니다. 빛의 속도가 그만큼 중요하게 되었는데, 사람들은 빛의 속도를 어떻게 측정했었나요?

이 교수 속도는 시간에 대한 위치의 변화량입니다. 사람들은 빛도 시간에 따라 진행하기 때문에 빛의 속도를 재려고 했습니다. 하지만 빛의 속도는 매우 빠르기 때문에 우리가 일반적으로 알고 있는 방법으로는 측정이 불가능합니다. 그렇지만 사람들은 빛의 속도를 측정하기 위하여 많은 노력을 기울였습니다.

역사에서 빛의 속력을 처음 측정한 사람으로 갈릴레이를 손꼽습니다. 갈릴레이는 빛의 속도를 측정하기 위해 조수를 산에 등燈을 들고 올라가게 하고, 자신은 다른 산에 등을 들고 올라간 다음, 자신이 등을 빛을 가렸다가 다시 밝게 하면 조수는 갈릴레오의 등불을 보고 다시 등을 가렸다가 밝게 하는 방법으로 빛의 속도를 측정하고자 하였습니다. 그러나 빛의 속도는 매우 크기 때문에 이러한 방법으로 속도를 측정할 수는 없었습니다.

비교적 빛의 속도에 근접한 값을 알아낸 사람은 천체를 관찰하여 광속을 측정한 덴마크의 천문학자 뢰머Roemer, 1644-1710가 있습니다. 뢰머는 목성을 관찰하면서 목성의 위성인 이오의 월식주기가 지구가 목성에서 가장 가까이 있을 때와 가장 멀리 있을 때 차이가 남을 발견하고 지구의 공전궤도 지름을 주기의 차이에 해당하는 시간으로 나누어서 광속을 측정하였습니다. 이때 나온 값이 대략 $2.1 \times 10^8 m/s$로 현재 사용하는 값의 2/3에 해당하는 값입니다.

지구상에서 광속을 최초로 측정한 사람은 피조fizeau였습니다. 1849년 그는 현재의 스토로보스코프와 같이 회전하는 원판의 한쪽에 구멍을 뚫은 다음 그 구멍을 통해 빛을 보내 충분히 멀리 있는(거리를 알고 있는) 거울에 반사시킨 다음 스토로보스코프의 구멍을 통과할 때까지의 스트로보스코프의 회전을 통해 시간을 측정하여 광속을 측정할 수 있었습니다.

이후 여러 과학자들의 노력에 의해 빛의 속도가 측정되었는데, 1905년 아인슈타인에 의해 빛의 속도는 광원이나 관측자의 운동과 관계없이 항상 일정하다는 광속불변의 원리가 밝혀졌습니다. 이에 광속은 물리학의 기초 상수라는 중요한 의미를 갖게 되었습니다. 광속을 정확하게 측정하려는 노력이 더욱더 강화되었는데, 그 이유 중 하나는 광속을 통해서 길이의 표준을 정하기 위함입니다. 1960년대에 만들어진 레이저의 출현으로 인해 더욱 더 정확한 빛의 속도가 측정되었고, 1973년 국제도량형 총회에서는 빛의 속도를 299,792,458m/s로 정했습니다. 이에 따라 길이 표준도 정해져, 1983년 국제도량형총회에서 '1미터는 빛이 진공 속에서 1/299,792,458초 동안 진행하는 거리'라고 정했습니다.

단웅이 아폴로 우주선의 비행사들이 달에 레이저 반사경을 설치했고, 이를 이용하여 달까지의 거리와 달의 진동을 확인할 수 있다고 했는데, 어떤 원리로 가능한 것인지요?

이 교수 레이저의 특징은 빛이 많이 퍼지지 않은 상태로 직진한다는 점입니다. 그렇지만 달까지의 거리는 매우 멀기 때문에 지구에서 달에 레이저를 쏘더라도 달 표면에서 반사되어 되돌아오는 빛을 검출하기는 무척 어렵습니다. 따라서 아폴로 우주인들이 달에 착륙하였을 때 시행한 것이 바로 달에 거울을 놓는 것이었습니다. 달에 거울을 놓으면 반사율이 높아져 레이저 빛이 퍼지더라도 지구로 되돌아

코너큐브와 아폴로 11호가 달에 설치한 반사경

오는 빛을 확보할 수 있는 것입니다. 그런데 거울은 반사의 법칙에 의해서 입사되는 각도에 따라 반사되기 때문에 되돌아오게 하려면 거울면에 수직으로 빛을 입사해야 합니다. 그런데 지구와 달은 계속 자전과 공전을 하면서 움직이기 때문에 현실적으로 가능하지 않습니다. 이 문제를 해결하는 것이 바로 코너큐브입니다.

코너큐브란 거울 세 장을 서로 수직으로 붙인 형태의 거울을 말합니다. 코너큐브에 빛이 입사하면 어떤 방향으로 들어가더라도 다시 입사한 방향 그대로 반사되는 특징이 있습니다. 이를 재귀반사라고도 합니다.

단비 전파 망원경은 어떤 원리로 천체를 관측할 수 있나요? 그리고 전파망원경의 대형배열은 어떻게 동작하나요?

이 교수 흔히 망원경이라 하면 볼록렌즈나 오목거울을 이용해 먼 천체로부터 오는 빛을 모아서 천체를 관측하는 기구입니다. 사람의 눈을 통해 관측하기 때문에 관측 범위가 가시광선 영역으로 광학 망원경

영화 '콘텍트'의 포스터　　출처: alamy

이라고 불립니다.

그런데 전파망원경은 이름에서 유추할 수 있듯이 '전파'를 관측하는 기기입니다. 천체는 여러 파장대의 전자기파를 방출하게 되는데, 이 중 전파를 관측하는 기기가 전파망원경입니다. 천체에서 오는 전파는 너무도 먼 곳에서 오기 때문에 이를 효과적으로 만들기 위해서 지름이 100m나 될 정도로 큰 규모로 만들고 있습니다.

칼 세이건이 쓴 소설 콘택트는 영화로도 만들어졌는데, 이 영화의 포스터를 보면 큰 전파망원경 수십개가 연이어 있는 장면을 볼 수 있습니다. 이는 전파간섭계라고 부르는데 2개 이상의 안테나를 사용하여 서로 수신한 전파를 간섭시켜 높은 분해능을 얻게 됩니다. 지상에 십자형으로 배열하거나 원주형, 바둑판형 등 다양한 모양의 분포로 되어 있습니다.

아주 멀리 떨어진 전파망원경 여러 개를 이용하는 방법도 가능합니다. 이때는 두 전파망원의 신호를 원자시계로부터 정확한 시각과 함께 기록하여 간섭계 역할을 할 수 있게 합니다. 이것을 초장기선간섭계VLBI:very large baseline interferometer라고 부릅니다.

단웅이 칼 세이건은 우주 탐사를 옛
날 지구에서 이루어졌던 해양 탐사
로 설명하고 있습니다. 그런데 해
양 탐사의 어려움으로 경도 문제를
이야기하고 있습니다. 경도 문제가
무엇인지 설명을 부탁합니다.

이 교수 유럽의 많은 나라에서는 해
양 탐사를 통해 부의 축적을 위해
큰 노력을 기울였습니다. 해상지도

존 해리슨의 첫 번째 해상시계 H-1
출처: alamy

의 제작을 통해 암초에 부딪히지 않고 무사히 항해하려고 했는데, 문
제는 현재 배가 있는 위치를 알 수 없다는 점이었습니다. 1707년 스
페인과의 해전을 통해서 지브롤터를 점령하고 돌아오던 영국 함대는
자신의 위치를 파악하지 못하고 암초와 충돌하여 2천여 명이 목숨을
잃어버리는 일이 발생하기도 했습니다.

근처에 섬이 있으면 그 섬과의 위치 관계를 이용해서 현재 내가 있
는 위치를 알 수 있지만, 망망대해에서는 어디에 있는지 알 수 없기
에 지도는 무용지물이었습니다. 태양의 고도를 통해 위도는 알 수 있
지만 바로 경도를 알 수 없다는 점이 문제였습니다. 그래서 경도 문
제 해결을 위해 영국 의회에서는 오늘날의 수십억원에 달하는 현상
금을 내놓기도 했습니다.

경도 문제의 해결은 시간을 정확히 측정하는 것으로 해결할 수 있
습니다. 출발지에서의 시각을 알고, 배를 타고 이동한 후의 시각을
태양의 위치를 통해 알 수 있다면 두 시각의 차이를 통해 현재 위치

의 경도를 알 수 있습니다. 예로 영국에서 오후 4시에 비행기를 타고 출발해 서쪽으로 이동하다가 중간에 태양의 위치를 통해 시간을 보니 현 위치에서의 시각이 오후 2시였음을 알았다고 하면, 두 위치에서의 시간 차이가 2시간이므로 경도 차이는 30도가 되는 것입니다.

결국 경도 문제는 정확한 시계를 만드는 것으로 해결할 수 있습니다. 그 당시에 진자시계가 있기는 했지만, 흔들리는 배 위에서는 정확하게 동작하지 않았습니다. 따라서 많은 과학자들은 천체 관측을 통해 정확한 시각을 알아내려는 노력을 기울였는데, 이 문제를 해결한 사람은 존 해리슨이라는 시계기술자였습니다.

영국 런던의 그리니치천문대에는 시간전시관Time gallery이 있는데, 해리슨의 경도 문제 해결과 관련된 많은 전시물을 볼 수 있습니다.

케플러와 중력 도움 항법

단비   천체 관측 연구에서 케플러는 매우 중요한 과학자로 설명됩니다. 케플러의 업적이 중요한 이유는 무엇인가요?

이 교수   교과서에서 케플러는 천체 운동의 세 가지 법칙을 밝혀낸 과학자로 설명되고 있습니다. 오랫동안 지구가 우주의 중심에 있고 그 주위를 다른 천체들이 도는 지구 중심 모형으로 천체의 운동을 설명해 왔습니다. 그런데 코페르니쿠스는 지구를 비롯한 행성들이 태양을 중심으로 돌고 있다는 태양 중심 모형인 지동설을 발표했고, 갈릴레이도 이 모형을 지지하는 증거들을 제시했습니다. 다만 태양 중심

모형도 천체관측 데이터를 완전히 설명할 수 없었습니다.

케플러는 티코 브라헤가 관측하여 기록한 방대한 자료를 분석하여 천체의 운동을 설명하는 세 가지 법칙을 밝혔는데, 타원 궤도 운동의 법칙, 면적 속도 일정의 법칙, 조화의 법칙입니다.

말 그대로 천체를 구성하는 모든 행성들의 운동이 수학적인 식으로 표현될 수 있다는 것을 밝힌 것입니다. 지구에 적용되는 측정 가능한 물리 법칙이 천체들에게도 똑같이 적용된다는 것을 밝힌 것입니다. 물론 그 원리는 70여 년이 지나 뉴턴이 중력으로 설명하여 완전히 알게 되었습니다. 이후 천체는 신비로운 신의 영역이 아닌 인간이 접근 가능한 곳이 되었고, 이 때문에 케플러의 발견을 과학 혁명의 출발로 보기도 합니다.

단웅이　보이저호가 행성간을 이동할 때 행성의 중력의 도움을 받아 가속한다는 내용이 있는데, 그 원리를 설명해주세요.

이 교수　공을 하늘 높이 던지면 올라가다가 이내 바로 떨어지게 됩니다. 지구의 중력 때문입니다. 우주선이 지구를 벗어나기 위해서는 지구의 중력을 벗어나야 하는데, 이때 지구의 중력을 벗어나기 위한 최소 속력을 탈출속력이라고 합니다. 지구의 탈출속력은 11.2km/s 입니다. 2015년 7월에 명왕성 근접 비행을 성공한 뉴호라이즌스호는 16.26km/s 로 발사되었는데, 명왕성에 근접했을 때의 속력은 20km/s 정도였습니다. 어떻게 우주 공간에서 지구에서 발사한 속도보다 더 빨라졌을까요?

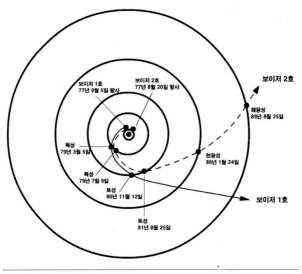

보이저 1호와 2호의 항경로

그것은 바로 행성에 의한 중력 도움gravity assist 항법 때문입니다. 천체의 중력을 이용한 슬링 샷 기법으로 행성의 중력의 도움으로 우주선이 가속을 얻는 방법입니다. 우주선이 행성 근처에 다다르면 행성의 중력에 의해 가속하게 되는데, 이때 어느 지점에서 진행 각도를 바꾸게 되면 그 가속을 보유한 채로 튕기듯이 탈출하게 되는 것입니다. 보이저 2호는 목성의 도움으로 가속하고, 다시 토성의 도움으로 가속하여 계속 항해를 할 수 있었고, 뉴호라이즌호도 목성의 도움으로 명왕성까지의 항해시간을 약 3년이나 단축할 수 있었다고 합니다.

단비   바이킹의 화성탐사 이야기 속에 '역오염'이 소개되었는데, 실제로 이런 일이 일어날 수 있을까요?

이 교수 최근 화성탐사를 비롯해 미래 우주 탐사의 기회가 확대되면서 오염 및 역오염의 우려가 제기되었습니다. 2019년 이스라엘 달 탐사선 '베래시트'가 달에 추락하였는데, 이 우주선에는 극한 환경에도 잘 견딜 수 있는 완보동물인 휴면상태의 '물곰Tardigrada'이 실려 있었습니다. 물론 충격의 여파로 죽었을 것이라고 생각하지만 지구 유기체에 의해 달이 오염될 수 있다는 점이 많이 화제가 되었습니다.

현재에는 달을 제외한 다른 천체에는 탐사선이 가기만 했지만, 가까운 미래에는 화성을 비롯한 다양한 천체에서 수집한 것을 지구로 가져오는 일이 벌어질 것입니다. 이때 인간에게 취약한 바이러스나 박테리아에 의해 심각한 문제가 초래할 수 있다는 지적이 있습니다. 유기체 도입 원인과 결과를 연구하는 '침입과학Invasion Science'의 연구가 필요하다는 의견도 있습니다.

외계에 의한 오염 문제는 아니지만, 지구 상에서 비슷한 일이 있었습니다. 호주는 섬나라로 다른 나라와 접촉이 없어 독자적인 생태계를 유지하고 있었습니다. 그런데 한 영국인이 반입한 토끼가 탈주하였고, 토끼의 천적이 없는 호주에서 엄청난 번식으로 개체수가 증가하였고 농축산업을 황폐하게 만들었습니다. 이밖에도 새로운 종의 등장으로 생태계가 교란된 사례는 매우 많습니다.

2020년 이후 COVID-19로 인하여 국제적으로 큰 문제가 되고 있는데, 바이러스 하나가 어떻게 인류를 위협할 수 있는지를 보여주는 대표적인 사례라고 할 수 있습니다.

에테르와 초신성

단웅이 빛이 파동이라고 생각한 사람들은 우주에 에테르라는 가상의
물질이 있다고 생각했다고 합니다. 에테르가 무엇이며, 에테르가 없
다는 것이 밝혀진 실험인 마이켈슨-몰리의 실험은 무엇인가요?

이 교수 빛이 무엇인지에 대한 논의는 과학 역사상 가장 오래되고 많
은 과학자들이 연관되어 있는 주제일지 모릅니다. 뉴턴은 빛이 입자
라고 생각했고, 하위헌스 등은 빛이 파동이라고 생각했습니다. 반사
나 굴절과 같은 현상은 빛이 무엇이더라도 설명이 잘 되었지만, 간섭
이나 회절 현상은 빛이 입자라고 생각하면 설명할 수 없는 현상이었
습니다. 19세기 이후에는 점차 빛이 파동이라는 주장이 힘을 얻습니
다. 20세기 초 아인슈타인이 광전효과를 설명하면서 빛을 광자로 설
명하면서 다시 빛의 입자론이 머리를 내밀게 되었죠. 지금은 빛은 입
자의 성질과 파동의 성질을 모두 가지고 있다고 설명합니다.

19세기에 빛이 파동이라는 주장이 힘을 얻던 시기에 파동이 전파
되는 매질이 무엇인지 생각해 보게 되었습니다. 태양에서 지구까지
빛이 전파되기 위해서는 매질이 필요하기 때문이죠. 그래서 사람들
은 에테르라는 가상의 물질을 도입했습니다. 에테르는 '항상 빛나는
것'이라는 고대 그리스의 아이테르에서 유래합니다. 사실 에테르는
뉴턴도 도입했었는데, 많은 과학자들이 잘 설명되지 않은 현상을 설
명하기 위한 매개물로 에테르를 가져왔기 때문입니다.

빛의 속도의 기준이 되는 절대 정지 상태의 물질로 에테르가 우주
에 가득차 있다는 가설을 세우고 이를 찾는 노력이 벌어졌습니다. 가

장 대표적인 실험이 마이켈슨-몰리의 실험입니다. 지구는 빠른 속도로 태양 주위를 공전하기 때문에 말그대로 에테르의 바다에서 빠르게 달려가는 지구에는 '에테르 바람'의 효과가 나타날 것이라고 생각했습니다. 즉, 지표에서 관찰하는 빛의 속도는 에테르에 대해 지구가 움직이는 방향과 그렇지 않은 방향에서 차이가 날 것이라고 생각하고 마이켈슨 간섭계를 이용한 실험을 수행했는데 결과적으로 차이를 발견하지 못했습니다. 그 이유를 설명하기 위해 많은 노력을 기울였지만 결국에는 빛이 진행하기 위해서 에테르라는 매질이 필요하지 않다는 결론을 내릴 수밖에 없었습니다. 에테르를 발견하기 위한 실험이 에테르를 부정하는 결과를 낳게 된 것이죠.

단비 이 책에는 초신성이 여러 번 등장합니다. 천문 관측의 역사에서 초신성이 왜 이렇게 중요할까요?

이 교수 초신성이란 어떤 항성이 진화의 마지막 단계에서 폭발하면서 일시적으로 매우 밝은 빛을 내는 특별한 별을 말합니다. 별의 진화 단계에서 마지막 단계이기 때문에 초신성을 이해하면 별의 일생을 이해할 수 있다는 점에서 의미가 깊습니다. 초신성이 폭발하게 되면 별의 내부에서 만들어진 철 이하의 질량수를 가진 원소들을 주변에 뿌려주고 더 무거운 원소가 만들어지는 환경을 제공하기도 합니다. 2011년 노벨 물리학상은 펄무터, 슈미트, 리스 등의 세 명이 공동 수상했는데, 이들은 지구에서 멀리 떨어진 50개 이상의 초신성을 관찰하면서 우주 팽창속도가 빨라진다는 것을 발견하기도 했습니다.

옛날 사람들은 우주는 완전무결하여 변하지 않는다고 생각했습니다. 그런데 아무것도 없던 하늘에 갑자기 밝은 별이 나타나는 현상은 사람들에게 놀람을 불러일으킬 만하였을 것입니다. 역사에 기록된 초신성의 육안 관찰은 두 번 있었는데 첫 번째는 1054년이고 두 번째는 1604년이었습니다. 특히 1604년의 초신성 폭발은 유명한 천문학자 요하네스 케플러가 묘사하기도 했습니다. 우주에 별이 수없이 많이 있는 것처럼 별의 죽음인 초신성 폭발은 매일 수 없이 일어납니다. 다만 너무나 멀리 떨어져 있기에 우리가 관찰하기 어려울 따름이죠.

우주의 기원과 우주에 대한 연구

단웅이 우주의 나이는 얼마인가요? 그리고 그것을 어떻게 알아낼 수 있었나요?

이 교수 하늘에 대해 인간이 궁금증을 갖게 된 역사는 제법 오래 되었지만 우주의 나이가 얼마인지에 대한 문제제기는 그렇게 오래 되지 않았습니다. 1581년에 태어난 영국 성공회 대주교 제임스 어셔는 성서를 연구한 끝에 지구가 기원전 4004년에 창조되었다고 발표했습니다. 그 당시에 지구가 우주의 중심이었으니 지구의 나이는 곧 우주의 나이인 셈입니다. 이후 많은 사람들이 지구(우주)의 나이를 추정하였지만 그렇게 오래되지 않았다고 생각했습니다. 19세기 후반 들어 방사능의 발견으로 방사성 동위원소 연대측정법을 통해 지구의 나이가 억대를 넘어간다는 것이 밝혀졌습니다.

우주의 나이에 대한 정확한 이론은 미국의 천문학자 에드윈 허블에 의해서입니다. 프리드만의 팽창 우주설이 허블의 관측을 통해 입증되었습니다. 허블은 자신의 관측 결과를 토대로 외부 은하의 거리와 후퇴 속도 사이의 관계를 $v = H \cdot r$로 나타내었습니다. 여기서 v가 은하의 후퇴 속도이고, r이 오부 은하까지의 거리이며, 바로 H가 둘 사이의 관계의 기울기에 해당하는 허블상수입니다. 최근에 밝혀진 허블상수는 71±4 km/s/Mpc(Mpc: 메가파섹)입니다.

이 허블상수를 이용하면 우주의 나이를 알 수 있습니다. 허블상수는 서로 1 Mpc 떨어진 두 은하 사이의 공간이 현재 71±4 km/s의 속도로 팽창한다는 것을 말합니다. 우주가 같은 속도로 팽창해 왔다고 가정하면, 처음에 같이 있던 두 은하가 71±4 km/s의 속도로 공간이 팽창하여 1Mpc 만큼 떨어졌다는 것입니다. 이때 걸린 시간이 바로 우주의 나이가 됩니다. 시간은 거리를 속도로 나누면 되기 때문에

$$\text{우주의 나이} = (1 \text{ Mpc}) / (71 \pm 4 \text{ km/s})$$

이며, 이를 계산하면 약 140억 년이 됩니다. 우주가 등속으로 팽창했다는 증거가 없기 때문에 실제 우주의 나이는 조금 다를 것입니다. 오늘날 과학자들은 우주의 나이가 120억년~180억년 정도 될 것으로 생각하고 있습니다.

단비 이 책에는 우주 배경 복사의 중요성에 대해서 많은 부분을 할애하여 설명하였습니다. 우주 배경 복사를 '빅뱅의 화석'이라고도 불린다는데 어떤 이유 때문인가요?

이 교수 오늘날 최고의 우주론이라고 손꼽히는 것은 바로 빅뱅 우주론입니다. 빅뱅이라고 하는 대폭발로 시작해 계속 우주가 팽창하고 있는데, 우주 팽창설은 허블이 발견한 적색 편이 현상을 통해 밝혀졌지만 그것이 빅뱅을 설명해주지는 못했습니다.

우주팽창설의 창시자였던 프리드만의 제자인 가모는 새로운 생각을 해냈습니다. 초기 우주는 온도가 높아 빛조차도 빠져나가기 힘든 상태였는데, 대략 우주 나이 38만년 즈음 되었을 때, 우주가 식으면서 빛이 자유롭게 움직이게 되었고, 이때 나온 빛이 우주 전역으로 퍼져 나갔습니다. 이때의 온도가 약 3000K인데, 이때 사방으로 퍼져 나간 빛은 도플러 효과에 의해 에너지를 잃고 온도가 내려가게 되었다고 합니다. 계산에 의하면 5K 정도의 복사파라고 생각했습니다. 하지만 대부분의 과학자들은 가모, 앨퍼, 허먼 등의 우주배경복사 주장에 크게 귀 기울이지 않았습니다.

그런데 1960년대 미국의 펜지어스와 윌슨이라는 과학자에 의해 놀라운 발견이 일어났습니다. 그들은 우주에서 오는 전파를 연구하는데 정체를 알 수 없는 잡음이 관측된 것입니다. 이 잡음을 없애려고 노력을 기울였는데, 안테나의 방향을 우주의 다른 곳을 향해도 없어지지 않았습니다. 이 잡음은 하늘의 모든 방향에서 나타났고, 가모 등이 예측한 것과 비슷한 온도 3K에 해당하는 전파였습니다. 바로 우주 배경 복사였습니다. 이 공로로 펜지어스와 윌슨은 1978년 노벨 물리학상을 수상했습니다.

이후 우주 배경 복사에 대한 많은 연구가 진행되었습니다. 지구에서는 지구의 열에 의해 영향을 받기 때문에 우주 공간에 망원경을 띄워 우주 배경 복사를 확인하기 위해 코비COBE: Cosmic Background Explorer인 공위성에 망원경을 실어 우주에 띄우기도 했고, 이 연구 결과로 2006년에 노벨 물리학상을 수상하기도 했습니다. 이후 더블유맵WMAP: Wilinson Microwave Anisotropy Probe 망원경과 플랑크Planck 망원경을 띄우기도 했습니다.

단웅이 이 책이 씌여진 지도 벌써 40년이 넘게 지났습니다. 이후 진행된 우주 연구의 특징은 무엇인가요?

이 교수 우주론에 대한 연구는 1990년대에 접어들어 COBE 인공위성의 관측을 통해 이론적인 연구를 정밀한 측정결과와 비교하는 정밀우주론이 만들어졌고, 1998년에는 멀리 있는 초신성의 관측을 통해 우주가 등속 팽창하는 것이 아니라 가속 팽창하고 있다는 사실이 밝혀졌습니다(이 공로로 2011년 노벨 물리학상을 수상했습니다). 우주가 가속 팽창하기 위해서는 에너지가 필요하기 때문에 전 우주에 걸쳐 암흑에너지dark energy가 차있다는 것이 밝혀지기도 했습니다.

우주 물리학자로는 얼마전 타계한 스티븐 호킹 이야기를 하지 않을 수 없습니다. 그는 빅뱅과 블랙홀에 대한 많은 연구 성과를 내었고, 『시간의 역사』라는 유명한 책을 집필하기도 했습니다.

우주 탐사의 역사는 1957년 소련의 스푸트니크 발사로 촉발되어 미국과 소련의 경쟁으로 시작되었습니다. 달착륙을 할 수 있었던 아폴로 프로젝트도 이 경쟁의 연장선에서 비롯되었습니다. 이후 소련이 해체되어 러시아가 된 이후에는 막대한 예산이 들어가는 우주 개발 경쟁이 크게 줄어들었습니다. 냉전이 끝나면서 당장 수입으로 연결되지 않는 우주 연구에 정부 예산을 들이기가 어려웠기 때문입니다. 최근에는 민간사업자가 우주개발에 나서기는 했지만 아직 결과물이 나오지 않은 상태에서 그 전망은 그리 밝지는 않습니다.

여러 나라에서 공동으로 연구를 하는 시도가 계속 이어지고 있다는 것도 최근의 우주 연구의 특징 중 하나입니다. 가장 대표적인 것이 대형망원경 프로젝트입니다. 우리나라는 미국, 호주 등과 함께 지상 최대급 광학 망원경인 '거대 마젤란 망원경Giant Magellan Telescope' 개발사업에 참여하고 있습니다. 칠레의 라스캄파나스 지역에 건설될 이 망원경은 지름 8.4m짜리 렌즈 7장을 이용하여 1개를 중앙에 배치하고, 나머지 렌즈 6개를 둘레에 붙여 만든 망원경으로 구경 25.4m인 망원경과 동일한 분해능을 갖게 됩니다. 입니다. 이 망원경은 2029년에 완성될 예정인데, 우주의 기원에 대한 오랜 질문의 답을 알려줄 것으로 기대하고 있습니다.

참고 문헌

1. 저서

Hawking, S. & Mlodinow, L (2006), 짧고 쉽게 쓴 '시간의 역사' [전대호 역], 까치글방.

이석영 (2017), 모든 사람을 위한 빅뱅 우주론 강의, 사이언스북스.

2. 사진 자료

alamy 홈페이지(https://www.alamy.com/)

Flickr 홈페이지(https://www.flickr.com/)

시간을 둘러싼 우리의 상식과 이해에 대한 도전

—카를로 로벨리, 『시간은 흐르지 않는다』

조헌국

굴러가는 공이 나오는 영상을 보면, 나는 이 영상이 정방향으로 재생되고 있는지 역방향으로 재생되고 있는지 모르겠다. 하지만 영상에서 공의 속도가 느려지거나 멈추면 정방향으로 재생되고 있다고 봐야 한다. 역방향으로 재생하면 멈춰 있던 공이 스스로 움직이는 믿기 힘든 상황이 연출되기 때문이다. 공이 이동 속도가 느려지거나 멈추는 것은 마찰 때문이고, 이 마찰이 열을 생산한다. 그리고 열이 있는 곳에서만 과거와 미래가 구분된다.

저자 및 책에 대한 소개

단웅이 『시간은 흐르지 않는다』를 집필한 저자인 카를로 로벨리에 대해 간단히 말씀해 주세요.

조 교수 카를로 로벨리Carlo Rovelli, 1956~는 이탈리아 태생의 물리학자이면서 작가입니다. 그는 이탈리아 베로나에서 태어나 볼로냐 대학교에서 물리학과를 졸업하고 파도바 대학교에서

카를로 로벨리　　　　　　출처: alamy

박사학위를 받았습니다. 이후 그는 박사후 연구원으로 지내던 중 리스몰린과 함께 루프 양자중력Loop Quantum Gravity을 주장하게 되었고, 입자물리학의 중요한 이론을 주장하는 대가가 되었습니다. 1990년부터 2000년까지 미국의 피츠버그 대학교에서 근무하였습니다. 그리고 이시기 물리학과 외에도 과학사 및 과학철학과에서도 겸임으로 강의를 맡게 됩니다. 2000년부터 현재까지는 프랑스의 엑스-마르세유 대학교의 이론물리학센터에서 연구를 지속해 오고 있습니다. 그는 작가로도 유명한데 『보이는 세상은 실재가 아니다』, 『모든 순간의 물리학』 등 시간과 공간으로 이뤄진 세계를 물리학을 중심으로 어떻게 이해해야 하는가 설명하고 있습니다.

단웅이 그가 주장했다고 하는 루프 양자중력은 무엇이며, 책의 제목인 『시간은 흐르지 않는다』는 것은 무슨 뜻일까요?

조 교수 사실 이 책은 이론물리학자로서 그가 연구하는 주제에 대한 자신의 주장을 담고 있는 책으로 이 책에서 말하는 전체의 내용이 바로 루프 양자중력을 의미합니다. 루프 양자중력을 이해하려면 상대성이론뿐만 아니라 양자역학의 특성을 모두 이해해야 하므로 차차 설명하도록 하겠습니다. 그리고 한 가지 점을 수정할 필요가 있는데요. 이 책의 원래 제목은 『시간의 질서』입니다. 이탈리아어로 발간된 그의 책을 한글로 번역하면서 새롭게 붙여진 것으로 책의 중간 중간에 시간이 외부와는 독립적으로 진행되는 흘러가는 존재가 아니라는 점을 강조하고 있는데 이 부분을 드러낸 것입니다. 시간은 하나의 측정되는 결과로서 그것은 측정하는 사람마다, 그리고 측정의 대상이 되는 존재나 공간에 따라서도 다르다는 점을 지적하고 있습니다. 그래서 시간을 지금까지 우리가 이해하는 방식과는 다른 의미로 정의해야 한다고 말하고 있습니다.

일상에서의 시간과 상대성이론에서의 시간

단웅이 도대체 과학적 관점에서 시간이란 무엇일까요?

조 교수 보통의 사람들이 생각하는 시간의 개념으로부터 자연스럽게 설명할 수 있습니다. 만약 사흘쯤 굶고 첫 끼를 맞이하려고 기다리고 있다고 생각해 봅시다. 마지막으로 5분 정도 뜸을 들인 뒤 이제 밥을 먹을 수 있다고 할 때, 그 5분은 어느 때보다 매우 길게 느껴질 것입니다. 한편 매우 어려운 문제로 가득한 시험을 보고 있을 때, 아직 풀어야 할 문제가 많이 남아 있지만 5분이 남아있다면 시간이 모자라 매우 서두르게 됩니다. 그럼에도 불구하고 두 경우의 5분은 모두 우리의 생각이나 지각과는 별개로 언제나 일정하게 흐를 것이라고 생각합니다. 이처럼 시간에 대해서 우리는 서로 다른 2가지 관점을 가지고 있습니다. 어떤 상황이나 운동과 상관없이 흐르는 참된 수학적 실재로서의 시간을 가정한 것은 영국의 유명한 과학자였던 뉴턴Newton의 생각이었습니다. 한편 라이프니츠Leibniz나 칸트Kant 등 다른 과학자나 철학자들은 인식되는 존재로서의 시간을 주장하고 있습니다. 물리학에서는 오랫동안 뉴턴의 생각이 우세하게 자리 잡게 되었고 가장 정확한 정답인 시간, 이른바 절대 시간을 측정하는 것이 중요한 숙제였습니다. 그런데 이 숙제는 20세기 유명한 물리학자였던 아인슈타인Einstein에 의해 무참히 깨지게 됩니다. 그리고 그는 이것을 상대성이론의 중요한 내용 중 하나로 포함시킵니다.

단비　상대성이론에서 말하는 시간은 뉴턴이 말하는 시간과는 어떻게 다른 것일까요?

조 교수　아인슈타인과 뉴턴의 시간을 간단히 비교한다면 우리 모두 각자의 시간을 가지고 있느냐 아니냐로 구분할 수 있습니다. 뉴턴은 우리가 누구든, 어떻게 움직이든 상관없이 시간은 동일한 것이라고 믿었지만 아인슈타인은 이러한 생각에 정면으로 도전하게 됩니다. 아인슈타인은 알려진 것처럼 그다지 뛰어난 학생은 아니었습니다. 박사 학위를 받은 이후에도 그의 친구였던 그로스만의 도움으로 간신히 특허청 직원으로 일하게 됩니다. 불행 중 다행으로 그가 특허청에서 다루었던 것들은 시계에 대한 것들이었습니다. 세계 각지의 시각이 모두 다르기 때문에 이것을 어떻게 동기화하느냐는 중요한 문제였습니다. 이를 통해 아인슈타인은 시간이란 우리의 인식이나 위치,

중력에 따라 다른 지구와 달의 시공간 출처: alamy

운동과는 동떨어진 독립적인 것이 아니라 단지 몸무게나 부피처럼 어떤 도구로 측정되는 결과라는 점을 인식하게 됩니다. 그래서 운동 하는 물체마다 저마다의 관점에 따라 다른 시간을 갖게 되고, 그 시 간은 상대적인 비교는 할 수 있지만 무엇이 맞는지 틀린지는 판단할 수 없다는 결론에 이르게 됩니다.

단비 관점에 따라 시간이 다르다는 것은 무엇을 의미할까요?

조 교수 예를 들어 설명해 보도록 하겠습니다. 만약 KTX를 타고 부산 을 향해 바라본 들판의 벼는 아주 빠르게 지나면서 잠시 시야에 들어 왔다 사라지게 됩니다. 그런데 논두렁에 걸터앉아 벼를 바라보는 사 람에게는 가만히 멈춰 있는 것처럼 보이게 됩니다. 즉, 우리가 관찰 하는 어떤 현상은 정지하거나 움직이거나 하는 어떤 관찰자의 상태 에 따라 다르게 보일 수 있다는 점을 지적한 것입니다. 그렇다면 둘 중 누구의 말이 맞는 것일까요? 언뜻 보면 가만히 앉아 벼를 바라본 사람의 진술이 맞다고 생각하겠지만 의외로 간단하지 않습니다. 예를 들어 책상 위에 가만히 놓아둔 커피잔이 있다고 합시다. 커피잔을 보면서 움직이고 있다고 생각이 들까요? 전혀 움직이지 않는다고 대답하겠지만 조금만 생각해 보면 책상 위의 커피잔은 지구를 따라 약 초속 46 m/s의 매우 빠른 속도로 움직이고 있습니다. 그렇다면 움직인다고 하는 대답은 정답일까요? 지구 저 멀리 정지 궤도의 인공위성이 본다면 멈춰 있는 것처럼 보이게 됩니다. 그렇지만 지구로부터 멀리 떨어져 보고 있는 누군가는 컵이 단지 회전하는 것뿐만 아니라 태양을 따라서도 움직이고 있다고 말할 것입니다. 이와 같이 완전히 정확한 기준이 되는 시간이라는 것이 존재하지 않는다는 것이 아인슈타인의 생각입니다.

시간에 대한 엔트로피 관점에서의 해석

단비   보는 사람에 따라 시간이 다르게 보이기는 하지만 그래도 결국 시간은 흐르고 있다고 볼 수 있지 않을까요?

조 교수   시간이 흐른다는 말은 한편 시간이 어떻게든 진행되는 어떤 무엇인가라는 뜻일 수 있습니다. 그리고 우리는 이것을 뇌를 통해 인지하게 됩니다. 그런데 우리가 인식하는 시간은 대부분 도구나 기계 등을 이용해 측정한 것들입니다. 예를 들어 지금이 오후 12시 3분이라면 그것은 내가 가지고 있는 시계로 표시된 값일 뿐입니다. 남반구의 시드니에서는 오후 2시 3분, 지구 반대편 뉴욕의 시간으로는 하루

전 오후 11시 3분입니다. 그리고 시간이 흐른다는 것은 다시 시간을 볼 때 12시 3분이 아니라, 12시 4분, 12시 5분, … 이렇게 측정된 값이 변한 것으로 이것은 과거의 측정과 지금의 측정 사이의 차이를 말합니다. 만약 시계가 고장이 나버렸다면 시간이 얼마나 흘렀는지 알

인간의 뇌를 통해 인식되는 시간

출처: alamy

수 있을까요? 시계가 고장이 나지 않았더라도 우리 주변의 상황이나 환경이 아무 것도 이전과 달라지지 않았다면 그 차이를 알아차릴 수 있을까요? 그래서 시간은 어떤 사람이나 사물이 갖는 것이 아니라 사건을 통해 정의되는 것입니다. 그래서 이 책에서는 사물은 시간 속에서 계속 존재하지만 사건은 한정된 지속 기간을 가지며 사건과 사건 사이를 통해 시간을 정의합니다.

단웅이 시계가 없더라도 우리는 자고 일어나거나 하면서 정확하지는 않지만 시간이 흘렀다는 점을 알 수 있지 않나요?

조 교수 인간이 인식하는 시간 역시도 결국 사건의 변화입니다. 만약 공부를 하다가 피곤해서 잠들었다가 다시 깼다고 합시다. 잠들기 전과 방안을 비춘 햇빛이나 컵, 방안의 온도나 사물, 모든 것들이 아무 것도 변화가 없다면 우리는 그 시간을 느낄 수 있을까요? 오랜 시간 동안 잠들었다면 만약 허기짐을 느끼거나 할 수도 있겠지요. 그러나

그것은 허기가 진다는 하나의 사건이 일어난 것으로 설명할 수 있습니다. 점심을 먹고 배가 부른 것이 하나의 사건이고, 공부를 하거나 잠을 자는 동안 우리 몸에서 에너지를 소모해 배가 고픈 것이 하나의 사건입니다. 이러한 변화의 차이를 설명하는 것이 바로 엔트로피입니다.

단웅이 그렇다면 엔트로피는 무슨 뜻일까요?

조 교수 엔트로피라는 개념이 처음 등장하게 된 것은 열의 이동을 설명하기 위해서였습니다. 방안에 따뜻한 물을 받아 놓으면 시간이 지나면 물이 가지고 있던 에너지는 방안의 공기로 퍼지게 되어 물은 식어버리게 마련입니다. 열은 고온에서 저온으로 이동하지만 다시 저절로 저온에서 고온으로 이동하는 일은 일어나지 않습니다. 이러한 자연 현상의 방향을 설명하기 위한 목적으로 독일의 과학자였던 클라우지우스Klausius는 엔트로피Entropy라는 용어를 도입합니다. 차가운 공기와 따뜻한 물로 에너지가 나눠진 상태와 공기와 물이 서로 온도가 같아지게 되는 상태를 비교해 보면 전자의 엔트로피에 비해 후자의 엔트로피가 커지게 되며, 엔트로피는 점점 큰 방향으로 변화하지 줄어드는 방향으로의 사건이 일어나지 않게 된다는 점을 말합니다.

단웅이 엔트로피라고 하면 무질서도라고도 하는데 이 말은 맞는 것일까요?

조 교수 절반은 맞고 절반은 틀리다고 볼 수 있습니다. 열과 관련된 현상을 설명하려는 물리학자들의 노력이 점차 늘어나면서 엔트로피를 새롭게 정의하려는 시도가 등장했습니다. 오스트리아의 물리학자였던 볼츠만Boltzmann은 꽤 혁신적인 새로운 아이디어를 제안합니다. 그는 엔트로피가 어떤 방향이 아닌 통계적인 의미를 갖는다는 아이디어로 출발했습니다. 어떤 사건이 발생할 수 있는 경우의 수겹침수, Multiplicity로서 엔트로피를 정의한 것입니다. 예를 들어 크기가 동일한 상자 2개가 있다고 합시다. 여기에 크기가 같은 구슬을 4개를 넣을 때, 눈을 가린 채로 두 상자에 넣게 됩니다. 이 때, 구슬 4개가 모두 한 개의 상자 속에서 발견될 경우의 수는 단 한 가지(구슬 4개를 모두 한 개의 상자에 넣는 것)밖에 없습니다. 그런데 각 상자에 2개씩 나타날 경우는 총 6가지입니다(각각의 구슬을 1~4로 부른다면 [(1,2), (3,4)], [(1,3), (2,4)], [(1,4), (2,3)], [(2,3), (1,4)], [(2,4), (1,3)], [(3,4), (1,2)]와 같습니다). 그렇다면 우리는 어떤 경우가 더 발견될 확률이 높을까요? 당연히 경우의 수가 많은 것이 더 확률이 높습니다. 만약 처음 시작할 때 한 개의 상자에 모두 구슬을 넣고 두 상자를 마구잡이로 보지 않고 흔들게 된다면 나중에는 어떤 상태가 더 발견되기 쉬울까요? 두 상자에 골고루 흩어지는 경우일 것입니다. 볼츠만이 제안한 엔트로피의 관점에서 본다면 4개의 구슬이 한 상자에 모두 담겨지는 경우(1가지)보다 2개의 상자에 각각 2개씩 흩어지는 경우(6가지)가 더 엔트로피가 크기 때문입니다. 그리고 한 개의 상자에만 구슬을 넣는 것이 여러 상자에 구슬을 넣는 것보다는 더 질서 정돈한 것처럼 생각하기 때문에 엔트로피가 큰 것을 더 무질서하다고 부르기도 합니다.

단비　　이 책의 저자는 열이 있어야 시간이 정의된다고 하던데요?

조 교수 네 맞습니다. 방금 설명한 질문처럼 에너지가 얼마나 퍼져 있
는지를 통해 엔트로피를 정의할 수 있기 때문입니다. 앞선 상자와 구
슬이 각각 서로 다른 물체, 그리고 그 물체가 갖는 에너지라고 생각
해 봅시다. 구슬이 많이 있다는 것은 그만큼 에너지가 많고 고온인
것으로, 그렇지 않은 것은 매우 저온이라고 생각해 볼 수 있습니다.
만약 고온의 물체와 저온의 물체를 접촉시키면 어떻게 될까요? 엔트
로피의 관점에서 에너지가 한쪽에 몰려 있는 것이 더 그 크기가 작습
니다. 그런데 시간이 지나면 접촉면을 통해 열이 고온에서 저온으로
이동하고 마침내 온도가 같은 상태(평형)가 이뤄집니다. 그러면 전체
엔트로피는 증가하게 됩니다. 그러면 시간이 흐를수록 어떤 상황을
발견하게 될까요? 에너지가 균등하게 퍼져 있어서 엔트로피가 커지
는 사건들이 더 자주 일어납니다. 그래서 자연계에 존재하는 것은 무
엇이든 엔트로피가 증가하는 방향으로 일어나고 엔트로피의 변화가
시간을 대체할 수 있다는 의미입니다. 이런 의미에서 저자는 "열이
있는 곳에서만 과거와 미래가 구분된다."라는 표현을 썼습니다.

단비 저자는 지금을 찾는 것이 아무런 의미가 없다고 말하는데 이
것은 무엇을 뜻하나요?

조 교수 사실 우리는 과거와 현재, 미래를 구분하지만 우리가 볼 수 있
거나 경험하는 정보는 항상 과거에서 온 것들입니다. 예를 들어 집에
서 소파에 앉아 TV를 보고 있다면 TV에 나오는 드라마나 스포츠는
생방송이라 하더라도 카메라를 통해서 촬영된 내용이 전파나 인터
넷을 통해 우리의 집으로 전달된 것으로 이미 과거의 것들입니다. 그

리고 책상 앞에 놓여 있는 꽃병을 직접 눈으로 보고 있더라도 우리가 사물을 보는 것은 사물로부터 반사된 빛이 눈을 통해 뇌로 들어가 정보를 인식하는 것으로 아주 미세한 단위, 나노초 수준의 과거의 정보를 현재라고 인식하는 것입니다. 한편, 현재 일어나는 사건이나 지금의 순간은 우리에게는 미래가 되는 것으로 우리는 과거로부터 현재를 보고 있고, 현재를 통해 미래를 접하게 되는데 그 미래는 이미 벌어진 현재이기 때문에 현재를 찾는 것이 아무런 도움이 되지 못한다는 뜻입니다.

단비   그런데 시간과 달리 에너지는 보존되기도 하고 분명하게 측정할 수 있을 것 같은데 아인슈타인이 말하는 시간이 상대적이라는 것과는 어떻게 연결해야 할까요?

조 교수   좋은 질문입니다. 여기서부터 저자가 가장 전문적으로 연구하는 양자중력Quantum Gravity의 문제가 깊은 관련을 갖게 됩니다. 아인슈타인이 말하는 상대성이론에 따르면 물체가 얼마나 빠르게 움직이는지 뿐만 아니라 질량이 얼마나 큰지에 따라서 주변의 시간과 공간에도 영향을 끼친다는 것을 알게 되었습니다. 질량을 가진 모든 물체는 서로 끌어당기는 성질로 인해 질량의 크기는 결국 중력의 크기를 의미합니다. 태양처럼 질량이 큰 천체는 중력이 크게 작용하며 이로 인해 태양에서의 시간은 지구보다 천천히 흐르지만, 달처럼 지구보다 가벼운 천체에서는 지구보다 더 빠르게 시간이 흐릅니다. 게다가 중력은 거리가 멀어질수록 감소하기 때문에 시간이 빨라지거나 느려지는 정도도 거리가 멀어질수록 약해집니다. 이러한 관점에서 보면 해

변가에 사는 사람과 히말라야 부근에 사는 사람, 우주정거장에서 생활하는 사람은 모두 서로 시간이 달라집니다. 이처럼 질량에 의해 벌어지는 시공간의 상대성을 일반상대성이론이라고 부릅니다. 양자 중력은 아인슈타인이 말하는 중력의 현상을 양자의 관점에서 설명하려는 물리학의 한 분야 중 하나입니다.

양자역학 관점에서 시간의 이해

단웅이 양자의 관점이란 도대체 무엇을 의미할까요?

조 교수 양자역학이 무엇인지 이해하려면 양자라는 말부터 이해해야 합니다. 양자Quantum란 불연속적인 숫자들의 모음이라고 간단하게 생각할 수 있습니다. 예를 들어 1부터 2 사이의 숫자 중 하나를 머리 속에서 떠올려 보세요. 1.0053, 1.587275, ⋯ 등 무수히 많은 숫자를 떠올릴 수 있고 1에서 2 사이에는 수많은 숫자들로 끊임없이 연결되어 있습니다. 그런데 자연수만을 고르라고 한다면 1과 2 사이에는 다른 숫자는 존재하지 않고 1 다음은 2, 다음은 3, ⋯ 이렇게 불연속적인 숫자의 순서가 존재합니다. 이것을 양자화되었다고 부릅니다. 양자역학은 전자와 같이 원자 이하의 작은 세계에서 일어나는 일을 다루는 학문으로 이처럼 미시 세계의 여러 상태들은 불연속적인 양자화된 모습을 띤다고 주장합니다. 예를 들어 수소와 같은 작은 원자 하나를 떠올려 봅시다. 수소 원자는 원자핵과 전자로 나눠져 있고 전자는 끊임없이 원자핵 주위를 돌고 있습니다. 그런데 전자가 지나는 길은 마음대로 다닐 수 있는 것이 아니라 불연속적인 특정 궤도로만 다닐 수 있습니다. 이것을 전자궤도라고 하는데 마치 계단처럼 첫 번째, 두 번째, 세 번째, … 궤도에서만 발견되지 1.2547번째와 같이 임의의 위치에서 자유롭게 존재하는 것

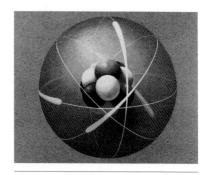

원자핵 주위를 도는 전자　　　출처: alamy

이 아닙니다. 또한 우리가 알고 있는 어떠한 빛이든 물질이든 모두 입자와 유사한 특성과 파동과 유사한 특성을 모두 갖습니다. 이것을 입자-파동의 이중성이라고 하는데, 고등학교 과학시간에 배운 빛을 떠올려 보시기 바랍니다. 빛은 입자처럼 직진하고 충돌하기도 하지만 파동처럼 좁은 틈을 지나면서 휘어지기도 하고 막힌 부분을 통과하기도 합니다. 그런데 이런 특성들은 빛뿐만 아니라 전자나 양성자 등 세계를 구성하는 기본 입자들에도 모두 해당됩니다. 즉, 전자는 파동처럼 움직이기도 하면서도 동시에 작은 구슬과 같은 입자처럼 보이기도 한다는 뜻입니다. 입자-파동 이중성과 양자화라는 두 가지를 결합하면 새로운 특성을 발견할 수 있는데 시간이나 공간 역시도 양자화되어 있다는 점을 발견하게 됩니다. 예를 들어 어느 날 갑자기 빈 우주 공간에 태양이 생겨났다고 상상해 봅시다. 그러면 태양으로부터 나오는 빛은 온 공간으로 퍼지게 됩니다. 그리고 빛은 전자기파이면서 동시에 광자라는 질량이 없는 작은 입자로 퍼지게 됩니다. 그런데 광자는 불연속적인 에너지를 갖기 때문에 겉으로 보기에는 무

지개처럼 모든 빛깔을 포함하는 것 같지만 자세히 보면 대부분이 비어 있는 채로 우리에게 전달됩니다. 또한 태양은 큰 중력을 갖기 때문에 주변의 시간과 공간에도 영향을 주는데 중력은 하나의 물결처럼 파동으로 퍼지며 이를 중력파Gravitational Wave라고 합니다. 그런데 중력 역시 파동이면서 입자와 같은 특성을 띠므로 중력 역시 양자화 됩니다. 즉, 중력은 불연속적이며 중력이 만드는 시간과 공간 역시 불연속적이라는 뜻입니다. 조금 더 쉬운 예를 들자면 언덕에서 바닥으로 공을 굴리면 공은 어디에서든 발견될 수 있겠지만 언덕에서 바닥의 공간이 양자화되어 있다면 공은 마치 계단을 내려가듯 여러 개의 지점에서만 멈춰 설 수 있게 됩니다. 이러한 관점을 양자장론Quantum Field Theory이라고 부릅니다.

단웅이 그런데 왜 저자는 양자역학과 상대성이론이 서로 합쳐지지 않는다고 말했을까요?

조 교수 그 이유는 상대성이론은 물체의 운동, 그리고 관찰하는 관점의 차이에 따라 시간과 공간이 변하며 그 역시 상대적이라는 주장을 펼칩니다. 그런데 상대적이라 하더라도 상대성이론은 그 값을 정확하게 예측할 수 있습니다. 그런데 양자역학은 다릅니다. 입자-파동의 이중성과 양자화는 본질적으로 불확실한 면을 갖는다고 보기 때문입니다. 아무리 좋은 도구나 기술이 개발된다고 하더라도 우리가 측정할 수 있는 가장 정확한 한계는 늘 정해져 있으며, 우리는 사물의 본질을 어느 선 이상으로 파악할 수 없다고 믿습니다. 황금알을 낳는 거위의 비유가 아주 적절한 사례라고 생각하는데요. 매일매일 황금으로 된 알을 낳는 거위가 궁금해서 배를 열어 보면 황금이 가득할 것이라고 생각했지만 실제 거위의 배를 갈랐더니 그 안에는 황금이 하나도 없었고 애꿎은 거위만 잃게 되었습니다. 양자역학에서는 황금알을 낳는 거위가 물리학이 연구하는 측정의 대상, 본질이 되고 배를 갈라 살펴보는 행동이 측정이라는 행동이라고 생각합니다. 우리는 거위의 뱃속에 무엇이 있는지 알 길은 없고 다만 배를 갈라 보아야 직접 알 수 있게 됩니다. 그런데 이와 같은 행동은 본질적으로 거위를 해칠 뿐만 아니라 배를 가르는 행위는 거위에게 영향을 주어 살아있을 때의 거위의 모습을 알 수 없게 만듭니다. 물리학에서의 어떠한 실험도 결국에는 대상에 영향을 줄 수밖에 없고, 그리고 대상에 영향을 줌으로 인해 우리는 변하기 전이 아닌, 변한 이후의 모습만 관찰할 수 있어서 거위처럼 배를 가르기 전(측정하기 전) 어떤 모습인지는 알 수가 없습니다. 따라서 우리는 전자 하면 머릿속에 둥근 구 모양의 입자를 떠올리지만 정확하게 말한다면 전자는 그런 모습인지 아니면 실체가 없는 떨림의 일종인지 아니면 작은 공 모양의 입자가 무수히 떨리고 있는지 조차 알지 못합니다. 그렇다면 대상에 최소로 영향을 미치는 측정 행위를 통해서 보다 정확한 정보를 얻게 됩니다. 그런데 전자처럼 작은 세계에 있는 입자들은 매우 민감해서 아무리 작은 영향을 주더라도 매우 급격하게 변하기 때문에 예측할 수 없고 다만 확률로만 설명하게 됩니다. 그래서 양자역학에서는 측정 가능한 가장 작은 길이를 플랑크 길이Planck length, , 그리고 측정 가능한 가장 작은 시간을 플랑크 시간Planck time, 이라고 부릅니다. 플랑크 길이란 우리가 측정할 수 있는 가장 정확한 최소 길이란 뜻으로 이것 이상으로 정확하게 측정할 수 없다는 의미입니다. 아무리 좋은 도구가 개발되어도 절대 넘어설 수 없는 정확성의 한계가 있다는 것입니다.

양자 중력으로 바라보는 시간

단웅이 그렇다면 양자 중력은 무엇일까요?

조 교수 예를 들어 보자면 긴 금속 막대가 있고 막대의 한쪽 끝을 가열하고 있다고 생각해 봅시다. 아주 작은 현미경으로 보고 있다면 긴 금속 막대는 원자가 줄줄이 길게 늘어선 것으로 생각할 수 있으며, 그 안을 전자들이 이리저리 지나가게 됩니다. 뜨거운 부분은 더 빨리 움직이고, 차가운 부분은 느리게 움직이게 되는데 각각의 원자는 각자 서로 다른 시간과 공간의 기준을 갖습니다. 빠르게 진동하는 원자에서는 조금 더 느리게, 천천히 진동하는 원자는 더 빠르게 시간이 흐르고 있으며 공간 역시 모두 다릅니다. 수없이 많은 시계가 각자 다른 방식으로 진동하고 있는데 열이 전달되면서 시간과 공간이 끊임없이 바뀌고 있는 모습을 상상해 볼 수 있습니다. 특히, 원자 내부의 작은 입자들은 매우 빠르게 움직이고 있기 때문에 우리가 살아가는 세계의 시간과 공간과는 매우 다르며, 게다가 원자핵과 전자, 그리고 여러 입자들은 매우 가까이 있어서 입자들 사이의 중력 역시 무시할 수 없습니다. 그래서 중력을 양자화된 존재로 간주하여 문제를 해결하려는 시도가 양자 중력입니다. 그리고 각각의 진동하는 입자들을 하나의 고리처럼 생각한다면 하나의 고리가 떨리게 되면 주변에 있는 수많은 고리에 도 영향을 줍니다. 그 래서 여러 개의 고리들 이 그물처럼 얽혀져 서 로에게 영향을 주게 되 는데 이런 구조로 중 력을 설명하려는 방식 을 루프 양자 중력Loop

루프 양자 중력을 표현한 그림   출처: alamy

Quantum Gravity이라고 하며, 이것이 저자가 주장하는 중력을 설명하는 이론입니다.

단비   그런데 우리가 살아가는 세계에서는 이런 양자화된 시공간 등 을 느낄 수가 없는 이유는 무엇일까요?

조 교수 이러한 독특하고 흥미로운 현상들은 매우 작은 세계에서 일 어나는 것들이며, 점점 규모가 커질수록 이런 현상은 줄어듭니다. 앞 서서 모든 물질들은 입자와 파동 두 가지 성질을 모두 가지고 있다 고 설명했습니다. 만약 큰 빌딩이나 유조선도 파동적 특성을 가지게 될까요? 물론 가지게 됩니다만 이처럼 거대해지고 하나의 속성이 분 명 해지면 다른 속성은 관찰하기 어려워집니다. 우리가 원자만큼 작 아지지 않는 이상 그런 세계를 경험할 수는 없습니다. 물리학에서는 양자역학이 점점 규모가 커지면서 상식적인 우리의 세계를 만족하 는 것들을 대응원리라고 부르고 있습니다. 상대성이론은 주로 우주 나 블랙홀처럼 매우 큰 세계의 문제를 해결하기 위해 시작되었고 양자역학은 전자와 같이 매우 작은 세계의 문제를 해결하기 위해 출발했습니다. 그리고 이 둘이 하나로 만나서 미시 세계에서의 중력까지도 설명하려는 노력이 양자 중력입니다. 양자 중력의 주제가 되는 블랙홀의 경우, 매우 큰 중력으로 인해 입자들 사이의 거리가 매우 가까워지게 됩니다. 이로 인해 일반적인 시간이나 공간 등과는 매우 다른 양상을 띠게 됩니다. 이 둘을 서로 화해하려는 노력이 바로 양자 중력입니다.

에너지와 엔트로피

단비   요즘 에너지나 자원 문제로 많은 사람들이 관심을 갖고 있습니다. 그런데 저자는 우리에게 필요한 것은 에너지가 아니라 엔트로피라고 말하고 있는데 그 이유는 무엇일까요?

조 교수   에너지는 잘 알려진 것처럼 사라지지 않습니다. 이것을 에너지 보존 법칙이라고 하는데요. 석유를 예로 들면 화학적 형태의 에너지가 열이 되기도 하고, 전기가 되기도 하고 자동차나 공장을 돌리는 일로도 변환되기도 합니다. 문제는 이처럼 에너지가 다른 형태로 변하면 변할수록 엔트로피가 점점 증가하게 됩니다. 그러다가 더 이상 엔트로피가 증가할 수 없게 되는 때가 바로 종말의 순간이 됩니다. 우리가 에너지를 사용한다는 것은 집약되고 정돈된 형태의 에너지를 사용해 엔트로피를 증가시킨다는 것으로 모두가 같은 엔트로피를 갖게 된다면 더 이상 에너지의 교환은 일어나지 않게 되고, 따라서 우리가 원하는 형태의 에너지를 갖게 될 수 없습니다. 이것은 마치 지구나 우주의 종말이 타이머를 맞춰 놓고 돌아가는 것과도 비슷합니다.

단비   이 책의 저자가 바라보는 시간에 대한 관점은 모든 과학자들이 생각하는 관점일까요?

조 교수   그렇지는 않습니다. 양자중력만 하더라도 자연 현상을 구성하는 여러 기초적인 힘과 중력을 묶어 하나로 설명하려는 끈 이론이나 중력과 전자기력을 연결하려는 칼루자-클레인 이론Kaluza-Klein Theory, 엔트로피를 중심으로 시공간을 정의하려는 엔트로피적 중력 등 다양한 이론들이 존재하고 각 이론들마다 장단점을 가지고 있습니다.

단웅이   이 책을 읽고 나니 시간이 무엇일까 더욱 고민해 보게 되는데요. 만약 더 많은 내용을 알고 싶다면 어떤 책을 읽으면 좋을까요?

조 교수   저자와 함께 루프 양자 중력이라는 이론을 주장했던 리 스몰린이라는 물리학자가 쓴 『리 스몰린의 시간의 물리학』이라는 책이 있습니다. 이 책을 읽었다면 좀 더 이해하기 쉬울 것이라고 생각합니다. 오늘날 물리학자들이 시간에 대해 하는 여러 노력들이 궁금하다면 『나우: 시간의 물리학』이라는 책도 도움이 되리라 생각합니다. 시간이 가진 철학적 개념과 의미가 궁금하다면 한스 라이엔바흐의 『시간과 공간의 철학』을 추천합니다. 그리고 시간과 한 쌍처럼 움직이는 공간에 대해 알고 싶다면 막스 야머가 쓴 『공간개념: 물리학에 나타난 공간론의 역사』라는 책을 읽으면 고대부터 오늘날까지 우리가 공간을 어떻게 이해하고 있는지 쉽게 이해할 수 있으리라 생각합니다.

참고 문헌

1. 저서

카를로 로벨리, 김현주 옮김, 『모든 순간의 물리학』, 샘앤파커스, 2016.

카를로 로벨리, 김정훈 옮김, 『보이는 세상은 실재가 아니다』, 샘앤파커스, 2018.

카를로 로벨리, 이중원 옮김, 『시간은 흐르지 않는다』, 샘앤파커스, 2019.

카를로 로벨리, 이중원 옮김, 『만약 시간이 존재하지 않는다면』, 샘앤파커스, 2021.

리차드 뮬러, 장종훈 옮김, 『나우: 시간의 물리학』, 바다출판사, 2021.

막스 야머, 이경직 옮김, 『공간개념: 물리학에 나타난 공간론의 역사』, 나남, 2008.

리 스몰린, 강형구 옮김, 『리 스몰린의 시간의 물리학』, 김영사, 2022.

한스 라이엔바흐, 이정우 옮김, 『시간과 공간의 철학』, 서광사, 1986.

2. 사진 자료

iStock 홈페이지(https://www.istockphoto.com/kr)

alamy 홈페이지(https://www.alamy.com/)

우리는 지금,
침묵의 봄을 살아가고 있다

—레이첼 카슨,『침묵의 봄』

김은석, 나예림, 여지우, 조건희

> "인간이 문제를 초래했다면 되돌릴 수도 있어야 한다. 사람들은 오늘날 우리처럼 세상의 운명을 쥐고 있는 자를 가리켜 으레 '신'이라는 이름을 붙인다. 하지만 적어도 지금으로서는 우리 중 대다수가 신으로서 마땅히 해야 할 일을 받아들이기보다는 도망치고 있는 듯하다."
>
> —2050 거주불능 지구, 데이비드 월러스 웰즈

기후변화와 생태환경 위기의 시대에서,『침묵의 봄』*Silent spring*

예림　최근 환경 문제에 대한 경각심이 높아지고 있잖아. 특히나 오늘날 지구의 기후변화와 생태환경을 위해 세계의 많은 환경 단체와 환경운동가들이 목소리를 높여 지구의 환경을 지키기 위해 노력하고 있다고 생각해. 전 지구적 환경보존 운동이 펼쳐지고 있는 국제사회적 분위기가 조성되고 있지.

은석　맞아, 환경 문제에 대해 경각심을 가진 사람들이 정말 많아지고 있는 것 같아. 여러 국가가 이 환경 오염으로 발생하는 기후 변화에 대응하기 위해 교토의정서와 파리협정을 체결했어. 다들 알지? 특히 파리협정은 이산화탄소 실질 배출량을 제로로 만드는 탄소 중립에 대한 협정인데, 우리나라를 포함하여 선진국과 개도국 모두 파리협정에 동참은 했지만 아직 충분히 이행되고 있지 않은 것 같아. 국가나 기업같이 단체의 규모가 커질수록 이해관계가 복잡해지면서 환경 문제에 제대로 대응하지 못하고 있어. 반면 시민들의 개별적인 참여는 확실히 높아지고 있지.

지우　은석이 말처럼 단순히 국가 차원의 노력을 넘어 몬트리올 의정서가 발효된 이후에도 교토 의정서와 파리협정까지 기후 환경을 지키려는 대화와 노력을 멈추지 않고 있잖아. 나는 다른 문제들도 중요하지만, 우리가 직면하고 있는 가장 큰 위기는 지구 온도 상승에 따른 기후 변화라고 생각해. 기후변화에 관한 정부 간 협의체인 IPCC는 "과거 2000년 동안 유례없는 빠른 속도로 기후가 온난화되었다"라는 보고서를 발표했어. 지구 최대 온난기 시절인 신생대 때는 지구 기온이 약 4,000년간 1도 상승했지만, 산업 혁명 이후 불과 100년가량 만에 1도 상승했대. 또 NASA 고다드 우주 연구 연구소GISS 과학자들이 진행하는 온도 분석에 따르면, 2021년은 역사상 여섯 번째로 더운 해였다고 해. 현재 온난화 속도가 얼마나 빠른지, 상황이 얼마나 심각한지 체감돼?

건희　맞아, 작년에 특히
덥긴 했어. 예전과 비교해보
니 지구온난화의 심각성을
더 잘 체감할 수 있는 것 같
아. 이런 환경 이야기를 듣
다 보니 우리가 교양 수업

레이첼 카슨　　　　　　　출처: alamy

시간에 읽었던 『침묵의 봄』이 생각나네. 『침묵의 봄』이 쓰였을 당시
에도 이렇게 환경 문제가 심각했나?

은석　레이첼 카슨*Rachel Carson, 1907~1964*의 『침묵의 봄』은 1962년 9월 27
일 미국에서 출간됐어. 그 당시 미국의 환경 문제는 심각했지만, 사
람들은 제대로 인식하지 못하고 있었지. 대표적인 사례로 오하이오
주의 쿠야호 강에서 일어난 화재 사건이 있어. 산업화 과정에서 1880
년대부터 강에 화학 폐기물과 기름을 버리기 시작했고, 1969년에 강
에서 무려 13번째 화재가 일어난 후에야 사람들의 관심을 받을 수 있
었대. 정말 심각했지만, 사람들은 환경 문제가 무엇인지 제대로 알고
있지도 못한 상황이었다는 거지.

건희　아~ 당대 환경 문제의 심각함을 카슨이 고발한 거구나! 그런
데 레이첼 카슨은 어떤 사람이었길래 이렇게 환경에 관심이 많았던
거야?

은석　카슨은 펜실베이니아 여자대학에서 공부하던 중 전공을 '문학'에서 '생물학'으로 바꿔 1929년 졸업할 때 과학 전공으로 학위를 취득했어. 당시 사회적으로 여성이 과학을 전공하는 건 보기 드문 일이었어. 카슨의 추진력과 명석함이 대단한 것 같아. 그 후 카슨은 존스홉킨스 대학교에서 해양생물학 석사 학위를 받기도 했어. 결국 카슨은 1935년부터 1952년까지 미국 어류 야생 동물국에서 해양생물학자로 일하다가 글쓰기에 전념하기 위해 그만두었지. 그렇게 탄생한 글이 『침묵의 봄』이야.

예림　은석이가 말한 것처럼 카슨의 활동 시기와 지금은 상황이 많이 다르잖아. 카슨은 신문에 'R. L. 카슨'이라는 이름을 사용하여 자신이 여성이 아니라 남성이라는 인상을 주도록 했대. 아무래도 카슨은 화학 산업계와 학회로부터 "유전학에 지나치게 관심이 많은 낭만적 경향의 독신녀"(린다 리어, 〈서문〉)라는 비난과 조소를 받는 학자였기 때문이었을 거야. 그래도 카슨의 생태환경을 위한 노력은 결국 존 F. 케네디 대통령의 관심을 끌어내 연방정부 차원의 조사와 후원을 받게 됐고 이후 책을 통해 말하고자 했던 진실이 무엇인지 알려졌어! 또, 이 책은 이후 미국 사회에서 시민 환경운동이 시작되는 계기를 마련하기도 했다더라?

지우　우와! 책 한 권이 시민 환경운동을 끌어내다니… 정말 대단해. 오늘날에도 『침묵의 봄』이라는 책이 환경 문제를 다룰 때 가장 많이 거론되고 있잖아. 카슨은 자신을 억압하던 현실들을 이겨내고 목소리를 냈으니, 이 책의 가치가 더욱 높이 평가되는 이유를 알 것 같아.

예림　나는 문학적 요소의 도입으로 자연 과학에 어려움을 느끼는 나 같은 사람이 쉽게 책을 읽을 수 있어서 좋았어. 책에서 카슨이 제시한 사례나 방법에도 흥미를 느꼈지만, "어떤 일을 계획할 때는 그 주변 역사와 풍토를 고려해야만 한다. 자연 식생은 그 환경을 구성하는 다양한 생물이 벌이는 상호작용의 표현이기 때문이다. 왜 이런 경관을 갖추게 되었는지, 왜 있는 그대로 보존해야 하는지 그 이유가 우리 눈앞에 펼쳐져 있다. 마치 활짝 펼쳐진 책처럼 말이다. 하지만 우리는 그 펼쳐진 쪽조차 읽지 않는다."라는 문장 표현력에 감탄했어. 멋진 표현이 많아서 책이 온통 밑줄투성이야.

은석　나는 솔직히 자연과학책에는 과학적 사실만을 다뤄야 한다고 봐. 또, 자연과학은 굉장히 객관적인 분야고 문학은 정반대로 주관적인 분야라고 생각해. 그래서 그런지 이 책을 읽을 때 이 두 분야가 합쳐진 부분이 나올 때마다 괴리감을 느꼈던 것 같아. 그런데 예림이 얘기를 들어보니까 어려운 분야지만, 다양한 문학적 요소를 통해 자연과학에 쉽게 접근할 수 있다는 점이 이 책이 가진 장점인 것 같네!

과학기술 만능주의[1]: 인간의 자멸

—— 1　과학기술의 발달이 생활을 더욱 풍요롭고 윤택하게 하여 인류를 낙원으로 이끌

예림   이 책이 다방면으로 가치 있고, 좋은 책이라고 생각하지만, 특히나 최근에 과학기술 만능주의가 만연해지면서 이 책의 중요성이 더 커졌다고 봐. 사람들은 과학기술의 발전으로 풍요롭고 모두가 행복한 사회가 도래할 것으로 생각했어. 그런데 생태계 파괴, 인간 소외 현상 같은 문제들이 발생했고 이것들은 여전히 해결되지 않았지. 정말 과학기술은 만능일까?

은석   나는 과학기술 만능주의가 오히려 환경 문제를 해결할 수 있는 유일한 해결책이라고 생각해. 이미 산업화한 사회에서 산업화 그 자체를 없애는 게 가능할까? 예를 들면 우리는 자동차에서 발생하는 유해 물질들을 없애기 위해 자동차를 다 금지할 수 없어. 그 대신 과학기술이 발전되면서 전기차, 수소차 같은 유해 물질 배출이 거의 없고, 석유를 에너지원으로 하지 않는 자동차들이 생산되고 있지. 우리는 과학기술의 발전을 통해서 산업화 과정에서 발생하는 환경 파괴적 요인들을 제거할 수 있어.

건희   나도 은석이 말에 동의해. 계속 과학기술을 사용해야 하는 시대에 도래했는데 과학기술을 제한시키는 건 아닌 것 같아. 이미 고도화된 과학기술에 더 집중해서 남아있는 자원을 효율적으로 쓸 방법이 필요한 듯해.

것이라는 장밋빛 기대와 동시에 과학이 초래한 문제는 과학으로 충분히 해결할 수 있다는 이른바 과학주의Scientism 신화

지우   자동차가 발명됐을 때 유해 물질이 발생할 것이라는 사실을 아무도 몰랐잖아. 이런 식으로 환경 문제가 생긴 후에 해결하는 방식이 과연 옳은 걸까? 어쨌든 다들 기술, 발전을 중시하며 경제가 발전했고 지금 우리 앞에 닥친 현실을 봐. 지구는 평균기온이 1.11도 상승했고, 우리는 상상하지 못했던 기후 변화와 해충, 질병 문제에 시달리고 있지.

예림   맞아. 우리가 환경 문제에 냉담했던 원인을 에너지 자원 문제나 과학 기술만의 이야기로만 한정 지어 생각해서는 안 된다고 봐. 지금까지 환경 문제에 대해 개인과 사회가 취해온 반응만 봐도 그래.

은석   그렇지만 문제가 생긴 후에 해결하는 게 순리 아냐? 우리가 새로운 과학 기술을 사용함으로써 발생할 피해를 예측할 수 있을까? 난 불가능에 가깝다고 봐. 우리가 과학 기술을 사용했을 때 영향을 받는 변수가 너무 많아서 피해를 예상할 수 없어. 아직도 지구에는 인간이 모르는 생명체들도 많고, 심지어 우리 몸에 대해서도 완전히 알지 못하잖아.

건희   나도 은석이 말대로 피해는 예상할 수 없다고 봐. 당장 엄청난 이득을 볼 수 있는데 미래의 불확실한 위험 때문에 현재를 포기하는 건 더 위험하다고 생각해. 실제로 2차 세계대전 당시, DDT 살충제가 엄청난 수의 생명을 살리기도 했었잖아. 그러니까 DDT가 인간에게 해로운 영향을 끼칠 수 있다는 사실을 어느 정도 알았다고 해도 인간

DDT   출처: alamy

들은 DDT를 계속 사용했을 것 같아.

예림   음 나는 건희 의견에 반대하는 편이야. 내 생각에는 인간의 간섭을 최소화한다면 자연은 자신의 방식에 따라 견제와 균형이라는 복잡하고 훌륭한 시스템을 가동해 해충으로부터 자연을 보호하게 될 거라고 생각해. 레이첼 카슨도 이와 비슷한 이야기를 했는데, 화학 방제를 대신할 수 있는 대안을 찾고자 한다면 놀라울 정도로 다양한 선택이 존재한다고 이야기했어. 그 예시로 천적을 사용하는 사례도 많았고. 인간의 간섭없이 자연 스스로가 문제를 해결할 수 있다는 거지. 그래서 난 이 부분이 가장 기억에 남아. 지우는 어떤 부분이 가장 좋았어?

지우   DDT를 빼놓고 『침묵의 봄』을 애기할 순 없지! 책을 잘 이해하고 싶어서 DDT에 관한 내용을 정리해뒀어. 잠시 설명하자면 DDT는 지방 성분에 녹으면 엄청난 독성을 발휘한대. 또, 아주 적은 양부터 시작해 상당 수준에 도달할 때까지 DDT 축적이 이루어지고, 이 DDT 0.1ppm을 흡수하면 10~15ppm이 축적된다고 해. 3ppm을 흡수하면 심장 근육에 필수적인 효소 작용을 억제하고 5ppm은 간세포의 괴저나 조직 분해를 일으키는 문제점이 있어. ppm은 100만분의 1을 지칭하는 단위인데, 이렇게 적은 양으로도 체내에는 치명적이라는 거지. DDT의 가장 큰 문제점은 먹이사슬을 통해 다른 유기체로 계속 연결된다는 거야.

은석   엥? 그렇게 심각한 문제점을 갖고 있는데도 DDT가 사용된 이유는 뭐야?

건희   아까 내가 2차 세계 대전의 예를 들며 DDT가 수많은 생명을 살렸다고 한 이야기와 관련이 있어. DDT는 1874년 오스트리아의 오트마 자이들러*Othmar Zeidler, 1850~1911* 박사에 의해 처음 합성되었어. 이후 1939년 스위스의 파울 헤르만 뮐러가 살충제로서 효능이 있음을 발견했고, 이는 살충제의 원료였던 제충국의 대체재로 사용되었대. DDT에 살충 효과가 있음이 밝혀질 당시에는 그냥 획기적인 살충제 정도로 알려졌어. 살충 효과도 좋았던 것은 물론 오래 가는 지속성도 좋았기 때문이었지! 그 후 태평양 전쟁에서 일본이 최대 제충국 생산지 중 하나인 인도네시아를 점령하는 바람에 미국이 제충국을 구할 방법이 없어졌어. 티푸스나 말라리아, 뎅기열 같은 곤충 매개의 전염병으로부터 병사들을 지키기 위한 수단으로 DDT를 대량 생산해서 사용했어. 그 결과 전 세계적으로 DDT가 널리 쓰이게 됐고, 전염병 발생률을 줄이는 데 엄청나게 공헌했대. 아마도 이런 큰 장점 때문에 DDT가 사용되었던 것 같아.

예림   하지만 그 뒤에 무시할 수 없는 위험성이 정말 높아. 특히 이 『침묵의 봄』을 살펴보면 살충제 때문에 하천이 광범위하게 오염된 사례가 설명되어 있어. 가문비나무를 해충 방제용으로 DDT가 대량 살포된 미국 서부의 삼림지대에서 운반해왔는데 살충제가 살포된 곳으로부터 48km 떨어진 샛강의 물고기 모두 DDT가 포함되어 있었다고 해. 또, 지렁이들이 땅 위에 떨어진 나뭇잎들을 먹음으로써 결국 지렁이의 소화관, 혈관, 신경조직 등에서 DDT 성분이 발견되었대. 이런 지렁이들을 주식으로 하는 울새와 다른 새들에게도 큰 문제인데, 짝짓기 시즌의 새들의 고환과 난소에서는 다량의 DDT가 검출되었다더라고.

지우   예림이 말대로 이 문제는 동식물에 피해를 주는 것에서 그치지 않아. 살충제에 노출된 적 없는 일반인의 조직에서 상당량의 DDT가 검출되기도 하는데, 원인은 음식이래. 과학자들은 DDT가 조금도 들어가지 않은 음식은 거의 없다고 해도 과언이 아니라는 결론을 내리기도 했어. 농약은 씻어도 잘 없어지지 않으니까. 카슨은 "곤충을 향해 겨누었다고 생각하는 무기가 실상은 이 지구 전체를 향하고 있다는 사실이야말로 크나큰 불행이 아닐 수 없다."라고 이야기했어. 결국, 자연을 통제한다는 것은 정말 오만한 생각이었던 거지.

개화하지 않는 봄

지우   얘들아, 이번 봄에 우리나라에서 꿀벌이 실종돼서 난리였잖아. 기억나?

은석　음… 꿀벌이 없어지는 건 늘 일어나는 일 아니야? 그로 인해서 농가들이 피해를 봤다는 정도는 알고 있어.

건희　당연히 기억나지. 내가 즐겨보는 양봉업자 유튜버가 날씨가 따뜻해져 벌들을 깨우려고 벌통을 열었는데 벌들이 사라졌다는 거야. 보통 벌들이 벌통에서 겨울잠을 자고 있으면, 양봉업자들은 봄을 맞아 벌들을 깨우기 전까지 벌통을 확인하지 않는대. 그러니까 언제 벌들이 사라졌는지 알 수 없더래.

지우　이번 꿀벌 실종 사건은 은석이가 알고 있는 평소와 좀 달라. 무려 78억 마리의 꿀벌이 사라졌어. 꿀벌이 사라지는 건 단순히 농가에만 피해가 가는 게 아니야. 우리가 먹는 농작물의 1/3은 곤충이 꽃가루를 옮기는 수분 과정을 통해 이루어지는데, 그중 80%를 꿀벌이 담당해. 올해 초 발생한 꿀벌 실종 사태로 인해 수정이 제대로 이루어지지 않았대. 이는 물가 상승, 식량 안전성의 문제로 이어지기 때문에 주의를 기울여야 해!

은석　되게 심각한 문제였구나…. 근데 꿀벌들이 왜 없어진 거야?

지우　전문가들이 주요 원인으로 두 가지를 꼽았어. 첫 번째는 기후 변화로 인한 이상 기후야. 4월에 개화 시기가 다른 벚꽃과 튤립, 라일락이 동시에 개화했던 거 알지? 꽃이 제때 피고 제때 지지 않아 꿀벌이 꿀을 얻을 수 없었어. 두 번째는 드론을 통해 뿌린 살충제나 화학

수분을 통해 지구의 생태계를 책임지는 꿀벌

출처: iStock

약품으로 인한 해로운 성분 때문인데, 피해가 가장 컸던 전남은 드론을 통해 살충제 원액을 뿌렸대. 〈그것이 알고 싶다〉팀은 꿀벌 실종 농가 피해 지도와 최근 3년간 드론 방제 면적 합계 지도가 유사하다고 보도했어.

예림   아! 기억나. 나는 그 프로그램에서 "꿀벌이 지구에서 사라지면, 인류에게 남은 시간은 4년밖에 없을 것이다."라는 말에 큰 충격을 받았어…. 조사해보니까 이 문제를 해결하기 위해 농림축산식품부는 양봉산업 육성 및 지원 5개년 종합 계획을 발표했더라고. 디지털 꿀벌 관리 시스템 보급, 밀원(벌이 꿀을 빨아오는 식물) 확충 및 채밀(꿀 수확) 기간 확대, 자연방제 등의 해결책을 제시했어.

은석   해결책이 제시됐다니 다행이야. 꿀벌이 더 이상 실종되지 않았으면 좋겠어! 그런데 과연 자연방제가 자본주의, 시장의 원리가 적용된 우리 사회에서 실질적으로 널리 사용될 수 있을까? 인간이 만들어낸 살충제보다 비용도 많이 들고, 과정도 복잡할 것 같은데 다들 어떻게 생각해?

건희   너희들과 이야기를 나누다 보니 DDT 살충제에 대해 가졌던 내 생각이 점점 변하고 있다는 걸 느껴. 자연방제에 대해 부정적인 시선도 정말 많지만, 정말 효과적인 곤충 방제는 인간이 아닌 자연에 의해 이루어지는 것 같아. 자연계에는 고유한 환경 저항이 존재해서 특정 종마다 개체수가 일정하게 조절돼. 먹이, 기상과 기후 조건, 경쟁 상대나 포식종 등이 모두 환경 저항의 중요한 요소야. 하지만 대부분의 화학약품은 방제에 도움이 되는 요소든 안되는 요소든 환경 저항의 모든 기본값을 망가뜨려 놓지. 그리고 나는 이제 '화학방제의 악순환'이 걱정돼. 다윈Charles Robert Darwin이 제시한 적자생존론survival of the fittest을 증명하듯 곤충은 살충제에 내성을 지닌 종으로 진화하고 있어. 살충제에 적응한 새로운 환경 저항을 가지고 말이야. 흔히 볼 수 있는 집파리와 이는 전 세계적으로 점점 더 강한 내성을 지니게 됐고 모기도 내성을 지니게 되면서 말라리아 퇴치 사업도 위협받고 있어. 결국 내성을 지닌 곤충을 죽이기 위해 더 강력한 살충제가 나오고, 또 다른 내성을 지닌 곤충이 나오면 그것보다 독성이 더 강한 살충제가 나오는 악순환이 이어지게 되는 거지.

지우   맞아. 카슨은 천적을 도입하는 것, 수컷에게 불임 처치를 하는 것, 곤충이 만드는 여러 물질을 모방해 분비물을 활용하는 것, 소리와 같은 곤충 세계의 의사소통을 활용하는 네 가지의 방법과 성공한 사례들을 이야기했어. 그중 하나를 소개해줄게. 1888년 미국 캘리포니아의 감귤 산업을 파탄 낸 깍지벌레를 제거하기 위해 호주에서 천적 '베달리아' 무당벌레를 들여와서 성공적으로 깍지벌레를 제거할 수 있었어. 이처럼 천적 찾기, 불임 처치 등의 과정에서 초기비용이 많이 들 수 있어. 그래도 성공만 하면 지속해서 사용해야 하는 살충제에 비해 가격도 싸고 효과는 거의 영구적이며 독성물질도 남기지 않아.

예림　지우 얘기를 들으니까 얼마 전 봤던 기사가 하나 생각나! 최근에 토양에 뿌려지는 살충제 문제가 정말 심각하다고 그러더라. 마침 『침묵의 봄』에도 이 토양에 뿌려지는 살충제에 관한 내용이 있더라고. 유독성 화학물질이 토양에 뿌려지면 토양에 사는 생물종이 심각한 타격을 입고 또 거미줄처럼 연결된 토양 생물들 사이의 미묘한 균형을 깨뜨리기도 해. 문제는 이 화학물질이 생물들에게만 피해를 주는 게 아니라 농작물에도 큰 문제를 일으킨대!

은석　나도 그 부분 읽어서 기억나. 살충제 오염이 지속되는 한 그 해악은 토양 속에 남아있기 마련인데…. 어떤 살충제는 뿌리 식물의 뿌리에 영향을 주어 발달을 저해하기도 한대. 1955년 워싱턴 주에서 홉 뿌리에 기생하는 딸기 뿌리 바구미를 제거하기 위해 대규모 방제사업을 실행했는데, 그때 방제약으로 헵타클로르를 선택했어. 이 화학물질을 사용한 지 1년 후 나무줄기가 시들더니 말라죽기 시작했대. 결국 큰 비용을 들여 다시 홉을 심었지만, 그 다음해에 새로 심은 나무의 뿌리도 역시 죽어갔어.

인간이 치러야 할 대가-가습기 살균제

건희　살충제 사용이 멈췄다고 해도 여전히 화학 잔류물이 토양 속에 축적되어 있다는 거네? 우리는 잠재적인 위험을 제대로 알지 못하면서 토양과 생물을 파괴하고 있었다는 거 잖아.

화학물질에 대한 경각심을 일으킨
가습기 살균제 사망사건

출처: iStock

지우　그렇지, 살충제와 같은 화학물질 사용이 환경에만 문제를 일으키는 건 아냐. 사람에게도 직접적인 영향을 주기도 했어. 다들 2011년에 신종 폐 질환의 원인으로 지목됐던 가습기 살균제 사망사건 기억나? 당시에 가습기 살균제 문제로 대한민국이 떠들썩했잖아. 그런데 이 사건, 1963년에 벌어진 미국의 DDT 사건과 화학약품을 사용했다는 점에서 유사하다고 느껴져.

예림　환경 교육적인 측면에서 바라보면 비슷한 점이 있는 것 같아. 두 사건 모두 화학약품의 유해성뿐만 아니라 환경으로의 영향에 대한 지식의 결핍에서부터 발생했지. 그래서 미국은 DDT 살충제 사건이 발생한 이후, 환경 교육의 중요성을 강조하며, 교육감들에게 관련 권한을 부여하고 재정을 지원하는 등 기틀을 마련했어. 그 결과 전 세계 최초로 국가 수준의 환경 교육법을 제정하기도 했고.

은석   그런데 DDT로 인해 미국 교육 전반적으로 많은 변화가 생겼고, 그렇다는 건 해외에서도 화학 물질에 대해 경각심을 가지게 됐을 것 같아. 우리나라는 왜 가습기 살균제의 위험성을 진작 알아채지 못했을까?

예림   우리나라의 경우 미국보다 40년가량 늦은 2008년에 환경 교육 진흥법이 제정됐을뿐더러 이를 잘 지키지 않는 실정이었어. 환경에 대한 교육과 안전성 검증을 간과하다 큰 사건이 일어난 거지. 가습기 살균제의 주성분인 'PHMG'는 살균제로 흔히 쓰이지만, 이 물질을 '흡입'했을 때 어떤 일이 벌어지는지에는 어떤 기업도 관심을 가지지 않았어. 그렇게 무수히 많은 사람이 죽었지.

지우   나는 기업의 대처 때문에 더 큰 분노를 느꼈어! 기업들은 가습기 살균제를 회사로 보내면 택배비와 환불 진행을 도와주겠다고 했어. 치료비 지원에는 모르쇠로 일관했고. 민/형사 재판에 쓰일 증거 자료를 조작하기까지 이르렀지. 이번 3월, 가장 많은 피해자가 발생한 A 기업과 B 기업에 유족 지원금을 제공하라는 조정안이 발표됐는데, 이들은 여전히 책임을 부정하고 있어. 늦게라도 제대로 된 보상과 사과가 이루어져서 유족들이 더는 울지 않는 밤을 보내면 좋겠어. 사실 환경 문제에서는 개인의 노력도 중요하지만, 더 많은 에너지를 사용하고 파급력을 갖춘 기업의 노력과 개선도 중요하잖아. 기업의 책임에 대해 침묵의 봄은 어떻게 바라보고 있을까?

예림   카슨이 불러온 반향으로 인해 당시 미국 대통령이었던 존 F.케네디는 환경 관련 부처를 설립하고, 사람들은 환경 문제에 대한 경각심을 가지게 되었대. 이후 지속이 가능한 발전, ESG 경영에 대한 필요성이 높아졌고. 사실 최근에는 기업뿐만 아니라 개인의 책임도 중요하다는 인식이 높아지고 있어. 어떤 물건을 살 때 비교적 친환경적인 제품을 구매하는 것이 하나의 예시라고 생각할 수 있을 것 같아.

지우   맞아. 나도 그래서 제로 웨이스트 샵을 종종 가고 있어. 그런데 최근 들어 이름만 친환경인 그린워싱에 대한 문제가 대두되고 있더라?

은석   음… 사실 그린워싱이라는 개념이 생소해. 자세히 설명해 줄 수 있어?

지우   처음 들으면 생소할 수 있겠다! 그린워싱은 'green'과 'white washing(세탁)'의 합성어로, 실제로는 친환경적이지 않지만, 친환경적인 것처럼 홍보하는 '위장 환경주의'를 말해. 작년, C 사가 리유저블 컵을 판매한다며 일회용 컵보다 조금 단단한 플라스틱 소재의 컵을 판매했어. 이는 종이컵의 24배, 일회용 플라스틱 컵의 13배에 달하는 온실가스를 배출해. 플라스틱 텀블러는 최소 50번 이상 사용해야 하는데, 이러한 정보는 빼고 홍보했어. 게다가 선착순으로 리유저블컵을 증정했고, 준비된 재고가 떨어지자 기존대로 일회용 컵에 음료를 제공했어. 이는 플라스틱 사용량을 증가시켰으면서 환경을 고려하는 양 마케팅을 한 대표적인 그린 워싱의 사례야.

은석   C사가 리유저블컵을 판매한다는 건 알고 있었지만, 그게 좋은 활동이라고만 생각했는데 현실"은" 그렇지 않았구나. 잘 몰랐어. 그렇다면 정부가 나서서 그린워싱에 대한 법적인 제재를 가하는 게 좋을 것 같은데! 내가 지우 얘기를 들은 후 조금 알아보니까 환경부가 2013년에 가짜 친환경 제품을 가려내는 가이드라인을 만들기도 했었대. 2020년에는 그린워싱 신고 포상금 지급 대책을 마련하기도 했어. 이런 식으로 정부의 통제가 필요하지 않을까?

건희   나는 법적인 제도를 손보는 것보다 환경에 깨어있는 시민의 식을 형성하는 것이 더 중요하다고 생각해. 진부할 수 있겠지만 기후 위기에 경각심을 심어줄 수 있는 공익적 차원의 활동이나 요즘 MZ세대 사이에서 '소신소비'라고 불리는 가치 소비와 같은 트렌드 형성 등 누구나 환경 보호에 나설 수 있다는 사회적 분위기를 만드는 노력이 필요할 것 같아.

예림   내 생각에도 기업의 자발적인 변화와 움직임을 유발하기 위한 시민들의 관심이 중요한 요소인 것 같아. 제로 웨이스트Zero Waste, 비건Vegan 제품을 향한 관심이 하나의 문화로 자리잡힌 것처럼 말이지. 이제 그린워싱greenwashing 문제에 대해서도 경각심을 가지면 좋겠어.

지우   사회적으로 환경에 대한 긍정적인 변화가 없는 건 아니야! 최근 우리나라 정부는 환경 관련 정책을, 기업은 ESG 경영을 내세우며 친환경을 위해 노력하고 있어. 이미 많은 사람이 기후변화를 불확실한 위험이 아니라 예측할 수 있는 위협으로 해석하고 있다는 뜻이겠지? 최근 우리나라 정부는 환경 관련 정책을, 기업은 ESG 경영을 내세우며 친환경을 위해 노력하고 있어. 플로깅, 비치 코밍과 같은 시민들의 참여는 물론이고. 단순한 노력에 그치지 않고 환경 오염이나 기후 위기를 극복하기 위한 새로운 방향을 모색하는 과정에서 환경을 재파괴하거나 무분별한 개발로 이어지지 않도록 주의해야 한다고 생각해.

건희   지우 얘기를 듣다 보니 그린워싱의 다른 사례들도 궁금해졌어!

지우   어떤 게 있을까? 아! 예림이가 탄산음료를 좋아하잖아. '탄산' 하면 떠오르는 대표 기업인 D 사도 그린워싱으로 유명해. D 사는 2018년부터 4년간 '플라스틱에서 벗어나기BEEP'가 선정한 최악의 플라스틱 오염원으로 뽑혔어. 그런데 자사의 일부 플라스틱병의 25%를 해양 플라스틱 쓰레기를 사용했다고 홍보하며 본인들이 플라스틱을 대량 생산하고 있다는 사실은 숨겼지. 2020년 기준 1년 동안 약 298만 톤의 플라스틱을 생산한 기업인데 말야.

은석   헉! 광고나 홍보를 보고 ESG 경영이라는 것을 판단하고 있었다는 생각과 반성이 동시에 드네. 친환경 제품에 대한 표기 기준과 기업이 주장하는 ESG 관련 활동을 검증할 수 있는 시스템이 도입되면 더 좋을 것 같아.

예림   맞아. 특히나 기업은 기업의 가치와 지속 가능성 등 장기적인 관점을 가져야 할 것 같아. 최근에 소비자들이 ESG 경영을 고려하는 기업인지 판단하기 시작했고, 많은 기업이 변화를 꾀하고 있다고 해! 앞서 지우가 얘기했듯 시스템적 보완이 이루어져야 할 것 같아!

『침묵의 봄』이 우리 사회에 불러일으킨 반향

건희   『침묵의 봄』이 집필된 당시에는 언론의 비난과 이 책의 출판을 막으려는 화학업계의 거센 방해가 있었어. 하지만 카슨은 이에 굴하지 않고 환경 문제에 대한 새로운 대중적 인식을 끌어내며 정부의 정책 변화와 현대적인 환경 운동을 촉발했지. 『침묵의 봄』의 나비효과로 1963년 미국의 케네디 대통령은 환경 문제를 다룰 자문위원회를 소집했고, 1969년 미국 의회는 국가환경정책법안을 통과시킴과 더불어 암연구소는 DDT의 암 유발 증거를 제시함으로써 각 주의 DDT 사용을 금지시키기도 했으니까.

은석   맞아, 그리고 난 이 책이 전 세계에 유기농업의 중요성을 알린 유일무이한 책이라고 생각해. 『침묵의 봄』이 출간된 후 사람들은 농산물에 축적된 화학농약의 위험성을 알게 되었고, 이에 대한 문제의식이 공론화되어 1972년에 유기농업 운동 국제연맹IFOAM이 설립되었어. 그 이후 IFOAM에서 제정한 기준에 따라 전 세계의 여러 국가가 유기농법을 제정하기 시작했어. 우리나라에도 유기농법이 있는데, 농산물을 살 때 초록색 네모난 스티커에 '유기농', '유기농산물', '무농약'이라고 적혀있어. 이 스티커가 붙은 농작물은 화학비료 등 합성 화학 물질을 사용하지 않고, 동물의 분뇨와 짚 등을 이용해 만든 퇴비 "같은" 유기물 비료를 사용하거나 미생물 농약을 사용하는 방법을 "통해" 재배되었어. 이러한 대체 농법을 유기농업이라고 해.

지우   카슨이 유기농업을 만든 것은 아니지만, 유기농업의 중요성을 세계에 알리는 중요한 역할을 『침묵의 봄』을 통해 할 수 있었던 거네!

예림   그럼 『침묵의 봄』 책 하나로 전 세계인에게 환경에 관한 관심을 끌어냈다고 볼 수 있겠다. 괜히 20세기에 가장 큰 영향력을 미친 책이라고 불리는 게 아니네! 결국 우리는 지금, 『침묵의 봄』을 살아가고 있다고 말해도 과언이 아닌 것 같아. 그리고 무엇보다 우리는 인간이 지구의 주인이 아니라 생태계 일부임을 인식해야 해.

은석   나는 당장 우리가 할 수 있는 것들을 하는 것도 중요한 것 같아. 사실 우리는 다 알고 있잖아. 쓸데없는 소비를 줄이고, 분리수거 잘하고 이런 기본적인 것들을 지켜야 한다는 사실을. 아는 것에서 끝나면 그건 모르는 것과 다름없다고 생각해. 실천으로 옮겼을 때 비로소 진정한 '앎'이 되고 지혜로운 사람이 되는 거지. 그렇게 지혜로운 개인들이 모이면 기업이나 국가 같은 큰 공동체도 바뀌고 비로소 우리 사회가 바뀔 수 있을 거야. 환경을 정말 중요한 의제로 다루는 사회 말이야.

지우   맞아. 사소한 것부터 지키고 꾸준히 관심을 가지는 게 중요해. 나는 환경에 대해 얘기를 할 때 바다를 빼놓을 수 없다고 생각해. 혹시 넷플릭스 다큐멘터리 '씨스피라시'를 본 사람 있어? 우리는 여태껏 해양 오염의 원인을 플라스틱으로 알고 있었잖아. 사실 어업 폐기물로 인한 오염이 46%에 달한대. 더 충격적인 건 버려진 폐어구에서 무수한 바다 생명들이 걸리고 얽혀서 죽고 있다는 사실이야. 유령 어업 활동으로 죽어가는 물살이[2]들을 떠올리면 여러 생각이 들어. 지속할 수 있는 어획이 가능할까? 어획이라는 행위를 우리는 정당화할 수 있을까?

예림   해양 생태계에 끼치는 피해에 대해서도 고려해 볼 필요가 있겠구나. 사고를 조금 확장해보자면 기후변화는 '공유지의 비극tragedy of the commons' 문제이기도 해. 개인적 차원에서는 합리적인 행동이지만, 이를 모두가 되풀이하면 사회적인 차원에서는 재앙이 된다는 뜻이지. 즉, 환경을 개인의 소유물이 아닌 지구상의 모든 생명과 공유하는 공공재라는 생각으로 생활하는 게 중요한 거 같아.

─── 2   물고기는 어류를 '고기'로 대하는 시각이 반영돼 있기에 종평등한 언어를 위해 물고기를 물살이로 부르는 움직임이 시작되고 있음.

건희 　나는 책 속의 카슨의 메시지가 생각나. "우리는 지금 두 갈림 길에 서 있다. 우리가 오랫동안 여행해온 길은 놀라운 진보를 가능케 한 너무나 편하고 평탄한 고속도로였지만 그 끝에는 재앙이 기다리고 있다. 아직 가지 않은 다른 길은 지구의 보호라는 궁극적인 목적지에 도달할 수 있는 마지막이자 유일한 기회다." 아직 가지 않은 다른 길에 도달하기 위해서는 오늘의 내가 어떻게 행동하느냐에 달린 것 같아.

은석 　지구 보호의 생각을 실천으로 옮긴 좋은 사례로 2019년에 이슈가 됐던 10대 환경운동가 그레타 툰베리*Greta Thunberg*가 생각나. 툰베리는 지구의 기후 변화에 대해 심각성을 느끼고 환경운동을 시작했다고 해. 그녀는 지구 환경 파괴에 침묵하고 기후 변화 대응에 적극적이지 않은 어른들에게 반항하는 의미에서 금요일마다 등교를 거부하며 1인 시위를 감행했어. 혼자였던 시위는 125개국 2천여 도시에서 학생 주최 시위로 번졌고, 툰베리는 2019년 타임지의 올해의 인물로 선정됐지. 한 소녀의 진정성 있는 외침이 지구를 아직 가지 않은 길로 이끈 셈이지. 지구 환경을 지키기 위해 몸소 노력했다는 점에서 참… 카슨과 닮았지?

예림 　물론 우리가 현실에서 카슨과 툰베리처럼 환경을 위해 적극적으로 행동하기에는 제약이 있을 거 같아. 하지만 적어도 환경을 생각하는 작은 행동들을 실천한다면 앞으로 지구에 『침묵의 봄』이 오지 않기 위한 한걸음이 되지 않을까?

참고 문헌

1. 저서

레이첼 카슨, 김은령 옮김, 『침묵의 봄』, 에코 리브르, 2011.

마크 라이너스, 이한중 옮김, 『6도의 멸종』, 세종서적, 2008.

김성수, 『'탄소제로'시대의 길목에서 다시 읽는 레이첼 카슨의 침묵의 봄』, 리터러
시연구 제 13권 1호.(통권 45호), 2022.

임경순, 『레이철 카슨의 『침묵의 봄』(1962) 출현의 역사적 배경 및 그 영향』,의사학
제 5권 2호, 1996.

전지안·조여은·현예엽·신효민·임기병·이재영, 『1963년 DDT 사건과 2016년 가습
기 살균제 사건의 비교와 시사점 도출』, 한국환경교육학회 학술대회 자료
집, 2016.

2. 사진 자료

iStock 홈페이지(https://www.istockphoto.com/kr)

alamy 홈페이지(https://www.alamy.com/)

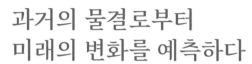

과거의 물결로부터
미래의 변화를 예측하다

―앨빈 토플러, 『제3의 물결』

오태연[1]

"사회가 두 개 혹은 그 이상의 변화의 큰 물결을 맞이하고 게다가 어느 것이 우위에 서게 될지 아직 분명하지 않을 때는 미래상은 분열하지 않을 수 없다. 변화와 더불어 일어나게 되는 모순의 의미를 명확하게 규정하기가 매우 어려워지기 때문이다."

앨빈 토플러, 용접 노동자에서 미래학자까지의 삶

단웅이　이번 교양 시간에 우리 『제3의 물결』에 대해 다루었잖아. 앨빈 토플러는 신문 기사나 교과서에서 다룰 정도로 유명해. 앨빈 토플러

──　1　본 실적은 단국대학교 교양기초교육연구소 소속 학부생 연구원이 참여하여 이룩한 연구성과물로서 해당 연구소는 2022년도 단국대학교 대학혁신지원사업 학부생 연구트랙제 사업의 지원을 받았음.

에 대해서는 다들 들어봤지? 기사나 교과서에서, "미래"에 관한 이야기가 나올 때마다 절대 빠지지 않고 등장하는 인물이지. 미래학자의 대명사라고도 할 수 있을 것 같아.

단비　맞아. 이 책을 읽기도 전에, 앨빈 토플러의 이름은 익숙했을 정도로, 앨빈 토플러는 미래학자로 유명해. 그런데 앨빈 토플러가 미래학자인 것만 알지, 그의 삶에 대해서 자세하게 알아보진 못 한 것 같아. 『제3의 물결』의 저자 앨빈 토플러는 어떤 사람이야?

태연　앨빈 토플러Alvin Toffler,1928~2016는 1928년 뉴욕에서 태어났어. 뉴욕 대학교에서 영문학을 전공한 후, 미국 중서부 공업단지에서 5년간 용접 노동자로 산업사회의 대량 생산 현장에서 일했지. 이때의 경험을 토대로, 경제 잡지 『포춘(Fortune)지』에서 노동관계 칼럼니스트로 활동하였고, 점차 자본주의 경제와 경영, 정보기술로 관심사를 넓혀갔어. 이후 글로벌 정보기술IT 기업 IBM에서 컴퓨터로 인한 사회와 조직의 변화를 연구하면서 컴퓨터 업계 전문가들과 교류했고, 이때 정보기술과 인공지능에 대한 통찰을 얻었다고 해. 그 이후로도 굴지의 기업들로부터 의뢰를 받아 정보통신기술이 가져올 혁명적인 변화를 분석하고 자문하는 역할을 했고, 1960년 『미래 충격』을 시작으로, 『제3의 물결』, 『권력 이동』 등을 저술하면서, 미래학자로서 명성을 얻었지.

단비　우와! 앨빈 토플러가 용접 노동자로 일했다니, 되게 의외야.

『제3의 물결』을 보면, 앨
빈 토플러는 육체노동을
통한 부의 창출보다는 지
식기반 부의 창출을 강조
했잖아. 앉아서 공부만 했
던 학자인 줄 알았는데 내
편견이었나 봐. 산업 현장
을 직접 경험하다 보니, 대

앨빈 토플러

량생산사회에 대한 깊은 통찰이 나올 수 있었던 것 같아. 역시 사람은
직접 경험을 해봐야 하나 봐.

단웅이 맞아. 실제로 앨빈 토플러는 1998년 인터뷰에서 "공장에서의
경험은 공장 근로자들이 사무직 근로자보다 덜 지능적이지 않다는
것을 깨닫게 해줬다"라고 다음과 같이 회고했다고 해.

> "아내와 4~5년 동안 공장에서 일했던 경험은, 대학 졸업 후
> 우리에게 새로운 가르침을 주었다. 공장에서의 경험은 공장 근
> 로자들이 사무직 근로자보다 덜 지능적이지 않다는 것을 가르
> 쳐줬으며, 비록 공장 근로자들의 교육수준이 낮고, 오늘날의 생
> 산과 관련된 기술이 부족할지라도, 그들은 산업 세계가 실제로
> 어떻게 돌아가는지에 대해 가르쳐주었다."[2]

---

2 Alvin Toffler interviewed by Norman Swann, Australian Broadcasting

태연　앨빈 토플러가 한국과 깊은 인연이 있다는 것도 들어봤어? 앨빈 토플러는 한국 사회에 관심을 갖고, 수차례 방한해 우리나라 정치인들과 소통하면서 한국의 미래를 위한 다양한 조언들을 주었어.

단웅이　한국과 인연이 있었다고 하니까 놀랍다. 근데 생각해보니까 2016년에 앨빈 토플러가 별세하셨을 때, 뉴스에서 보도되는 것을 들었던 것 같아. 한국과의 특별한 인연이 있어서 그렇게 많이 보도되었던 거구나.

태연　앨빈 토플러는 2001년 김대중 대통령 당시, 한국 정보통신연구원의 의뢰로 「21세기 한국 비전」이라는 보고서를 발표하며 당시 IMF를 겪고 난 한국 사회에 많은 영향을 끼쳤어. 이 보고서에서 앨빈 토플러는 한국 사회는 저임금 경제를 바탕으로 하는 '종속 국가'로 남을 것인지 아니면 경쟁력을 확보하고 세계 경제에서 주도적인 역할을 수행하는 '선도 국가'로 남을 것인지 선택해야 하는 기로에 있으며, 주도적인 선택이 조속히 이루어져야 한다고 내다봤지. 그러면서, 한국 사회가 농업 국가에서 산업 국가로 빠르게 발전한 건 맞지만, 산업화 시대의 경제 발전 모델은 변화된 지식기반 사회에 더 이상 유용하지 않기 때문에 이에 안주하지 말고 혁신적인 지식기반 경제를 만들 것을 제안했어.

——— Corporation Radio National, "Life Matters," 5 March 1998.

단비   IMF로 불안정했던 당시 한국 사회에 앨빈 토플러는 미래에 대한 희망을 주었다고 평가받는데. 지식기반 경제로의 새로운 발전 방향을 제시함으로써 우리나라가 IT 강국에 도달할 수 있는 비전을 주었지.

단웅이   앨빈 토플러에 대해 알아보니, 그의 저서들이 궁금해졌어. 1970년 『미래 충격』을 시작으로, 10년 주기로, 『제3의 물결』, 『권력 이동』이라는 미래학 3부작 책을 집필하며 다가올 제3의 물결에 대해 예측했고, 2006년에는 『부의 미래』를 집필하면서 제3의 물결을 넘어선 제4의 물결까지 예고했대.

태연   10년을 주기로 출간한 미래학 3부작은 공통적으로 미래에 대한 '변화'를 주제로 삼으면서도 각기 다른 방향으로 살펴보았다고 해. 우리가 읽은 『제3의 물결』은 과거 문명의 발전 과정에 대한 분석을 바탕으로 앞으로 다가올 '변화의 방향'에 대해서 서술했다면, 그전에 출간된 『미래 충격』에서는 '변화의 과정'을, 그 이후 출간된 『권력 이동』에서는 미래의 변화를 누가 '주도'하고 '통제'할 것인지를 다뤘지.

단웅이   『제3의 물결』을 다른 사람들은 어떻게 평가했을까 궁금하다.

단비   故 김대중 대통령1924~2009은 청주 교도소에서 『제3의 물결』을 읽고 몇 번을 정독할 정도로 감명을 받았다고 해. 그뿐만 아니라 중국의 자오쯔양 전 총리1929~2005 또한 『제3의 물결』을 이야기하며 중국 경제 개혁 프로그램을 시작했다고 하지. 이렇게 전 세계 지도자를 비롯한 많은 이들로부터 『제3의 물결』이 사랑받을 수 있었던 이유는 무엇일까?

단웅이 우선 무엇보다 미래에 어떤 일이 일어날지에 대해서 다들 궁금해하잖아. 그것은 옛날부터 마찬가지였다고! 인류의 역사에서 점술의 역사가 함께 해왔다는 것만 해도 알 수 있지. 우리 선조들은 국가의 길흉을 점치고, 중대사를 결정했지. 이렇듯 '미래'를 궁금해하고 '예측'하려고 하는 것은 오래전부터 계속된 인류의 근원적인 욕망이라고 할 수 있을 것 같아.

태연   맞아. 그리고 앨빈 토플러는 그러한 미래에 대한 예측을 개인의 단순한 직감과 감각에 의존해서 설명하고 있는 것이 아니라, 과거와 현재에 대한 깊은 통찰과 흐름 속에서 앞으로 다가올 제3의 물결의 방향을 설명하고 있어. 생산 방식의 변화로부터, 정치적·사회적 변화가 어떻게 이루어졌는지 또한 체계적으로 설명하고 있지. 이러한 과거와 현재에 대한 탄탄하고 체계적인 통찰로부터 당시 독자들은 매료되고, 미래의 방향성에 대해서도 설득될 수밖에 없었을 것 같아. 또 실제로 앨빈 토플러의 예측은 굉장히 잘 맞아떨어졌잖아? 난 이러한 앨빈 토플러의 예리한 예측이 바로 과거와 현재에 대한 통찰이 있었기에 가능했다고 봐.

단비　아 맞아. 그러고 보니 이 책의 절반 정도의 분량은 과거를 설명하는 데 할애되고 있어. 나는 세계사나 과거에 대한 배경 지식이 부족한 편이라서 그런지, 과거에 대한 부분은 마냥 어렵기만 했었는데, 굉장히 중요한 부분이었구나!

단뭉이　아무래도 배경 지식이 없으면, 과거 부분의 이해가 어려웠을 수도 있어. 앨빈 토플러가 예측한 제3의 물결 사회를 유기적으로 이해하기 위해선 과거에 대한 이해가 필수적이라고 생각해. 하지만 단비야 걱정하지마. 나랑 태연이가 제1의 물결과 제2의 물결 부분에 관해서 설명해줄 테니 같이 한 번 더 자세하게 이해해보자고!

단비　오 고마워! 내가 과거에 대한 부분은 잘 이해 못 했지만, 대신 미래 사회에 대한 부분만큼은 잘 이해한 것 같아. 그러니 이 부분에 대해서는 이따가 내가 설명해보도록 할게! 그런데 과거에 대한 이해가 부족했던 나한테도 『제3의 물결』은 매력적으로 다가왔어. 개인적으로 나는, 과거에 관한 서술보다 미래 사회에 관한 서술이 특별하다고 느껴졌거든. 『제3의 물결』은 단순히 미래에 다가올 정보기술이 어떻게 바뀔지에 대해서 서술해 놓은 것이 아니라, 그러한 기술의 변화가 가져올 경제, 사회, 정치 등의 변화, 더 나아가 이로 인한 사회적 반응과 사람들의 심리적 변화까지 서술하고 있어. 그뿐만 아니라 그러한 미래 사회 속에서 어떻게 살아가야 할지에 대한 조언까지 제시하고 있지. 이를 통해 독자들은 미래에 대한 막연한 불안함을 극복하고, 다가오는 미래를 올바른 방향으로 대비할 수 있다는 용기를 얻었을 것 같아.

태연　자 그렇다면 『제3의 물결』을 지금까지 인류의 진화과정 속에서 물결의 흐름이 어떻게 변화해 왔는지 토론해보자.

오랜 시간 인류를 지배한 제1의 물결과 제2의 물결

단웅이　『제3의 물결』이 과거에 대한 분석 없이, 단순히 직감과 경험을 가지고 미래에 대한 예측을 기술해 놓았다면, 이만큼의 파급력을 갖지 못했을 것이라고 봐. 그럼 우리 앨빈 토플러가 바라본 제1의 물결, 제2의 물결에 대해서 먼저 이야기를 나눠볼까?

태연　좋아. 앨빈 토플러는 제1의 물결을 농업 혁명에 의한 수렵 채집의 문명에서 농경사회로의 변화로 보았고, 제2의 물결을 18세기 산업혁명으로 촉발된 산업사회 문명으로 보았어. 앨빈 토플러는 기원전 8000년경부터 시작되어 17세기까지 다른 세력의 도전을 받지 않고, 전 인류를 지배하고 있던 제1의 물결세력이 산업혁명의 등장으로, 쇠퇴하기 시작했고, 그와 동시에 제2의 물결이 기세를 올려 전 세계를 덮쳤다고 주장했지. 그리고 이러한 과정 속 농업 사회를 지키려는 제1의 물결세력과 산업사회를 옹호하는 제2의 물결세력의 충돌로 인한 사회적 혼란이 필연적으로 나타날 수밖에 없었다고 설명해.

단웅이　맞아. 그러한 사회적 혼란의 결과로, 1861년 미국의 남북전쟁, 일본의 메이지 유신, 1916년 러시아 혁명 등을 설명하더라고. 남북전쟁의 원인을 노예제 존속을 둘러싼 갈등으로 보는 일반적인 관점과 달리, 앨빈 토플러는 미국 신대륙 지배를 둘러싼 농민과 산업가들의 대립으로 이를 바라보았고, 러시아 혁명의 중요 쟁점도 표면상으로는 공산주의 체제의 수용 여부로 보이지만, 근본적인 쟁점은 산업화였다고 말했어.

단비　세계사 시간에 이와 관련된 사건들을 배울 때는 이 사건들이 각각 독립된 사건들로 느껴졌었는데 앨빈 토플러의 관점으로 이 사건들을 바라보면, 하나의 큰 흐름 속에 나타나는 일련의 연결된 주장들로 느껴져서 더 흥미롭게 다가오는 것 같아. 그렇다면 이러한 격렬한 투쟁을 통해 등장한 제2의 물결 문명은 제1의 물결 문명과 어떻게 다르다고 할 수 있을까?

단웅이　우선 산업혁명의 등장 배경에는 에너지원의 변화가 큰 역할을 했어. 제1의 물결 사회는 인간이나 동물의 힘에 의존하거나 풍력, 태양열 등 자연의 힘에 의존하고 있었지. 이에 비해 제2의 물결 사회는 석탄이나 석유와 같은 재생 불가능한 화석연료를 에너지원으로 사용하게 되었어. 이러한 화석연료의 사용은 과학 기술의 진보와 발전에 이바지했고, 이를 통해 공장의 거대한 기계, 증기기관차, 자동차 등을 탄생시켰지. 이는 결국 대량 생산을 촉진시켰고, 생산과 소비가 분리되는 유통체제의 변화가 나타나게 되었어. 이러한 유통체제의 변화는 제2의 물결 문명 사람들의 사고방식 및 생활 전반에 많은 영향을 끼쳤지.

태연 산업혁명 이전, 제1의 물결에서의 생산과 소비는 단순히 생활 유지를 위한 기능으로 통합되어 있었다고 할 수 있어. 물론 당시에도 판매나 교환을 위한 생산활동이 존재했지만, 이는 극히 일부에 불과 했기 때문에, 제1의 물결 사람들 대부분은 생산과 소비를 구별하지 않는 자급자족의 생활을 했다고 할 수 있지. 그러나 제2의 물결 문명 에서는 대량생산품, 일용품, 서비스 등의 등장으로, 생산자와 소비자 는 구분되게 되었고, 교환을 위한 '시장'이 확장되게 돼.

단웅이 이러한 생산과 소비의 분리는 정치, 문화, 사회, 교육 등 많은 부분에 영향을 끼쳤어. 고임금, 고이윤을 원하는 생산자와 가격 인하 를 요구하는 소비자 사이의 대립으로, 정치적 분열이 심화되었고, 하 나의 생산 단위였던 확대 가족은 해체되어 일을 하기 위해 도시로 이 동하면서 핵가족 형태로 바뀌게 되었지. 공장을 모델로 한 대중교육 또한 성행하게 되었어. 대중교육은 시간을 엄수하고, 복종하고, 기계 적인 반복 작업을 습관화하는 것을 가르쳤고, 이러한 교육을 통해 청 년들이 사회에서 유능한 인력이 되기 위한 준비를 할 수 있게 되었지.

산업사회 6가지 원칙 :
표준화, 전문화, 동시화, 집중화, 극대화, 중앙집권화

태연   앨빈 토플러는 이러한 산업사회의 모습을 표준화, 전문화, 동
시화, 집중화, 극대화, 중앙집권화 총 6가지 원리에 기초해서 정리하
고 있어. 이러한 원리들은 모두 앞서 이야기한 소비와 생산의 분리를
통해 생겨난 것이고, 이러한 원칙들은 우리 생활 모든 부분에 영향을
미치고 있어. '표준화'부터 하나씩 살펴볼까?

단비   좋아. '표준화'는 대강 어떤 느낌인지 알 것 같아. 산업사회에
서는 공장에서 대량 생산이 이루어졌잖아. 더욱 효율적인 생산을 위
해 규격에 맞는 부품을 사용하고, 생산, 관리체계를 하나로 통일되게
표준화하는 거! 이런 거 맞지?

산업사회의 모습을 담고 있는 찰리 채플린의 영화 〈모던타임즈〉

출처: alamy

단웅이 응 맞아. 산업사회는 일의 순서와 도구를 표준화시켰고, 노동자들의 작업시간까지 표준화했어. 하지만 그뿐만 아니라, 고용절차, 교육, 대중매체, 언어, 더 나아가서 일상생활의 모든 면에서 표준화가 이루어졌어. 표준화된 도량형과 화폐가 등장하게 된 것도 바로 산업 사회 시기지. 이 전에는 지역마다, 나라마다 제각기였던 도량형과 화폐를 표준화시킴으로써 보다 편리한 유통과정이 진행되었고, 이는 대량 유통의 발전을 이루었어. 대중매체의 경우에는 표준화된 이미지를 보급하면서 사람들이 똑같은 뉴스와 광고, 책을 읽게 했고, 소수 민족의 언어나 사투리에 대해서 탄압하면서 영어와 프랑스어 같은 표준어를 사용하게 했지.

태연 확실히 표준화를 통해 보다 효율적인 사회가 구축될 수 있었던 건 분명해 보여. 하지만 인간 개개인의 개성은 잃게 된 것 같아서 씁쓸하네. 다음으로 '전문화'에 대해 알아볼까?

단비 다음으로, '전문화'는 분업과 관련된 이야기야. 제2의 물결 사회에서는 표준화가 진행되면서, 생활, 여가 양식에서는 다양성이 사라지게 되었지만, 노동의 영역에서는 다양성이 더욱 요구되게 되었어. 이때 등장한 것이 바로 '분업'이지. 오직 한 가지 일만 되풀이 하는 '노동자'와 한정된 분야에서만 통용되는 '전문가'를 등장시켜 각자 자신에게 할당된 역할만을 하게 함으로써 보다 효율적인 방식으로 노동이 이루어질 수 있었어.

단웅이 음 결국 표준화로 인해 전문화도 등장하게 된 거네. 다음으로 알아볼 '동시화'도 결국 산업사회에서 중시한 노동의 효율성에서 나온 개념이라고 볼 수 있어. 산업사회에서 '시간'은 돈으로 환산되는 가치야. 값비싼 기계를 잠시 쉬게 하는 것은 곧, 돈의 낭비가 되는 거지. 분업화된 노동자 그룹 간에는 높은 상호의존성이 있기 때문에 시간을 엄수하지 않으면, 연쇄적으로 문제가 일어나게 돼. 따라서 산업사회에서 시간의 엄수는 농경사회와 달리 매우 중요한 가치로 다루어지게 되었고, 이를 위해 '시계'의 보급 또한 이루어졌어.

단비 어릴 때부터 시간 보는 법을 배우고, 시간표에 맞게 공부하는 교육을 받아 왔기 때문일까? 나 같은 현대인들에게는 시간 엄수가 너무 당연시하게 받아들여져 왔었는데, 이것들이 다 제2의 물결의 산물이라니. 신선한 충격이야.

태연 시장의 등장으로 '집중화'의 개념도 생겨났어. 집중화의 개념은 에너지원, 인구의 분포, 노동, 생산 등 다방면의 분야에 사용되었지. 다양한 에너지원에 의존했던 제1의 물결 사회와 달리, 제2의 물결 사회는 석유, 석탄, 천연가스와 같은 집중화된 화석연료에 에너지원을 의존하게 되었고, 인구의 분포는 공장이 집중적으로 밀집되어 있는 거대한 도시로 집중화되었어. 또한 물품 생산의 대부분을 4~5개 기업에서 독점 생산하며, 경제 조직 또한 집중화되게 되었지.

단웅이 집중화를 들으니 '서울공화국'이라는 말이 떠오르네. 우리나라의 정치, 사회, 경제, 문화 등 모든 분야에 걸쳐 대부분의 역량이 서울에 집중되어 있기 때문에 이러한 말이 생긴 거잖아. 이러한 모습도 제2의 물결 사회의 산물이라고 할 수 있겠다. 그런데 요즘 공기업이나 공공기관이 지방으로 이전하는 걸 보면, 우리 사회의 흐름도 제2의 물결에서 벗어나려는 방향으로 진행되고 있는 건 명백한 것 같아. 다음으로 '극대화'를 알아볼까?

단비   생산과 소비가 분열되면서, '크다'와 '능률적'이라는 것이 동의어가 되었고, '극대화'라는 것은 제2의 물결 사회의 중요가치로 거듭나게 되었어. 공장의 생산량이 극대화되면, 단위 생산 원가는 저렴해지게 되잖아. 제2의 물결 사회는 모든 분야에 이러한 사고방식을 적용했어. 기업의 규모를 극대화하면, 이윤이 극대화된다고 생각해 기업 합병을 권장했고, 엄청난 규모의 공장들을 설립했지.

태연   이러한 '극대화' 원칙을 통해 많은 발전도 이루어졌지만, 모든 것을 희생하고 규모만 늘리는 고도성장을 중요시했기 때문에 생태계 파괴나 사회적 파멸 위험에 대한 고려 없이 광적으로 진행되었다고 해. 이러한 부분에서 제2의 물결 사회의 한계점이 등장하게 되었겠네. 자 다음으로 이제 마지막, '중앙집권화' 원칙을 살펴볼까?

단웅이   좋아. '중앙집권화'는 내가 설명할게. 제2의 물결 사회에서는 개별 기업과 산업, 정치, 경제 부분에서 중앙집권화 방법이 등장했어. 정치의 경우, 지방분권의 영향이 적어지고, 전국적 차원의 정책 결정에서 중앙정부의 영향력이 커지게 되었지. 경제의 경우에는 제2의 물결 시기에 중앙은행이 등장하게 되면서, 통화와 신용의 중앙집권적 관리가 이루어졌어. 제2의 물결 사회는 다양성을 존중하기보다는 하나로 표준화하여 효율을 늘리는 것을 추구하잖아. 중앙집권화도 그러한 맥락 속에서 발생한 원칙인 것 같아.

단비 와! 우리 지금까지 제2의 물결 문명사회를 구성하는 여섯 가지 원리를 모두 알아봤네! 혼자서는 이해하기 어려웠던 부분이었는데, 같이 이야기해보니 훨씬 이해가 잘 되는 것 같아. 이 여섯 가지의 원리들은 제2의 물결 문명에서 상호 간 상승 작용을 하면서, 비인간적인 관료 제도를 만들어내고, 제2의 물결 사회에 많은 영향을 끼쳐왔지. 그러나 이 여섯 가지의 원칙들로 인해, 환경오염, 사회적 갈등 등 다양한 부작용이 나타나면서 제3의 물결 문명에 의해 공격을 받고 있다고 해. 자 이제 우리도, 제3의 물결로 넘어가 볼까?

제3의 물결 에너지원의 변화가 이끈 산업사회

태연 지금까지 제1의 물결에서 제2의 물결로 옮겨가는 과정과 제2의 물결 사회를 둘러싸고 있는 6가지의 원칙을 살펴보았어. 그러나 제2의 물결 사회도 하나의 흐름에 지나지 않을 뿐, 제3의 물결의 공격을 받아 쇠퇴하였지. 앨빈 토플러는 제1의 물결의 흐름이 수천 년에 걸쳐 완만하게 전개되었다면, 제2의 물결의 변혁은 300년이 걸렸으며, 제3의 물결은 보다 가속적으로 나타나 불과 2, 30년 동안 역사의 흐름을 바꾸어낼 것으로 예측했어. 그럼 앨빈 토플러가 예측한 제3의 물결 사회는 제2의 물결 사회와 어떠한 차이점이 있는지에 대해 살펴보자. 단비야, 제3의 물결 사회 등장의 원동력에 관해 설명해줄 수 있겠어?

단비   좋아. 우선 제3의 물결 사회는 에너지원의 형태가 변화할 것이라고 보았어. 제2의 물결 사회의 주 에너지원은 석탄, 석유 등의 화석연료로, 재생 불가능하며 집중화된 에너지 종류였잖아. 그런데 앨빈 토플러는 이러한 제2의 물결의 에너지 체계가 곧 에너지 위기를 불러일으키게 되면서 더 이상 유지되지 못할 것이라고 내다보았어. 이를 통해 화석연료는 풍력, 태양열 등의 재생 가능한 에너지원으로 대체되고, 화석연료로의 집중화에서 벗어나 다양화된 에너지원 형태가 나타날 것이라고 했지.

단뭉이   우와. 앨빈 토플러가 말한 에너지 체계의 탈집중화와 재생 에너지로의 전환은 현재까지도 계속해서 일어나고 있는 변화잖아. 2016년 파리기후협약이 채택되면서, 전 세계 국가들이 온실가스 저감을 위해 재생에너지로의 전환을 이루고 있고, 우리나라도 이러한 에너지 전환에 적극적으로 동참하며, 2030년까지 재생에너지 발전 비중을 30%로 목표하며 재생에너지 비율을 늘리는 추세야.

태연   맞아. 심지어 최근엔, RE100이라고 2050년까지 기업활동에 필요한 전력의 100%를 재생에너지로 대체하겠다는 프로젝트도 진행되고 있어. 여기에는 애플, 구글 등의 세계적 기업들을 비롯해 SK하이닉스, LG 에너지솔루션, 아모레퍼시픽 등 우리나라의 대기업들이 자발적으로 동참하기 시작했다고 해.

단비　앨빈 토플러는 여기서 더 나아갔어. 에너지 위기가 제3의 물결 산업의 발전을 촉진하면서, 제2의 물결 사회와 다른 형태의 산업들이 중추적인 역할을 해낼 것으로 예측했지. 컴퓨터 산업과 전자공학, 우주산업, 해저개발, 유전공학이 바로 그것들이야. 우선 컴퓨터의 대중적 보급을 통해 기업과 가족의 형태가 변화될 것이라고 보았고, 전자공학의 발전을 통해 에너지를 적게 사용하는 제품들이 등장해 에너지 보존에 도움을 줄 것이라고 보았어. 또한 유전공학을 통해서는 우수한 인종을 만들게 되거나, 에너지 문제 및 식량 공급 문제를 해결할 수 있을 것이라고 했지.

단웅이　그뿐만 아니라 우주와 해저 같은 새로운 공간에서의 산업들도 등장할 것이라고 바라보았어. 우주산업의 경우, '우주 공장'을 통해 지구상에서 제조할 수 없는 제품들을 개발할 수 있을 것이라고 전망했지. 더 나아가 수천 명의 인구를 수용하는 '우주 도시'가 건설될 것이라고 보기도 했어. 해저개발을 통해서는 수중농업으로 세계 식량 위기를 해결하면서, 각종 광물의 개발 및 의약품의 개발, 더 나아가 해상주택을 통한 인구 밀집 문제를 해결할 수 있을 것이라고 평가했어.

태연 컴퓨터 산업과 전자공학, 유전공학은 현재도 활발하게 발전하고 있는 산업이어서, 어느 정도 예상을 했는데, 우주산업이나 해저개발 같은 경우에는 의외야. 물론 과거에 비하면 어느 정도 발전이 이루어졌다고 볼 수는 있지만, 현재 엄청난 주목을 받는 산업은 아니라 그런가?

단웅이 음 아무래도, 컴퓨터, 전자공학, 유전공학에 비하면 우주산업과 해저개발 산업의 발전은 아직 초기 단계인 것 같긴 해. 그래도 테슬라의 CEO인 일론 머스크가 계속해서 우주산업에 집중하고 있는 걸 보면 우주산업의 발전을 기대해 볼 만한 것 같아. 또 얼마 전에 우리나라에서 누리호 발사도 성공했잖아. 누리호 발사가 우리나라 우주산업 발전의 신호탄이 될 수 있었으면 좋겠다! 그리고 해저개발 산업 같은 경우에는 아직 대중적으로 잘 알려지지는 않은 것 같아. 하

2020년 두바이 엑스포에 전시된 Space X가 개발한 Falcon 9 발사체 모형
출처: alamy

지만 우리가 모르는 사이에 해저광물 자원 개발과 해저 도시의 건설에 관한 연구들 또한 진행되고 있다고 하니 주목할 필요가 있지 않을까?

단비   해저개발과 같이 아직 미약한 발전만 있는 산업이라도, 아직 무궁무진한 발전의 가능성이 있으니까 어떻게 될지 몰라. 미래에는 앨빈 토플러가 예측한 산업들의 성과들이 차례로 나타날 수 있을 것 같아. 그리고 참고로 앨빈 토플러는 이 4가지 산업들의 발전이 별개가 아니라, 상호 간 연결성을 가지고, 각 산업들의 발전을 촉진시킬 것이라고 보았어. 융합된 산업형태로의 발전에 대해서도 기대해보자.

우리 세대가 경험하는 제3의 물결 법칙 : 탈대중화, 탈표준화

태연   앨빈 토플러는 이러한 기술의 발전을 통해 제3의 물결 문명에선 앞서 살펴봤던 제2의 물결 문명의 원칙들과 다른 양상의 행동 양식이 나타날 것으로 예측했어. '탈대중화', '탈표준화', '탈중앙집권화', '탈동시화'가 바로 그것들이야. 하나씩 살펴보면서, 이와 관련해 앨빈 토플러가 예측한 미래의 모습은 무엇인지에 대해 알아보고, 현재 모습과 비교해보자!

단웅이   좋아! 먼저 '탈대중화'와 '탈표준화'에 대해 알아보자. '탈대중화'와 '탈표준화'는 우리가 앞서 알아본 제2의 물결 문명의 '표준화'

원칙과 대비되는 행동 양식이라고 할 수 있어. 이러한 행동 양식은, 대중매체, 생산과 소비, 종교, 문화, 정치 등 다양한 분야에서 나타났지. 그중에서 대중매체를 예시로 들어볼게. 제2의 물결 문명에서 대중매체는, 대중들에게 '표준화'된 이미지를 제공하면서, 대중들이 생산 체제가 요구하는 표준화된 행동을 가지도록 만들었지. 반면에 제3의 물결 문명에서는 컴퓨터와 전자공학 기술의 발전으로, 대중매체를 통한 이미지의 구현이 빠르고 일시적인 현상으로 나타날 것이라고 보았어. 앨빈 토플러는 대중매체의 영향력이 점차 약화되면서 '탈대중화 매체'가 등장할 것으로 전망했지. 책에서 앨빈 토플러가 말한 '탈대중화 매체'는 미니잡지, 전문화된 청취자 그룹을 대상으로 하는 다양한 방송국 등을 의미해.

단비 앨빈 토플러는 매체의 탈대중화로 인해 사람들의 정신이 세분화되면서, 소규모의 그룹으로 세분화된 사람들이 각자 만들어낸 엄청난 양의 이미지를 교환할 것이라고 보았어. 이를 통해 제3의 물결 사람들은 단편화된 일시적인 이미지들인 '순간 영상'들을 다량으로 받아들이고, 이를 종합화하는 능력을 갖추게 될 것으로 예측했지. 나는 개인적으로 이 부분을 읽으면서 소름이 돋았어. 대중매체에서 벗어나, 각자의 기호에 맞는 선택에 따라 단편화된 '순간 영상'을 본 다라…. 우리가 평소에 자주 보는 유튜브를 말하는 것 같지 않니? 유튜브는 방송과 달리 나의 취향에 맞는 영상들만 선택해 볼 수 있고, 일반적으로 단편적인 영상으로 구성되어 있잖아!

단뭉이   맞아! 앨빈 토플러가 정확하게 유튜브의 세상이 도래한다고 말한 건 아니지만, 앨빈 토플러가 말한 순간 영상과 탈대중화 매체의 성격을 종합해보면, 유튜브와 유사한 것 같아. 유튜브는 기본적으로, 알고리즘을 통해 사용자 개개인이 자주 보는 동영상과 유사한 사용자 맞춤형 영상들을 추천하잖아. 그러한 점에서 앨빈 토플러가 예측했던 탈대중화 매체라고 할 수 있겠어!

태연   이러한 대중매체의 탈대중화는 표준화된 세계관을 파괴하고, 다양한 이미지, 관념, 상징, 가치 등을 사회에 주입하면서 다양한 생활양식과 개성화된 사람들을 등장시킬 것으로 보았어. 이에 따라 생산과 소비, 정치, 문화 등 전반적인 부분에서 탈대중화와 탈표준화가 이루어지게 될 것이라고 평가했지. 그중 생산과 소비 분야에서는, 제2의 물결 산업의 '대량 생산' 체제에서, 단기가동을 통한 '소량 주문 생산' 체제로의 변화가 이루어질 것으로 전망했어. 이러한 변화는 모두 컴퓨터 기술의 발전 덕분에 이루어지는 것이라고 할 수 있지. 더 나아가 앨빈 토플러는 이러한 탈대중화 생산이 곧 '탈표준화' 소비를 불러일으킬 것이라고 내다보았어. 이는 개성화된 소비자의 기호에 맞추어 소비가 이루어진다는 뜻인데, 주문 생산을 통해 소비자가 원하는 부품, 단위장치를 선택하고, 이에 따라 제품의 가격 또한 탈표준화된다는 것을 의미해.

단뭉이   와 나는 소비와 생산의 탈대중화 이야기도 공감이 많이 가는 것 같아. 요즘 커스터마이징 서비스들이 유행하고 있잖아. '비스포크

가전', '나이키 ID' 등 가전제품, 자동차부터 신발, 음료, 화장품 등 다양한 분야에서 커스터마이징customizing 서비스들이 제공되고 있고, 실제로 많은 사람이 이러한 서비스를 이용하고 있어. 2019년 삼성전자가 내세운 개인 맞춤형 가전제품 '비스포크'는 삼성전자 전체 매출에서 차지하는 비중의 80%를 넘길 정도로 엄청난 인기를 끌고 있다고 해.

단비 '비스포크' 같은 커스터마이징 제품이 유행하게 된 건, 개성과 취향을 중요시하는 MZ세대의 소비 추세에 맞추어 일어난 현상이라고 할 수 있지. 그러고 보니 앨빈 토플러가 말한 개성화된 제3의 물결 사람들과 최근 미디어에서 자주 언급하는 'MZ세대'들의 모습이 닮아있는 것 같아.

태연 어 맞아! 나도 책을 읽으면서, 중간중간 MZ세대들의 모습이 떠오르는 부분이 많았어. MZ 세대의 대표적인 트렌드인 '가치 소비미닝 아웃'나, '프로슈머'와 관련된 내용이 책에 나오더라고!

단웅이 맞아. 앨빈 토플러는 제3의 물결과 함께 기업의 윤리적 자세가 사회에 직접적인 영향을 미친다는 인식이 강화될 것이라고 바라봤고, 이에 따라 기업에게 상품 생산과 이익 창출을 넘어선, 환경, 정치, 사회, 도덕, 성별 등과 관련한 복잡한 문제 해결에 대한 공헌까지 요구하는 소비자들이 계속해서 늘어날 것이라고 했어. 이러한 점은 제로웨이스트zero-waste나 비건vegan, 리사이클링recycling과 같은 지속 가능한 소비를 추구하고, 경영인의 도덕적 리스크에 반발하며, 기업의 사회적 책임을 적극적으로 요구하는 MZ세대들과 매우 유사하지. 앨빈 토플러는 이러한 제3의 물결 소비자들에 맞추어 기업과 경영자들이 경제적 순수익뿐만 아니라, 사회, 환경, 도덕, 정치 등과 같은 분야의 이익에도 관심을 가져야 한다고 했어. 이러한 앨빈 토플러의 주장과 최근 기업들의 ESG 경영은 맞닿아있는 것 같아.

단비 맞아. 최근 많은 기업이 ESG 경영에 집중하고 있어. ESG 경영 여부에 따라 기업의 미래가 달려있기 때문이지. 실제로 한때 우리나라의 우량 기업으로 손꼽혔던 유제품 회사 A의 경우, 갑질 행위와 경쟁사 제품 비방 등의 사회적 물의를 일으켰고, 환경에 무관심한 생산 방식 등으로 인해 소비자로부터 외면당했어. 그 결과 매출이 급감하고 경영권까지 넘기게 되는 상황이 발생했지. 반면에 유제품 회사 B의 경우, 사회문제에 관심을 가지며 이익이 얼마 남지 않음에도 불구하고, 아픈 아동들을 위한 특수 분유를 계속해서 만드는 등 기업의 사회공헌활동을 중시해왔어. 더 나아가서 최근 ESG 경영 트렌드에 맞게 환경을 생각해 포장재를 친환경 소재로 바꾸는 시도까지 했다고 해. 이러한 시도들은 소비자들로부터 긍정 평가를 받았고 매출 성장으로 이어졌지.

태연 이렇듯 앨빈 토플러 말대로 기업의 경영은 경제적 가치를 넘어 사회, 환경, 정치 등의 이익을 추구하는 방향으로 이루어지고 있어. 다음으로 앨빈 토플러가 언급한 프로슈머prosumer에 대해서도 알아보자.

단비　다들 '프로슈머prosumer'라는 말 익숙하지 않니? 나는 기사나 책, 매체들에서 많이 들어봐서 익숙했는데, 이게 앨빈 토플러가 처음 명명한 단어라고 해서 놀랐어. 실제로 『제3의 물결』에서 등장하더라고! 프로슈머는 생산자producer와 소비자consumer가 합성된 말이야. 제2의 물결 문명의 소비자는 대량생산된 물건을 대량소비한다는 점에서 수동적인 모습이었다면, 제3의 물결의 소비자는 그러한 모습에서 벗어나 주도적으로 생산과 소비를 함께하는 주도적인 프로슈머가 될 것이라고 내다보았어. DIYDo-It-Yourself 상품을 통해 생산자의 일을 소비자가 일부 부담하는 것을 시작으로, 생산 과정에 더욱 깊이 관여하며 소비자 주도형 제품이 등장할 것으로 예측했지.

단웅이　우리가 앞서 언급했던 커스터마이징도 이러한 프로슈머 활동의 일환이라고 할 수 있을 것 같아. 또 최근 SNS상에서 화제를 모은 조리법에서 착안해서 가공식품을 만드는 사례도 있던데, 이러한 제품도 프로슈머 활동이라고 할 수 있겠지? 얼마 전에 편의점에 갔더니 SNS에서 유행이었던 컵라면에 밥을 볶아먹는 라면 밥 조리법이 냉동제품으로 나왔더라고!

태연　맞아. 또 요즘 화장품 기업들에서 서포터즈나 품평단 활동을 지원하면서, 개발 중인 화장품에 소비자가 적극적으로 의견을 낼 수 있도록 하고, 이를 반영하여 화장품을 제조하는 사례들도 많은데 이런 경우도 전부 프로슈머 활동이라고 할 수 있어. 그 외에도 요즘 소비자의 투자를 받아 제품을 출시하는 크라우드 펀딩crowd funding도 활성화되고 있는데, 이 또한 소비자가 생산에 참여하는 것이니 프로슈머 활동이라고 할 수 있지 않을까!

단비 　앨빈 토플러는 식품, 비누, 화장품과 같은 대중과 직결된 상품뿐만 아니라, 더 나아가 전자공업 같은 최첨단 분야에서도 소비자가 생산에 참여하는 활동이 이루어질 것이라고 보았어. 컴퓨터를 통해 소비자가 직접 생산 공정을 움직이는 시스템을 실현하게 되는 시대까지 도래할 것으로 예측했다는데, 아직 여기까지는 도달하지 못한 것 같아. 그래도 언젠가 기술력과 시스템이 뒷받침된다면, 소비자가 생산 공정까지도 직접 움직이는 방식도 등장할 수 있지 않을까?

제3의 물결 법칙과 현대사회 : 탈중앙 집권화, 탈동시화

단비 　'매트릭스 조직'을 보니, 한때 구글의 자율적인 기업문화가 획기적이라고 평가받으면서 많은 회사들이 기업 문화를 수평적인 문화로 바꾸고자 노력했던 것이 생각나. 과거 기업들의 문화는 위계가 있고 수직적인 중앙집권화 형태였다면, 최근에는 보다 탈중앙집권적이고 수평적인 조직문화를 만들고자 노력하고 있어.

태연 　맞아. 최근 대기업에 다니시는 선배님과 이야기를 나눌 기회가 있었는데, 그 기업에서는 직급을 통일하고, 명칭도 OOO님으로 통일하면서 수평적인 회사 문화를 가지고 있다고 하더라고! 또 여러

IT 기업들을 살펴보면, 한글 이름 대신 영어 이름을 사용하며, 보다 수평적인 기업문화를 이루려고 노력하는 것 같아. 그런데 선배님의 이야기를 들어보면, 수평적인 문화의 회사라고 해서 다 좋은 건 아니라고 하더라. 수직적인 문화의 회사와 수평적인 문화의 회사를 둘 다 경험해보았는데 각자의 장단점이 있다고 하더라고. 앨빈 토플러의 예측대로, 현대사회에 다양한 회사들이 탈중앙 집권적인 조직으로의 개편을 수행한 것은 사실이지만, 이러한 형태의 조직이 무조건 옳은 방식이라고 할 수는 없는 것 같아.

단웅이 맞아. 실제로 매트릭스 조직과 같은 복잡한 구조는, 상호 간의 충분한 의사소통과 정보 공유가 이루어지지 않으면, 여러 부서 간에 충돌을 일으키거나 혼란을 야기할 수 있다고 해. '매트릭스 조직'의 운영은 난이도가 높아서, 체계가 마련되지 않은 소기업에서 실행했다가 더 큰 문제를 발생시키는 사례도 많다고 하지. 기존 중앙집권적인 조직 체계에 비해 안정성과 보안이 떨어지기도 해. 따라서 무조건적으로 '매트릭스 조직'으로 변화해야 한다는 생각은 옳지 않고, 각 기업의 특징에 맞게 조직 형태를 합리적으로 선택하는 게 바람직한 것 같아.

단비 듣고 보니 그러네. 앨빈 토플러가 제3의 물결 문명만을 낙관적으로 묘사하다 보니 제2의 물결 문명은 모두 다 버려야 하는 제도라고 생각하게 됐어. 이건 나의 편협한 태도였던 것 같아. 보다 비판적인 시각으로 앨빈 토플러의 예측을 바라볼 필요도 있겠어.

태연　다음으로 '탈동시화'에 대해 알아보자. 제2의 물결 사회에서는, 대량생산체제에서 노동의 효율성을 위해 시간의 엄수가 중요시 여겨졌다고 했지. 그런데 제2의 물결 산업과 달리, 제3의 물결 산업은 기계적인 공장 시스템에서 벗어나게 되면서, 시간 엄수라는 사회적 리듬을 바꾸어 놓을 것이라고 보았어. 1970년대에 산업계에서 유행한 '자유 근무 시간제'를 바로 그 예로 들면서, 앞으로 이러한 자율적인 근무가 증가할 것이라고 예측했지. 이에 따라 9시부터 5시까지로 고정되었던 근무 시간은 아침 시간대부터 새벽 시간대까지 다양화되게 되면서 시간이 유동적인 개념으로 변화하게 될 것으로 전망했어. 이것이 바로 '탈동시화'야. 코로나 팬데믹 이후로 유연 근무제가 확산되었잖아. 유연 근무제는 일하는 시간과 장소를 각자 자율적으로 선택하는 방식이니까 탈동시화와 탈중앙 집권화의 산물이라고 바라볼 수 있을 것 같아.

단비　맞아. 실제로 책에서 앨빈 토플러는 자율 근무제 뿐만 아니라, '재택근무'와 유사한 근무형태 또한 언급하고 있어. 노동의 시간이 유동적으로 변화하고, 노동의 장소가 중앙집권적인 작업장에서 벗어나면서 제3의 물결에서의 노동은 전자기기를 갖춘 소규모 주택, 즉 '전자 주택'에서 이루어질 것이라고 보았지.

단웅이　나는 앨빈 토플러가 '재택 근무'를 예측했다는 것에 굉장히 놀라웠어. 외국의 경우 익숙할지도 모르지만, 우리나라의 경우 코로나19를 통해 이제서야 활성화된 문화잖아. 앨빈 토플러가 팬데믹 상황

까지 예측한 건 아닐 텐데
신기하네.

태연　팬데믹 상황이 끝나
가고 있는 현재에도, 재택근
무를 유지하려는 회사들이
많다고 해. 최근에 유명 통

확산된 재택근무 방식　　　　출처: alamy

신사 기업 선배님과 이야기를 나눴는데, 재택근무를 하고 있으셔서서
한 달에 한 번 정도만 본사로 출근한다고 하더라고! 물론 직군마다
일의 형태는 다르다고 하지만, 재택근무가 어느 정도 자리 잡은 것
같아. 그리고 팬데믹 이후에도 재택근무를 유지하는 회사가 많다는
점을 생각해보면, 팬데믹 상황이 재택근무에 직접적인 영향을 행사
한 것 같지는 않아. 오히려 정보화 사회로의 변화가 재택근무의 확
산을 앞당긴 것 같아. 재택근무로의 변화는 정보화 사회에서 언젠
가 반드시 나타날 수순이었다고 봐.

단웅이　더 나아가서 앨빈 토플러는 '전자 주택'의 실현이 인간의 사회
생활 자체를 재편성할 것으로 보았어. 재택근무를 하기 때문에 직장
과 가까운 곳으로 집을 옮기지 않아도 되잖아. 그래서 한 지역에 정
착하는 경우가 많아지게 되면서 지역 공동체가 강화될 것으로 예측
했어, 그뿐만 아니라 에너지 사용과 교통량이 감소하면서 환경오염
또한 완화될 수 있다고 내다 보았지. 더 나아가서 노동의 장소가 가
정으로 되돌아가게 되면서, 가족의 구성과 관계에 많은 변화가 생길

것이라고 평했어. 독립의 필요성이 사라지고, 집안에서 가족과 함께 보내는 시간이 증가하면서 가족 간의 친밀함이 강화되고, 핵가족체제에서 벗어나 가족 구성단위의 결합이 강화될 것이라고 상상했지.

단비 앨빈 토플러는 재택근무를 통해 제2의 물결 사회에서 등장시킨, 노동과 육아의 분업으로 인한 문제를 해결할 수 있다고 보았어. 제2의 물결 사회에서는, 남편은 회사에 다니고 아내는 자녀 양육에 전념해야 했었지. 반면에 재택근무 체제에서는 교대로 각자의 업무를 볼 수 있기 때문에 남편이든 아내이든 맘껏 자신의 직업 생활을 할 수 있다는 거야.

단웅이 우와. 재택근무가 더 활성화되면, 경력 단절에 대한 위험과 부담감을 느끼지 않아도 되겠다. 이를 통해 성차별 문제가 어느 정도 해소되고, 우리 사회의 고질적인 문제인 젠더 갈등 또한 감소할 수 있을 것 같아.

태연 허무맹랑하게 들릴 수도 있지만, 더 나아가서 가내 전자 근무 체제 내의 아이들은 부모가 일하는 모습을 보고 자라나면서, 자동으로 기술 교육이 이루어질 것이라고 예측했어. 그러다 보니 일정 나이가 되면 부모와 더불어 일을 하게 되는 경우도 나타날 것으로 전망했지.

단웅이 '전자 확대 가족'이라는 개념도 제시했는데, 이것도 흥미로워.

앨빈 토플러는 혈연관계가 없는 회사 동료를 가정 내에 편입시켜, 가정과 직장을 겸한 생활공동체를 만드는 경우도 나타날 것이라고 보았어.

단비　음… 전자 확대 가족에 대한 이야기는 너무 급진적인 이야기 아닐까? 재택근무가 가족 구성원들의 친밀감을 강화하고, 노동과 육아의 분업 문제를 해결할 수 있다는 것까지는 동의해. 하지만 그 이후에 일하는 아이들의 등장이나 전자 확대 가족의 등장까지 일어나게 될지는 의문이네. 아직 일어나지 않아서 그런지 허무맹랑하게 들리기도 하고…. 재택근무가 모든 산업 분야에서 전체적으로 이루어지게 되고, 보편화 된다면 가능한 일일 수도 있겠지만, 현재 재택근무는 IT업계와 같은 일부 산업 분야에만 통용되고 있잖아. 재택근무가 불가능한 산업군도 존재해. 앨빈 토플러도 산업군의 제한이 있다는 점에 대해서는 인정하고 있기도 하고!

태연　아직 일어나지 않은 변화다 보니, 비판적으로 바라볼 수밖에 없을 것 같아. 하지만 재택근무는 최근에서야 시작된 새로운 변화이다 보니, 이러한 변화가 또 다른 변화를 불러일으키기 위해선 시간이 필요해 보여. '일하는 아이들'과 '전자 확대 가족'이라는 변화가 나타날 수 있다는 것을 인지하면서, 장기적으로 이를 지켜보는 게 어떨까?

단웅이　지금까지 제2의 물결 문명과 대비되는 제3의 물결 문명의 경향인 '탈대중화', '탈표준화', '탈중앙 집권화', '탈동시화'에 대해서 살펴보고, 이러한 경향이 나타난 현대의 사회 모습들에 대해서도 여러 가지 이야기 해봤어. 앨빈 토플러가 예측한 미래 모습을 모두 다 이야기 나눈 것은 아니지만, 다 이러한 경향 속에서 나타나는 모습들이라고 볼 수 있잖아. 그리고 이러한 경향들은 사회, 경제, 심리, 정치 모든 분야에 대해서 나타나.

앞으로 우리에게 다가올 제4, 제5의 물결을 기다리며

태연　자 이렇게 오늘, 『제3의 물결』을 통해 제1의 물결에서 제2의 물결로 변화하는 과정을 살펴보았고, 제2의 물결에서 제3의 물결로의 변화 방향에 대해서도 함께 이야기를 나눠 봤어. 처음에는 방대한 양의 『제3의 물결』 내용을 어떻게 정리할까 고민이 많았었는데, 과거와 현재에 대한 통찰과 이를 바탕으로 한 미래에 대한 예측, 이렇게 두 부분으로 나누어서 바라보니 쉽게 정리할 수 있었던 것 같아.

단웅이　앨빈 토플러가 예측했던 40년 전의 미래는 어느덧 현재가 되었고, 그가 예측했던 미래의 모습을 현재 대부분 우리는 경험하고 있지. 물론 아직까지 나타나지 않은 그의 예측도 있지만, 언젠가 나타날 변화라고 생각해. 지금의 현대사회를 제2의 물결과 제3의 물결이 부딪치고 있는 과정으로 본다면, 앞으로 우리가 살아갈 미래 사회에선 제4의 물결이라는 새로운 흐름 또한 등장하게 될 거야. 제4의 물결이 어떠한 양상으로 나타나게 될지는 모르겠지만, 인공지능, 로봇 등과 같은 4차 산업들의 발전과 함께 나타나지 않을까? 제3의 물결이 이전의 물결들에 비해 훨씬 빨리 등장했던 것처럼 제4의 물결 또한 순식간에 우리에게 다가올 거야.

단비   맞아. 이러한 제4의 물결의 도래는 물결들의 충돌로 인해 이전 물결들의 변화 과정 속에 나타났던 문제들처럼 우리에게 엄청난 혼란을 불러올 거야. 그리고 우린 그 변화에 재빠르게 적응해야 피해를 보지 않고, 미래 사회에서 살아남을 수 있겠지. 앨빈 토플러가 40여 년 전, 제3의 물결의 변화 방향을 예측했던 것처럼 제4의 물결 문명의 시나리오를 제시해주면 얼마나 좋을까!

태연   하지만 너무 아쉽게도 우리에게 미래의 시나리오를 제시해 줄 앨빈 토플러는 더 이상 존재하지 않아. 그래도 우리에겐 앨빈 토플러가 남긴 『제3의 물결』이 있잖아. 『제3의 물결』에서 앨빈 토플러가 그랬던 것처럼 과거와 현재에 대해 깊이 성찰하는 태도를 가져보자. 그러한 태도를 바탕으로, 앨빈 토플러는 서로 다른 현상들을 관찰하면서, 상호 연관되어있는 변화들을 발견해냈잖아. 우리도 다각도로 현상을 살펴보려는 노력을 본받는다면. 어느 순간 새로운 문명의 도래를 촉진 시키는 큰 흐름들을 파악할 수 있게 될 거야.

단비   맞아! 쇠퇴해 가고 있는 과거의 물결에 의한 변화와 새롭게 등장하는 물결에 의한 변화를 구별하면, 변화들 속에 숨겨진 질서들을 통찰할 수 있게 될 거야. 그것을 바탕으로 앞으로 다가올 미래에서 우리 개개인이 어떤 역할을 할 수 있을지에 대해 고민해보는 과정을 가져보자.

단웅이 그리고 『제3의 물결』이외에도 앨빈 토플러가 저술했던 책들을 살펴보면서 미래의 변화 방향성에 대해 파악할 수 있는 안목을 기를 수 있을 것 같아. 참고로 2006년에 출판된 앨빈 토플러의 저서 『부의 미래』에서는 제4의 물결을 예견하며, 미래의 '부(富)'가 어떻게 변화할지에 대해 다루고 있다고 해. 『부의 미래』라는 책을 살펴보는 것도 제4의 물결 문명을 대비하는 데 많은 도움이 되지 않을까?

단비 오! 그럼 우리 다음 토론에서는, 앨빈 토플러의 『부의 미래』에 대해서 토론해보자. 제3의 물결을 통해 인류문명의 역사에 대해 자세하게 이야기하게 됐으니 부의 미래를 통해 앞으로 다가올 미래에서 자본주의가 어떻게 변화할 것인지 알아보고 고민해보면 좋을 것 같아.

단웅, 태연 좋아!

참고 문헌

1. 저서

앨빈 토플러, 원창엽 옮김, 『제3의 물결 (미래의 충격으로 세계를 놀라게 했던 신문명론, 3판)』, 홍신문화사, 2006.

앨빈 토플러, 「위기를 넘어서:21세기 한국의 비전」, 수탁보고, 2001.

앨빈토플러, 「제3의 물결과 한국의 비전」, 『소프트웨어세계 no.5』, 2001.

안성익, 「매트릭스 조직은 구시대의 유물로 전락한 것인가?」,기업과혁신연구, 『한국비즈니스리뷰』 제8권 제2호8(2), 2015.

장규식, 「거대 도시 '서울공화국'의 명암」, 『역사비평』, 2003.

이상훈,정보영, 「코로나19와 일터환경: 재택근무에 대한 국내언론보도기사 분석」, 『HRD연구』 Vol.23, no.1, 2021.

궁선영, 유승호, 「소비자는 생산하는가? : 서구 소비패러다임의 변화와 새로운 생비자(New Prosumer)의 출현」, 『사회사상과 문화』 19.2 pp.129-168 (2016) : 129.

2. 사진 자료

alamy 홈페이지(https://www.alamy.com/)

인류의 발자취, 미래의 이정표

—유발 하라리, 『사피엔스』

"7만 년 전, 호모 사피엔스는 아프리카의 한구석에서 자기 앞가림에만 신경을 쓰는 별 중요치 않은 동물이었다. 이후 몇만 년에 걸쳐, 이 종은 지구 전체의 주인이자 생태계 파괴자가 되었다. 오늘날 이들은 신이 되려는 참이다. 영원한 젊음을 얻고 창조와 파괴라는 신의 권능을 가질 만반의 태세를 갖추고 있다."

『사피엔스』: 신이 된 동물의 역사서

단아   승주야, 단우야, 독서토론 대회에서 함께 좋은 성적을 거둬서

 ― 1   본 실적은 단국대학교 교양기초교육연구소 소속 학부생 연구원이 참여하여 이룩한 연구성과물로서 해당 연구소는 2022년도 단국대학교 대학혁신지원사업 학부생 연구트랙제 사업의 지원을 받았음.

정말 기뻐. 이번 우리 주제가 '탄소중립'이었잖아. 나는 엘빈 토플러의 『제3의 물결』에 집중해서 다른 책들은 제대로 읽지 못한 게 아쉬웠어. 단우는 헬레나 노르베리 호지의 『오래된 미래』, 승주는 유발 하라리의 『사피엔스』를 읽었지?

단우　맞아, 나도 『오래된 미래』에 집중해서 다른 책들까지 꼼꼼히 읽진 못했어. 승주가 『사피엔스』를 다 읽고 우리에게도 꼭 읽어 보라고 추천해 준 거 기억해? 어떤 내용일지 궁금하긴 한데, 책 분량이 만만치 않던데?

유승주　나도 처음에는 이 책을 다 읽을 수 있을지 막막했는데, 문장이 어렵지 않고 내용도 재미있었어! 『사피엔스』에는 토론 주제였던 탄소중립과 관련된 내용 외에도 다양한 주제가 담겨 있어서 아직 하고 싶은 이야기가 많아. 같이 이야기해볼래?

단아　그래, 좋아! 『사피엔스』 Sapiens는 어느 한 시점의 인류나 인류가 만들어낸 특정 분야를 다루는 데 그치지 않고 수십만 년의 인류사를 전부 아우른다고 들었어. 선대 인류가 축적한 역사 분석부터 인류의 현 위치, 미래 전망 제시까지 많은 시간과 노력이 들었을 것 같아. 『사피엔스』의 저자 유발 하라리는 어떤 사람이야?

유승주　『사피엔스』의 저자 유발 하라리 Yuval Noah Harari, 1976~는 이스라엘 하이파에서 태어났어. 학교에 입학하기 전부터 역사에 관심이 많아서 다섯 살 무렵, 히브리어 그림과 글로 이루어진 세계사 책을 몇 시간 동안 읽었다고 해. 우리가 사는 세상은 어떻게 만들어졌는지, 인간은 왜 지금과 같은 모습으로 사는지, 세계는 필연적으로 만들어진

것인지, 어떤 사건으로 인
해 발생한 것인지 등 호
기심을 느끼고 역사를 연
구하게 되었어. 유발 하라
리의 전공은 인류학도, 사
회학도, 심지어는 생물학
도 아니다? 2002년, 영국

유발 하라리   출처: alamy

옥스퍼드 대학교University of Oxford에 입학한 유발 하라리는 중세 전쟁사
로 박사학위를 취득했대. 현재 유발 하라리는 역사에 대한 방대한 관
심과 지식을 나누기 위해 예루살렘 히브리 대학교The Hebrew University of
Jerusalem에서 역사학과 교수로 재직 중이야.

단우　유발 하라리는 아주 어릴 때부터 역사에 관심을 보였구나! 다
　　　섯 살에 책 한 권을 몇 시간 동안 읽는 집중력도 놀랍지만, 책을 읽고
　　　저렇게 심오한 의문을 품었다니 타고난 창의력이 정말 대단한 것
　　　같아.

단아　참, 유발 하라리는 인문학 분야의 창의성과 독창성을 지닌 학
　　　자에게 수여하는 폴론스키 상을 두 번이나 수상했잖아!

유승주　맞아. 2009년과 2012년, 두 차례 폴론스키 상을 받으면서 유발
　　　하라리는 창의성을 인정받았어. 물론 『사피엔스』만 읽어도 유발 하라
　　　리의 창의성과 통찰력은 충분히 알 수 있어. 혹시 『사피엔스』의 토
　　　대가 되는 주장이 무엇인지 알고 있어?

단아　글쎄, 나는 아직 책을 제대로 읽지 못해서 잘 모르겠는데…….

유승주 바로 인류가 만들어낸 법, 정치, 종교 등의 모든 시스템은 '허구'로 이루어져 있다는 거야. 그리고 인간은 허구를 믿을 수 있는 능력을 갖춘 유일한 동물이라고 말하고 있지.

단우 허구를 믿을 수 있는 능력이라고? 정말 재미있는 표현이다! 유발 하라리가 정말 독특한 관점으로 세상을 바라보고 있다는 생각이 들어! 유발 하라리는 왜 세상의 모든 시스템을 허구라고 생각한 거야?

유승주 그건 조금 뒤에 책의 내용에 관해 이야기를 나누면서 더 자세히 살펴보자!

단아 그런데 『사피엔스』에 등장하는 개념이 그렇게 새로운 건가? 농업혁명이나 과학혁명은 이미 학교에서 배우거나 다른 책에서 읽은 적 있어. 농업혁명과 과학혁명이 역사를 뿌리째 바꿔놓았다는 것도, 오늘날 유례없이 빠른 속도로 기술이 발전하고 있다는 것도, 『사피엔스』를 읽는 모두가 이미 알고 있던 사실이야. 그런데, 인류사를 다룬 수많은 책 중에서 『사피엔스』가 특히 전 세계의 주목을 받은 이유는 뭘까?

단우 책 소개를 살펴보면, 『사피엔스』는 2011년 히브리어로 처음 출간된 이래 30개 언어로 50개국에서 출간된 세계적인 베스트셀러라고 나와 있어. 『사피엔스』가 인기가 없었다면 우리가 인류 3부작이라고 부르는 『호모 데우스』와 『21세기를 위한 21가지 제언』도 만나지 못했을지 몰라. 『사피엔스』에는 다른 역사서나 인류학 서적에는 없는 차별화된 부분이 있겠지?

유승주 당연하지! 나는 『사피엔스』가 독자들 간의 공감대를 형성할 수 있었던 비결이 두 가지라고 생각해. 『사피엔스』가 많은 사람의 공감을 얻은 첫 번째 비결은 바로 앞에서 말했던 유발 하라리만의 독창적인 발상이야. 문명을 허구로 인식하는 것뿐만 아니라, 기나긴 인류사를 인지혁명, 농업혁명, 과학혁명의 세 가지 혁명으로 나누어 개관하고 있는 것도 굉장히 기발하고 과감한 시도라고 할 수 있겠지? 역사를 새로운 시각으로 바라보고, 새롭게 구조화해서 서술한 것도 독자들로 하여금 신선함을 느끼게 해. 누구나 아는 사실이라 하더라도 그 사실을 어떻게 보여주느냐에 따라 고리타분한 역사서가 될 수도 있고, 역동적이고 흥미진진한 한 편의 SF 소설처럼 느껴질 수도 있을 테니 말이야.

단아 유인원이던 사피엔스가 기계로 만들어진 신인류 종 '사이보그'를 창조하기까지의 대장정을 떠나는 것처럼 말이지? 정말 『사피엔스』의 소개 문구나 서평을 보면 장엄한 SF 소설이 연상돼. 그럼 『사피엔스』가 사람들의 공감을 얻은 또 다른 비결은 뭐야?

유승주 두 번째 비결은 전 세계 다양한 국가, 역사, 문화, 그리고 사람을 한 권의 책으로 얽은 '유기성'이야. 유발 하라리는 중세 전쟁사를 전공했음에도 불구하고, 『사피엔스』를 쓸 때 특정 국가나 시기에 얽매이지 않았어. 먼 옛날부터 시작해서 전 인류가 통합되는 오늘날의 '지구 제국'을 통찰력 있게 분석했어. 『사피엔스』는 250만 년 전, 아프리카에서 석기를 사용하는 인류에 대한 내용으로 출발해.

단우 어쩐지 책이 너무 두껍더라! 사피엔스 이전의 다른 원시 인류에 대한 내용까지 다루느라 그런 거였구나? 석기를 사용하는 인류가 유라시아로 퍼져 다양한 인간종으로 진화하고, 아프리카에서 마침내 사피엔스로 진화하잖아.

유승주 『사피엔스』가 조금 많이 두껍긴 하지. 네 말대로 사피엔스의 탄생 이전부터 사이보그가 탄생할 미래까지 기나긴 인류사를 다루고 있으니까! 그야말로 모든 시기, 그리고 모든 국가의 문명사를 다루고 있다고 해도 무방해. 거대한 인류사의 흐름 속에서 가장 보편적인 사피엔스의 모습을 바로 『사피엔스』가 그려내고 있어. 유발 하라리는 말이지, 전 세계 모든 사람이 공감할 만한 단 한 마디로 인류 역사를 정의하고 있다고!

단우 설마! 십 만년이 훌쩍 넘는 역사를 써내려 온 인류를, 그것도 전 세계 모든 사람이 공감할 수 있는 말 한마디로 정의했다고?

단아 나도 책의 마지막 부분에서 얼핏 본 기억이 있어! 마지막 챕터 '신의 된 동물'을 말하려던 거지? 나도 신이 된 동물이라는 표현을 처음 들었을 때 장대한 인류사가 단번에 정리되는 것 같은 느낌이 들었어.

유승주 맞아! 유발 하라리에게 있어서 인류는 바로, '신이 된 동물'이야. 나한테는 이 표현이 『사피엔스』에서 제일 흥미로운 표현 중 하나였어.

단우 인류는 대대로 신을 믿고, 신에게 의지해 왔는데? 인간이 신만큼 대단하다는 표현이라면 차라리 '신이 만든 동물'이라는 표현이 더 어울리지 않아?

유승주 인간이 바로 신 그 자체라고 말하는 이 정의가 처음에는 이해가 안 될 수 있다고 생각해. 하지만 600페이지가량의 인류사를 천천히 탐독하고 난 뒤에는 '신이 된 동물'이 무엇을 의미하는지 쉽게 이해할 수 있을 거야. 단우 너는 인류가 신만큼 대단하기 때문에 '신이 된 동물'이라는 표현을 사용했다고 생각했지? 물론 그것도 맞는 말이야. 하지만 유발 하라리는 신과 같은 존재인 인간의 뛰어남에 대해 경탄하기도 하고, 인간의 미숙함을 안타까워하기도 해.

단아 이례적인 환경 변화를 초래한 인간의 이기심을 비판하는 부분도 있었지? '신이 된 동물'이라는 표현에서 세상을 오늘날의 모습으로 새롭게 창조한 인류의 위대함과 지구 전체를 지배하려는 인류의 치명적인 위험성이 동시에 느껴지는 것 같지 않아?

단우 무슨 메시지를 담고 있는지 조금은 알 것 같아. 어쨌든 '허구'나 '신이 된 동물' 같은 표현들을 정확히 이해하려면 『사피엔스』를 읽어야 하는 거지?

유승주 이 두꺼운 책을 펼친다는 게 처음에는 부담되겠지만, 책 속에 담긴 내용들은 생각보다 재미있을걸? 우리는 『사피엔스』를 읽으면서 저자의 의견에 고개를 끄덕이거나 스스로 깨닫지 못했던 자신의 모습을 되돌아보면서 공감대를 형성하게 될 거야. 그럼 본격적으로 『사피엔스』에 대한 이야기를 나누어 볼까?

인지혁명: 바다를 건넌 사피엔스

단아　좋아. 조금 전 유발 하라리가 인류사를 세 가지 혁명으로 나누어 구조화했다고 말했잖아. 농업혁명이나 과학혁명에 대해서는 들어본 적 있지만, '인지혁명'은 처음 들어보는 개념이야. 농업혁명은 말 그대로 인류가 기존의 수렵채집 사회를 농업사회로 변혁한 혁명일 테고, 과학혁명은 생물학이나 화학과 같은 다양한 자연과학 분야에서 일어난 혁명이라고 알고 있어. 인지혁명은 대체 뭐길래 농업혁명보다도 앞섰다는 거야?

단우　인터넷에 인지혁명을 검색해 보면 인지심리학 분야의 용어라고 나와 있어. 『사피엔스』의 인지혁명과 무슨 관련이 있는 거야?

유승주　유발 하라리가 제시한 인류사에서의 인지혁명은 인지심리학에서의 인지혁명과는 완전히 다른 개념이래. 단아 말대로 농업혁명이나 과학혁명은 역사 시간에도 배우고, 다른 책이나 인터넷에서도 쉽게 살펴볼 수 있어. 그에 비해 인지혁명The Cognitive Revolution은 『사피엔스』를 읽기 전에는 들어본 적 없는 생소한 단어일걸? 하지만 인지혁명은 사피엔스 역사의 시작을 알린 아주 중요한 사건이라고 해.

단아　그런데 너는 왜 인지혁명으로 시작된 게 사피엔스의 역사라고 콕 집어 말하는 거야? 사피엔스 외 다른 인간종은 인지혁명을 겪지 않았어?

유승주　『사피엔스』에 따르면 수 만 년 전 사피엔스가 지적인 능력을 지니게 된 계기가 바로 인지혁명이라고 해. 그 혁명이 인류를 생태피라미드의 정점에 오르게 했대. 그리고 사피엔스 외 다른 종, 심지어는 여타의 인간종까지 멸종으로 몰아갔다는 거야. 인지혁명을 가능케 한 것은 바로 사피엔스의 뇌 구조 변화야. 유발 하라리는 인지혁명이 약 7만 년 전에서 3만 년 전에 발생했다고 주장하지.

단우   그러니까 정리하자면, 유발 하라리는 7만 년 전이 바로 사피엔스의 뇌 구조 변화로 학습, 기억, 의사소통 능력을 얻게 된 기점이라고 보는 거지? 사피엔스가 무리를 지어 아프리카에서 다른 대륙으로 이동한 시기 말이야. 인지혁명 발생 당시 사피엔스가 마침 딱 맞춰 다른 대륙으로 이동한 건 순전히 우연의 일치일 수도 있지만…….

단아   단우 너도 『사피엔스』 1부를 읽어 보면 동의할 수 있을걸? 사피엔스가 인지혁명을 겪지 않았다면, 어떻게 아프리카 대륙을 벗어나서 빠른 속도로 전 지구를 지배할 수 있었는지 설명하기가 쉽지 않아.

단우   단아는 나보다 책을 많이 읽어서 그런지 더 쉽게 이해하는 것 같아. 나는 인지혁명이 뇌 구조의 변화로 인해 발생했다는 부분이 놀라워. 그렇다면 어째서 네안데르탈인이나 다른 인간종이 아닌 사피엔스의 뇌 구조만이 변화한 걸까?

단아   왜 다른 인간종의 뇌 구조가 변화하지 않은 것인지, 왜 오로지 사피엔스에게만 인지혁명이 발생한 것인지는 지금으로선 그 누구도 정확히 알 수 없지 않을까?

유승주   맞아, 유발 하라리도 왜 사피엔스의 뇌 구조만 변화한 것인지에 대해서는 확답을 주지 않았어. 대다수는 사피엔스 뇌의 내부 배선에서 우연히 발생한 유전자 돌연변이로 인한 것이라고 보는 주장을 믿

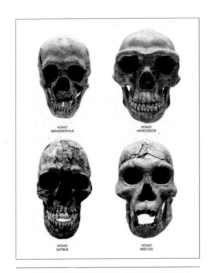

호모 에렉투스부터 호모 사피엔스까지의
두개골 사진

출처: iStock

는다고 해. 하지만, 뇌 구조가 정확히 언제 변화한 것인지, 왜 하필 사피엔스의 뇌 구조만 변화했는지, 다른 인간종의 뇌 구조는 정말로 변화하지 않은 것인지에 대해서는 앞으로의 연구들이 설명해 주지 않을까?

단아　그래도 인지혁명이 사피엔스의 역사를 이해하는 데 굉장히 좋은 개념인 것 같지 않아?

유승주　인지혁명이라는 개념을 제시한 유발 하라리조차 이 인지혁명의 원인과 매커니즘에 대해 아는 바가 없어. 다만, 분명한 것은 사피엔스의 생존과 번식에 인지혁명이 핵심적인 역할을 했다는 거야. 다른 동물들은 기린의 큰 키나 메머드의 길고 두꺼운 상아처럼 생존과 번식에 유리한 특성을 가지고, 특정 분야에서 다른 종보다 우위를 점할 수 있었어. 하지만 인지혁명 이전의 사피엔스에게는 다른 동물에 비해 무엇 하나 특출한 점이 없었지.

단우　그런 사피엔스에게도 인지혁명 이후에 드디어 다른 동물보다 나은 점이 생겼다는 거지?

유승주　맞아, 사피엔스는 다른 동물보다 뛰어난 지적 능력으로 학습 능력과 의사소통 능력을 갖추게 되었고, 이는 생물학적 협력본능이 부족한 호모 사피엔스들이 유연한 협력을 할 수 있게 만들었어.

단우 그렇구나, 사피엔스의 뇌 구조를 바꾼 인지혁명은 우리의 생존 본능과도 긴밀히 연관되어 있을 것 같다는 생각이 들어. 이제 인지혁명이 어떤 개념인지는 감이 오는 것 같아. 그런데 과연 인간의 지적 능력이 향상된 것만으로 혁명이라는 이름을 붙일 수 있을까? 농업혁명은 농경사회로, 과학혁명은 오늘날의 산업사회로 가는 문을 열어주었지만, 인지혁명이 당시 사회를 크게 바꾸었다고 생각되지는 않아.

단아 맞아, 인지혁명이 역사의 시작점이라는 말이 너무 막연해서 잘 와닿지 않아. 아까 우리가 유발 하라리의 창의성에 관해 다룰 때 허구의 시스템을 말했었잖아. 이런 허구의 시스템이 인지혁명과 관련되어 있지 않을까? 학습 능력과 의사소통 능력 없이는 허구를 만들고 믿을 수 없었을 테니까. 인지혁명이 일어나지 않았다면 우리는 언어를 만들 수 없고, 서로 소통할 수 없고, 결국 인류가 힘을 합쳐 일군 수많은 업적을 이룩할 수 없었겠지.

유승주 단아의 생각에 동의해. 유발 하라리가 인간이 만든 시스템을 허구라고 보는 이유는 언어로 만들어낸 가상의 실재에 불과하기 때문이야. 인지혁명이 사피엔스에게 단순 학습 능력만이 아닌 협력 기술까지 습득하게 했다고 보는 이유도 가상의 실재를 믿는 것부터 협력이 시작되기 때문이지. 이 말은 특정한 허구에 기반한 사회에서 협력하며 살아가던 사피엔스들이 기존의 허구와 '다른 허구'를 믿게 되었다면 협력의 방식 또한 유연하게 바뀐다는 것을 의미하지 않을까?

단우   무슨 말인지 알 것 같기도 하고… 사피엔스들이 새로운 허구를 믿을 때 새로운 세상이 열린다는 뜻이야? 조금 더 자세히 이야기해줘.

유승주   『사피엔스』에 등장하는 대표적인 예시를 함께 살펴보자. 프랑스인들은 1789년을 기점으로 그 이전과는 완전히 '다른 허구'를 믿게 됐어. 1789년 시민대혁명 이전, 프랑스인들은 왕권의 신성함에 기초해 프랑스 사회와 각자의 삶을 꾸려 나갔어. 프랑스인들은 하루아침에 '국민의 주권'이라는 새로운 허구를 믿게 되었고, 이를 기틀로 삼은 새로운 사회를 재건했어.

단아   단우 말대로 새로운 허구가 생길 때마다 우리 사회에 변화가 찾아온다는 말이구나! 인지혁명을 거치지 않은 다른 원시인류는 역사 속으로 영영 사라지고 말았다고 하잖아. 다른 원시인류는 허구를 만들 인지 능력이 없었기 때문에 문명을 발전시키지 못하고 멸종한 걸까? 만약 그게 사실이라면 인지혁명이 가져온 의사소통과 협력은 7만 년이 흐른 지금까지 우리 인간이 가진 가장 우수하고 독보적인 능력이라고 볼 수도 있겠다. 환경에 적응하는 것은 어떤 종이라도 할 수 있지만, 혁명해서 직접 환경을 바꾸는 것은 오로지 인간만이 할 수 있는 특별한 행위니까.

유승주   발전을 멈춘 다른 원시인류들과 달리, 사피엔스들은 인지혁명을 거쳐 농업사회와 과학혁명의 시대로 나아갔어. '국민의 주권'을 믿게 돼서 혁명을 일으킨 프랑스 시민들처럼 사피엔스의 지성이 만들어낸 수많은 허구가 진보의 발판이 되어준 거라고 생각해. 지적 능력의 향상이 인간에게 얼마나 무수한 가능성을 열어주었는지 알겠지? 그래서 인지혁명은 마땅히 혁명으로 불릴 만한 가치가 있어.

단우 고마워, 이제야 인지혁명이 농업혁명이나 과학혁명처럼 역사에 중요한 의미를 지니는 이유를 알겠어. 한 가지 더 궁금한 게 있어. 인지혁명에 대해 설명할 때, 이 인지혁명이 다른 종들을 멸종으로 몰아세웠다고 했잖아. 나는 인지혁명이 농업혁명과 과학혁명처럼 사회를 진보시키는 데만 기여했을 거라고 생각했어. 그런데 인지혁명이 꼭 긍정적인 변화만 불러온 것은 아니었나 봐. 인지혁명의 어두운 면에 대해서도 더 이야기해보자.

유승주 앞서 말했듯이 인지혁명으로 이룩할 수 있었던 사피엔스의 가장 큰 업적 중 하나는 무리를 지어 아프리카를 벗어난 거야. 기술과 협력을 터득한 사피엔스는 바다를 건너 호주, 마다가스카르, 뉴질랜드, 하와이 등의 '외부세계'에 도달했어. 『사피엔스』의 구절을 직접 살펴보자. "최초의 수렵채집인이 호주 해안에 발을 들인 순간은 호모 사피엔스가 먹이사슬의 최상층부로 올라가고 이후 40억 년 동안의 지구 생명의 역사에서 가장 치명적인 종이 된 순간이었다. (『사피엔스』:104)" 『사피엔스』는 사피엔스의 대륙 이동이 인간에게는 위대한 업적일 수 있지만, 지구에는 거대한 위협을 초래했다고 보고 있어. 왜냐하면 인지혁명 이전에는 사피엔스가 생태계를 극적으로 변화시키지는 않았거든. 다른 동물의 서식지에 침투한 적은 있어도 다른 대륙의 생태계를 알아볼 수 없을 만큼 붕괴시킨 적은 없었어.

단아 어디서 들어본 내용인 것 같았는데 승주가 토론대회 예선을 준비하면서 언급했던 내용이지? 나도 기억하고 있어. 인간이 호주에 정착한 후, 원래 호주에 서식하던 대형동물군 중 90% 이상이 빠른 속도로 멸종했다고 했잖아. 미 대륙, 마다가스카르, 솔로몬 제도, 피지, 뉴칼레도니아섬에서 크고 작은 멸종의 물결이 이루어진 시기와 인간이 각 지역으로 이동한 시기가 정확히 맞물린대. 그리고 이 지역 외에 대서양, 인도양, 북극해, 지중해의 수천 개 섬에서도 마찬가지의 현상이 일어났다고 했어. 확실히 우연이라고 보기는 어려울 것 같아.

유승주 그렇지? 이 모든 게 우연의 일치라고 보기에는 사피엔스가 발을 들이는 곳마다 생태계가 파괴됐어. 『사피엔스』에서는 인류사를 세 가지 혁명으로 나눴고, 멸종도 세 번의 물결로 구분했어. 그 중 첫 번째 멸종이 우리가 지금 이야기하고 있는 인지혁명으로부터 생겨난 거야. 세 가지 혁명에는 생태계 파괴와 멸종이라는 대가가 꼭 뒤따랐어. 사피엔스가 얻은 지성과 기술의 대가라고 볼 수 있겠지. 인지혁명의 어두운 이면에 대해 알게 되고 나니까 농업혁명이나 과학혁명도 다른 시각으로 살펴볼 수 있지 않을까?

농업혁명: 스스로 놓은 덫에 걸려든 사피엔스

단우 정말 유발 하라리의 관점에서 인류사를 바라보면, '혁명'이라는 단어 뒤에 숨은 희생과 부작용에 대해서 다시금 생각해보게 되는 것 같아. 사피엔스가 외면한 생태계 파괴 문제나 혁명 당시에는 예상치 못한 새로운 질병들처럼 말이야. 농업혁명의 이면에 관해서도 한

사람들이 농사하는 모습이 담긴 이집트 벽화 출처: alamy

번 이야기를 나눠 보자! 농업혁명, 그러니까 250만 년 만에 수렵채집
인으로부터 사피엔스를 탈피시킨 이 중요한 사건을 유발 하라리가
어떤 독특한 관점으로 설명하고 있을지 궁금해. 농업혁명이 야기한
가장 큰 변화는 역시 삶의 풍요를 가져와 우리 사회가 원활히 작동하
는 기틀을 다져줬다는 거겠지?

단아   농경사회가 열린 이래로 인간은 거주지를 옮기며 열매와 사냥
감을 찾아다니지 않고도 한곳에 정착하여 일용할 양식을 얻게 되었
으니까. 사피엔스는 맹수로부터 몸을 보호할 수 있게 되었고, 열악한
기후를 무릅쓰고 여정을 떠날 필요도 없어졌어. 토지당 식량 생산이
증가했고, 사피엔스의 개체 수도 함께 증가했다고 알고 있어.

유승주   맞아! '농업혁명이 어떤 변화를 불러왔느냐?'라는 질문을 받
으면 우리 모두 단아처럼 답하지 않을까? 농업혁명은 표면적으로 인
간에게 엄청난 혜택을 안겨준 것처럼 보여. 어떤 학자들은 농업혁명

이 어떻게 발생했는지 설명하면서 사피엔스의 지능이 향상함으로써 그동안 발견하지 못했던 자연의 비밀을 불현듯 깨닫고 농경과 목축을 시작했다고 주장하기도 해. 사피엔스가 지겹고도 위험한 수렵채집의 생활양식을 포기하고 농부로서의 삶을 즐겼다는 것도 이 학자들의 주장하는 바야. 하지만 유발 하라리는 농업혁명에 다른 관점으로 접근해. 만약 농업혁명이 일어나지 않았다면, 지금 우리 사회는 어떤 모습일까? 한번 상상해 봐.

단우   음……. 잘 상상이 되지는 않지만, 지금과는 완전히 달랐을 것 같아. 인지혁명 없이는 농업혁명과 과학혁명이 일어날 수 없었을 거란 예측처럼 농업혁명이 일어나지 않았다면 산업혁명이나 과학혁명도 일어날 수 없었겠지?

단아   삶의 여유가 없었을 테니까. 또, 지금처럼 규칙적인 식사를 하거나 안전하게 잠들지 못했을 거야. 넉넉한 식량과 삶의 터전을 확보한 것도 농업혁명 덕분이잖아. 때때로 무리를 지어 생활하더라도 한 군데에 정착할 수 없다면 부족을 이루지는 못했겠지. 그러니 문명 자체가 발달하지 못했을지도 몰라. 그리고 먹을 것을 구하기 어려워 영양실조에 걸리거나 아사하는 사람도 훨씬 많았을 것 같아.

유승주   그래, 온종일 식량을 찾아 떠돌다가 밤이 되면 생명의 위협이 가득한 땅에서 잠이 드는 야생적이고도 고단한 삶이 떠오를 거야. 하지만 농업혁명으로 인해 정말 사피엔스의 삶이 풍족하고 편안해졌을까? 국가와 정치 체계가 발달하고 문명이 생겨난 건 순전히 농업혁명 덕분일까? 유발 하라리는 농업혁명과 풍요의 인과성을 부정하고 싶었던 것 같아. '인류의 위대한 업적'이라고 추켜세우던 농업을 '역사상 최대의 사기'라고 표현하면서까지 말이야.

단우　말도 안 돼! 농업혁명으로 인한 혜택이 전부 사기였다는 말이야? 우리가 매일 논밭에서 재배한 음식을 섭취하는데 어떻게 농업을 사기라고 할 수가 있지?

단아　그러게, 농부들이 재배한 농작물이 없으면 아직도 야생동물을 사냥해서 먹고살아야 할 텐데……. 유발 하라리는 농업혁명으로 인해 우리의 삶이 더 불행해졌다고 말하고 있는 거야?

유승주　농부들은 수렵채집인보다 안락한 곳에서 지냈지만, 수렵채집인보다 따분하고 고달픈 삶을 살았어. 수렵채집인은 존재하는 모든 동식물을 식량으로 삼은 반면, 농부들은 정해진 작물을 재배하는 데 온종일 심혈을 기울여야 했으니까. 농경은 결코 사냥에 비해 적은 노동력을 요구하지 않았거든. 작물을 돌보는 시간이 점차 길어지면서 사피엔스는 건강을 위협받기에 이르렀어. 농경사회로 이행한 사피엔스의 유골에서는 탈장, 관절염, 디스크 탈출증과 같은 질병의 흔적이 남아 있었어. 그렇다고 해서 고된 노동과 건강상의 위험이 더 나은 식사의 대가였던 것도 아니야. 농업혁명 이후 사피엔스의 밥상은 아주 단조로워졌거든. 게다가 곡물 위주의 식사는 잡식성 유인원인 사피엔스에게 충분한 영양소를 제공하기에 턱없이 부족했어. 그뿐만 아니라 혹여라도 병충해나 마름병이 퍼지면 여분의 식량이 없어 영양실조에 걸리거나 아사하기 십상이었지.

단아   그럼에도 불구하고 농경사회는 사피엔스에게 문명으로의 길을 열어주었잖아. 농업혁명으로 인해 우리가 편안한 삶을 살게 된 건 자명한 사실 아닐까?

유승주   전혀 관련이 없었다고는 할 수 없지만, 도시와 왕국이 성립하고 사피엔스가 문명인으로 거듭난 것은 농업혁명으로부터 수천 년 후의 일이었어. 우리가 역사를 배울 때는 농업혁명으로 가능케 된 일들에 집중하는 경향이 있는데, 농업혁명이 사피엔스에게 가져다준 것이 '번영'인지 혹은 '파멸'인지에 대해서는 의견이 분분해. 유발 하라리는 사피엔스가 스스로 설치한 농업이라는 '덫'에 걸려들어서 수천 년을 살아왔다고 보고 있지.

단아   그렇구나, 확실히 농업혁명이 없었다면 우리는 규칙적인 삶을 살아야 할 필요도 없고, 매일 자신이 맡은 일에 얽매여 살아갈 필요도 없었을 것 같아. 수렵채집인은 배가 고프면 그때그때 수렵과 채집으로 생계를 유지하면서 남은 시간은 원하는 일을 하며 보낼 수 있었겠지? 하지만 농업혁명 이후, 사피엔스는 생계를 이어가기 위해 자신의 배고픔과 상관없이 매일매일 열심히 일해야 했어. 농사가 항상 성공적이리라는 보장도 없고, 농사를 지을 때마다 당장 먹을 것이 나오는 게 아닌데도 말이야.

단우   그렇게 생각하면 정말 농업혁명이 사피엔스를 불행하게 만든 것 같기도 하다. 하지만 나는 사피엔스를 불행하게 만든 농업이 오늘날까지 이어지고 있다는 것이 정말 신기해. 허구에 기반한 수많은 제도가 끊임없이 사라지는 와중에도 농경과 목축이 유지되는 이유는 일종의 실체를 가지고 있기 때문이 아닐까? 우리가 사는 세상이 모두 허구로 이루어져 있다고 해도 인간이 작물을 재배하고 가축을 기르는 것은 허구가 아니잖아. 농업혁명은 다른 혁명과 다르게 실체가 있는 무언가를 만들어낸 걸지도 몰라.

유승주 글쎄, 과연 그럴까? 농업혁명 시기 인류사에 거대한 변화를 가져온 것은 비단 농업뿐만이 아니라고 해. 농업혁명은 농업 자체보다 더 파격적인 개념들을 창조했어. 인지혁명이 이 세상에 무수한 허구를 만들어냈다면, 농업혁명은 더 나아가 상상의 질서를 구축했지. 그중 가장 핵심적인 것이 바로 '나'라는 개념이야. 수렵채집사회와 달리, 농경사회에서 '나'는 '나의 땅'에서 '나만의 곡물'을 재배했고, '그들'은 '그들의 땅'에서 '그들만의 집'을 지었어. 지금처럼 법적으로 보호받는 형태는 아니었지만, 각자 개인 재산을 소유하기 시작한 거야. 그때부터 사피엔스는 자신의 농사에 위협이 되는 생물을 해치웠고, 대가 없이는 자신의 재산을 타인과 나누려 하지 않았대.

단우 에이, 그건 나도 들어본 말이다. 또 다른 독창적인 설명은 없었어?

유승주 상상의 질서를 구축한 또 다른 요소는 바로 '미래'라는 개념이야. 수렵과 채집을 할 때는 장기적인 계획을 세울 수 없지만, 농사는 달랐어. 날씨와 계절에 맞춰 파종하고, 수개월 동안 땀 흘려 경작하고, 겨우 풍성한 수확을 거치고 나면 또다시 수개월 동안 경작을 반복해야 했지. 쉬지 않고 농사를 짓는 와중에도 사피엔스는 그다음 달, 그리고 그다음 해 농사에 대한 걱정을 떨쳐버릴 수 없었던 거야. 이렇게 '나'와 '미래'라는 개념은 법, 정치, 경제와 같은 질서를 만들어냈고, 사피엔스는 그 질서에 따라 행동하게 되었어. 그와 동시에 우리 사회에는 수많은 갈등과 수직적 관계가 생겼지.

단아 농업혁명이 단순히 식량을 구하는 방법만 바꾸어 놓은 것은 아니었단 말이지? 정말 나의 것과 남의 것을 구분하지 않는 세상은 상상하기 어렵다. 미래에 대한 걱정을 하나도 하지 않고 살아가는 사람도 본 적 없고 말이야.

단우 이제 농업혁명이 어떤 허구를 만들어냈는지는 조금 알겠어. 그런데 내가 물어본 것에 대한 너의 생각은 어때? 왜 사피엔스는 농업혁명으로 인해 더 힘든 삶을 살게 되었는데도 농업혁명 이전으로 돌아가지 않고 오늘날까지 농업으로 식량을 마련한 거지?

유승주 그건 바로 농업혁명을 '덫'이라고 표현한 것을 보면 알 수 있지 않을까? 사피엔스는 수렵채집 사회로 되돌아가기에는 너무 먼 길을 와버렸고, 농업을 대신해 인간에게 식량을 제공할 더 좋은 방법도 없었기 때문에 농업을 버릴 수 없었던 거야. 사피엔스가 농업으로 인해 생활이 더 힘들어졌다는 것을 깨달았을 때는 이미 수렵채집인이 전부 사라지고 난 뒤였으니까. 결국, 사피엔스는 스스로의 덫에 걸린 채 매일 농사를 짓거나 가축을 기르다가 과학혁명을 맞이하게 되었지. 그리고 과학혁명도 농사법을 개혁했을지언정 농업 자체를 뿌리 뽑지는 못했어. 과학혁명의 궁극적인 목적은 더 쉽게 식량을 구하거나 단순히 인간의 삶을 편리하게 만드는 것이 아니었거든.

과학혁명: '영생'을 꿈꾸는 사피엔스

단우   인간의 삶을 편리하게 만드는 게 목적이 아니었다고? 그럼 사피엔스는 왜 과학혁명을 일으킨 건데? 과학혁명에 관해서도 얼른 이야기해보자. 과학혁명은 우리가 사는 시대까지 이어지고 있잖아.

단아   그런데 다들 농사와 목축으로 생계를 유지하던 농업사회에서 어떻게 과학혁명이 일어날 수 있었을까? 과학혁명이 하루아침에 가능해진 일은 아니라는 걸 생각해봐야 할 것 같아. 농업혁명은 지역마다 발생한 시기가 적게는 수백 년, 수천 년의 시차를 가지고 있잖아. 그에 비하면 과학혁명은 전세계에서 거의 동시다발적으로 빠르게 진행되었다는 측면에서 분명히 구별되는 것 같아. 이러한 차이를 볼 때, 서로 협력하고 경쟁할 수 있는 훨씬 견고한 네트워크를 갖추고 있어야 했을 것 같아.

유승주   나도 단아랑 똑같은 생각 했는데! 과학 분야에서의 급진적인 성장을 위해서는 개인과 개인, 그리고 집단과 집단의 협력이나 경쟁이 필수적인 요소였어. 그래서 사회는 더 견고하고 치밀한 '세 가지 상상의 질서'를 만들었다고 해. 이 세 가지 질서는 모두 물질세계에 단단히 뿌리내리고 인간이 가진 욕망의 형태를 결정하는 공통된 특징이 있어. 돈, 제국, 그리고 종교가 바로 그 세 가지 상상의 질서야. 사피엔스가 실재한다고 굳게 믿던 것들이지.

단우   『사피엔스』를 아직 읽지 않은 사람들은 왜 '돈'이 허구인지에 대해서 의문을 가질 것 같아.

단아   맞아, 나도 제국이나 종교라면 몰라도 돈은 분명히 실체가 있다고 생각해. 동전, 지폐, 수표, 통장 등 지갑이나 은행에서 찾을 수 있는 모든 것이 돈의 실체라고 볼 수 있잖아?

유승주　나도 이 책을 읽기 전까지는 그렇게 생각했어. 돈이 '상상의 질서'라는 것을 확인하기 위해 간단한 상황을 한 번 생각해보자. 단아의 지갑에 수백 장의 1만 원짜리 지폐가 있어. 1만 원짜리 지폐는 우리나라에서 어떻게 사용할 수 있을까?

단아　수백 장이라면 정확히 얼마를 가지고 있는 거야?

유승주　500장이라고 가정해보자!

단우　500만 원에서 대학 등록금을 내고 나면 200만 원이 남겠네. 나라면 남은 돈으로 옷도 사고, 게임머니도 사고, 새로 나온 아이패드도 살 것 같아. 그래도 돈이 남는다면 우리 다 같이 공연이나 뮤지컬을 보러 가도 되겠다! 사실 다음 달에 내가 꼭 보고 싶었던 뮤지컬 티켓팅을 시작하거든.

유승주　그럼 어느 날 갑작스러운 범국가적 재해가 터져서 대한민국이 통째로 사라졌다고 생각해보자. 그럼 남은 돈으로 뭘 할 수 있을까?

단우　대한민국이 통째로 사라졌다면 비상식량이나 생존배낭부터 사야지! 어떤 재해인지는 몰라도 나라가 없어질 정도의 큰 재난이라면 일단 몸을 보호하는 게 우선일 것 같아.

단아　하지만 아무도 원화를 다른 재화로 바꾸어 주지 않을 것 같은데……. 대한민국이 사라지면 원화도 사용할 수 없게 되잖아. 돈의 가치가 없어졌으니 물건을 팔려고 하는 사람도 없지 않을까?

유승주　맞아, 초록색 종이 쪼가리에 불과한 지폐로는 물건을 사거나 환전할 수 없어. 지금은 몇만 원에 살 수 있는 비상식량과 생존배낭

상상의 질서가 만들어낸 지폐　　　　　　　　　　출처: iStock

을 수십 장의 지폐로도 사지 못하게 될 거야. 그럼에도 불구하고, 우리는 우리가 속한 국가가 영원히 사라지지 않을 거라는 전제하에 돈에 가치를 부여하며 경제 시장을 구축해 왔지. 돈, 제국, 종교와 같은 상상의 질서는 지구상의 모든 사피엔스를 '지구촌'이라는 단 하나의 대규모 네트워크로 연결해 주었다고 해. 바로 이 대규모 네트워크 때문에 상위 계층인 사피엔스가 다른 사피엔스들을 더 쉽게 통제하고 지배할 수 있게 되었어. 그래서 지구촌에는 '제국주의'와 '자본주의'라는 진보 사회의 엔진이 가동될 수 있었지. 유발 하라리는 『사피엔스』에서 이 대규모 네트워크의 탄생을 '인류의 통합'이라고 말했어.

단아　　제국주의나 자본주의처럼 상상의 질서가 만들어낸 체제 때문에 우리 사회가 많은 아픔을 겪었다는 걸 생각하면 무겁게 다가오네. 더욱이 우리나라는 제국주의가 초래한 식민지배와 이념전쟁으로 인한 분단의 고통을 모두 겪었잖아. 그래서인지 '질서'라는 말이 꽤 모순적으로 느껴져. 사피엔스가 상상의 질서 없이 서로 협력하지 않았다면 과학혁명은 시작될 수 없었을지도 모르지만…….

단우 그래도 상상의 질서들이 일으킨 과학혁명이 사피엔스의 능력
을 넘어선 여러 가지 일들을 가능하게 했으니까 나쁘게만 볼 수는 없
을 것 같아. 하늘에 비행기나 위성 카메라를 띄우는 것은 물론이고,
의학 기술의 발달로 사피엔스의 수명은 과학혁명 이전보다 몇 배로
길어졌잖아. 우리의 삶은 이미 아주 풍족한데, 사피엔스가 과학혁명
을 계속하는 이유는 뭐야? 방금 말했던 과학혁명의 궁극적인 목적이
무엇인지 집중해 보자.

유승주 오늘날 과학혁명의 궁극적인 목적은 수백 년 전 과학혁명의
목적과는 조금 달라. 바로 전에 과학혁명을 위한 준비로써 자본주의
와 제국주의를 이야기했었잖아. 근세 이전까지 제국은 권력과 계층
사회의 정당성을 주창할 것을 기대하고 철학자와 사제들을 금전적으
로 지원했대.

단아 그럼 근세 이후에는 어땠어?

유승주 근세 이후에는 과학혁명의 조짐이 나타나면서 과학이 제국의
위상을 높여줄 것이라는 기대가 커졌다고 해. 막강한 무기와 이동 수
단을 개발해서 전쟁에서 승리하면 엄청난 경제적 이득을 얻을 수 있
었으니까. 그래서 당시 학자들은 제국의 지원을 받아 다양한 분야를
연구했어. 제국의 막강한 권력과 성장이 곧 과학혁명의 기틀이자 목
적이었던 거야.

단우 한 마디로 근세 이후에는 전쟁을 위해 과학기술을 발전시켰다
는 말이네? 오늘날 과학기술을 생각해보면, 여전히 세계 각지에서 크

고 작은 분쟁과 내전이 일어나지만, 평화 정신을 고취한다는 측면에서 과학기술의 목표가 많이 달라진 것 같아.

단아　맞아, 확실히 현대에는 제국의 막강한 권력을 위해 과학기술을 발전시키는 것 같진 않아. 핵무기와 같이 국방이 아니라 침공을 목적으로 무기를 개발하는 것은 전 세계적으로 비난을 받잖아. 그렇다면 오늘날에는 무엇을 목표로 과학기술을 발전시키는 걸까?

유승주　과학이 진보해서 신무기를 발명하고 두 차례의 세계대전을 겪자 상황이 많이 바뀌었어. 사피엔스는 자신들의 '무지'가 새로운 힘을 가져오리라 믿으며 진정한 진보를 꿈꿨지. 노화나 죽음과 같이 인간의 힘으로 막을 수 없다고 믿어온 것들이 '무지의 결과'라고 생각하게 된 거야. '무지'만 해결하면 불가능해 보이는 모든 일을 해낼 수 있을 거라는 믿음과 동시에 사피엔스는 '죽지 않는 삶'을 과학의 궁극적인 목표로 삼게 되었어. 유발 하라리는 이 목표를 이루기 위한 사피엔스의 노력을 '길가메시 프로젝트'라고 명명했어. 이미 인간은 가난, 질병 등 죽음에 이르는 여러 원인들을 과학의 힘으로 해결하고 있잖아. 그리고 노화를 유발하는 유전적, 호르몬적, 생리적 원인을 제거하기 위해 끝없이 과학을 발전시키고 있지.

단우　고대 신화에 등장하는 길가메시의 이름을 따온 거구나! 우루크의 왕 길가메시는 절친한 친구 엔키두가 죽은 뒤, 엔키두의 시신을 관찰하다가 공포를 느끼고 영생을 다짐했다는 신화의 내용 기억하고 있어. 하지만 태어난 생명은 언젠가 무조건 죽음에 이르기 마련이잖아. 영생이 가능하지도 않지만, 영원한 삶이 가능해지더라도 그런 삶

하늘의 황소와 싸우는 길가메시와 엔키두   출처: alamy

이 과연 행복할지 의문이야.

단아   맞아, 인간은 누구나 언젠가 죽음을 맞이하기 때문에 목표를
세우고 매일매일을 충실히 살아가는 거잖아. 그런데 사피엔스에게
영생이 주어진다면 많은 사람이 미래를 소홀히 여기게 되고 나태해
질 것 같아. 게다가 영생이 모든 사람에게 똑같이 제공되는 것이 아
니라면 어떻게 될까? 누구에게, 그리고 얼마나 많은 사람에게 영생을
사는 것을 허용할 것인지도 갈등의 중심이 되지 않을까 해.

유승주   아주 중요한 질문이야. 유발 하라리가 『사피엔스』를 통해 최
종적으로 말하고자 하는 것이 바로 사피엔스의 '행복'에 대한 문제거
든. 사피엔스는 과학이 진보해 우리가 얻는 편익이 하나씩 증가할 때
마다, 우리의 행복도 비례해서 증가한다고 착각하는 경향이 있어. 하
지만, 중세 시대의 사람이 수만 년 전 수렵채집인 보다 행복했으며,
현대인이 중세 시대 사람들보다 행복할 거라는 보장은 어디에도 없
어. 그리고 유발 하라리는 물질적인 행복이 공동체의 붕괴로 상쇄되

었을 것이라고 주장해. 하지만 이 사실을 인정하지 않고, 돈으로 얻는 쾌락을 우선시하는 사피엔스들을 주변에서 쉽게 볼 수 있어. 특히 우리와 같은 MZ세대는 물질적인 행복을 중시하면서 이웃과 단절된 개인주의적인 삶을 추구한다는 특징이 있잖아?

단아   '카푸어족'이나 '영끌족'처럼 말이지? '카푸어족'과 '영끌족' 모두 눈앞의 물질적인 행복을 위해 자신의 능력 밖의 대출을 받는다는 공통점이 있어. 나는 실제로 비싼 외제차를 몰고 다니면서 빚을 감당하지 못해 후회하는 카푸어족 친구를 본 적 있는데 조금도 행복해 보이지 않더라.

단우   그리고 옛날보다 공동체에 소속감이나 충성심을 느끼는 사람도 보기 힘들어졌어. '혼밥,' '혼술'과 같은 신조어가 생기고, 1인 가구가 증가하는 것도 MZ세대의 개인주의와 밀접한 관련이 있지 않을까?

유승주   그래, 'MZ세대'라고 하면 바로 '1인 가구'나 '비혼주의'가 떠오를 만큼 우리 세대는 개인주의를 추구하는 경향이 있어. 물론, 개인주의 성향이 아니라 피치 못할 사정 때문에 1인 가구나 비혼주의를 선택한 사람도 있겠지만. MZ세대의 삶의 방식이 나쁘다고 단정지을 수는 없지만, 물질주의와 개인주의는 많은 사회 문제를 야기해. 예를 들어 저신용자 할부 프로그램으로 수입차를 구입하는 '카푸어,' 큰 대출을 받아 수익이 불확실한 비트코인이나 NFT에 투기하는 '빚투'와 '영끌'을 예로 들 수 있어. '카푸어'와 '영끌' 같은 책임감 없는 소비의 기저에도 물질주의와 개인주의가 깔려 있을 거야.

단우   요즘 TV에서 승주랑 단아가 말한 '푸어족'의 삶을 소개하는 방송을 하더라. 수입차, 제트보트, 낚시용품 등 자신이 가지고 싶은 것을 대출까지 받아서 사는 사람이 이렇게 많을 줄 몰랐어. 감당하지 못할 대출을 받아서 물질적인 욕구를 충족시키는 것이 개인주의와 관련이 있는지는 잘 모르겠지만, 물질주의와는 밀접한 관련이 있는 것 같아.

유승주   나는 어떤 집단에 소속감이나 책임감을 느낀다면, 혼자서 갚지 못할 빚을 질 수 없을 것 같아. 나 혼자만의 물질적인 욕구를 충족시키려고 가족과 친구들에게 손을 벌리고 걱정을 끼치잖아. 그래서 '카푸어'나 '영끌'과 같은 사회문제가 개인주의와도 어느 정도 관련이 있을 거라고 생각했어.

단아   '청년 고독사'와 '사회적 무관심'도 개인주의가 낳은 대표적인 문제 아닐까? 지난 4년 동안 40대 미만 청년 고독사는 무려 62%나 증가했다는 기사를 보고 깜짝 놀랐어.

유승주   소외 현상이 이렇게 심각한데도 누군가 고독사를 하든 차별을 받든 조금도 관심을 주지 않는 사람이 태반이더라. 경제가 크게 성장한 사회에서 더 나은 삶을 살게 된 현대인들이 느끼는 행복은 물밀듯이 쏟아져나오는 혐오와 사회 문제들로 인해 무의미해졌어. 스트레스가 증가하는 속도는 행복이 증가하는 속도보다 더 빨랐으니까. 결국 사피엔스가 행복을 찾기 위해 만드는 개별적인 조건들은 인간의 행복에 지대한 영향을 미칠 수 없다는 거지.

단우   그동안 우리 인간은 스스로가 속물적인 존재라고 착각하고 있었던 거구나. '카푸어족'이나 '영끌족' 말고도 요즘 주식이나 비트코인으로 돈을 불리고 일찍 직장을 그만두는 '파이어족'이 유행한다잖아. 나는 그것보다 훨씬 더 허무맹랑한 상상을 한 적이 있어. 어느 날 복권에 당첨돼서 더 좋은 집에서 하고 싶은 일만 하면서 편하게 살면 행복할 것 같다고 상상했다고! 그렇다면 우리의 행복에 영향을 미치는 것은 뭘까?

유승주 사피엔스의 행복을 결정하는 것은 바로 객관적인 조건과 주관적인 기대의 상관관계야. 사피엔스가 영생에 너무 많은 기대를 했다면, 길가메시 프로젝트가 성공하더라도 결코 큰 행복을 느낄 수 없겠지. 영원한 삶에 큰 기대를 하지 않은 사람은 조그마한 변화에도 행복을 느낄 수 있을 거야.

단아 하지만 이미 안락함과 즐거움에 익숙한 현대인이 미래에 대한 기대를 낮추는 게 쉬운 일일까? 약간의 불쾌함도 감내하지 못하고, 이웃으로부터 소외된 삶을 살아가는 현대인들은 아무리 큰 혜택을 누려도 행복할 수 없을 것 같아. 미래에 엄청난 부를 얻고 불치병의 치료법이 개발되어서 영영 늙지 않고 편안하게 살게 되어도 말이야.

유승주 유발 하라리는 과학기술의 진보와 행복의 상관관계에 대해 이렇게 말했어. "인간은 새로운 힘을 얻는 데는 극단적으로 유능하지만 이 같은 힘을 더 큰 행복으로 전환하는 데는 매우 미숙하다. 우리가 전보다 훨씬 더 큰 힘을 지녔는데도 더 행복해지지 않은 이유가 여기에 있다." 이쯤에서 우리는 『사피엔스』가 던진 '사피엔스가 왜 영생을 추구하는지', '진정으로 원하는 것이 무엇인지' 등 곰곰이 생각해 볼 주제에 대해서도 이야기해 볼 필요가 있지 않을까?

인류의 멘토들: 루소부터 하라리까지

단아　『사피엔스』의 중요한 주제인 인지혁명, 농업혁명, 과학혁명을
모두 함께 이야기해봤네. 처음에는 책의 두께에 압도되어서 다 읽을
엄두를 못 냈는데, 『사피엔스』에 등장하는 내용들을 하나하나 살펴
보니 누구나 쉽게 읽을 수 있을 것 같다는 생각이 들어! 단우야, 너는
오늘 이야기한 것 중에 어떤 부분이 제일 흥미로웠어?

단우　나는 뭐니 뭐니 해도 『사피엔스』 전반에서 언급되는 '허구'와
'상상의 질서'라는 개념이 가장 기억에 남았어. 세상을 체계적으로
유지하는 동시에 그보다 더 복잡한 문제들을 발생시키기도 하니까
말이야. 생각해보면 당연한 이야기처럼 들리지만, 인류 역사상 이런
개념을 제시한 사람이 없었다는 게 오히려 놀라울 정도야.

유승주　음……. 상상의 질서는 유발 하라리가 『사피엔스』에서 제시한
개념이지만, 그동안 이런 발상이 없었던 것은 아니야. 대표적으로 장
자크 루소Jean Jacques Rousseau, 1712~1778와 임마누엘 칸트Immanuel Kant, 1724~1804
처럼 우리에게 많이 알려진 철학자들이 이미 유발 하라리의 '상상의
질서'와 비슷한 개념을 제시한 적이 있다고 해. 먼저 루소가 어떤 이
야기를 했는지 내가 찾아봤는데, 루소는 『인간 불평등 기원론』*Discours
sur l'origine et les fondements de l'ine'galite' parmi les hommes*에서 불평등이 '사유재산
제도'에서 기인한다고 주장하며 다음과 같이 설명했어. 조금 전 『사
피엔스』의 농업혁명 중 '나'라는 개념의 탄생에 관해 나눈 대화를 떠
올리면서 읽어 봐.

한 땅에 울타리를 치고 "이것은 내 것이야"라고 말할 생각을 해내고 다른 사람들이 그 말을 믿을 만큼 순진하다고 생각한 최초의 인간이 문명사회의 실제 창시자다. 말뚝을 뽑아버리거나 땅의 경계로 파놓은 도랑을 메우면서 동류의 인간들에게 이렇게 고함을 친 사람이 있었다면 그는 인류에게 얼마나 많은 범죄와 전쟁과 살상과 불안과 공포를 면하게 해주었을 것인가.[2]

단아 와, 정말이네? 『사피엔스』에서는 농업혁명 시기부터 세상에 자연적으로 존재하는 것들을 '나'의 것과 '남'의 것으로 구분하기 시작했다고 설명했잖아.

단우 그러게, 농업혁명 이야기 중에 '나'라는 개념의 탄생에 대해 나도 들어본 적 있다고 했잖아. 사실 어디서 들었던 것인지는 잘 기억이 나지 않았거든? 아마 '사유재산 제도'에 대해 배운 적이 있어서 알고 있다고 생각했던 것 같아.

유승주 유발 하라리보다 앞서 인간이 믿는 '허구'와 비슷한 논리를 주창한 것은 칸트도 마찬가지야. 칸트는 사회계약의 관점에서 세계체제를 바라봤다고 해. 국가와 법은 모든 이의 동의와 합의에 기초하여 형성된다고 말이야. 이때 칸트가 제시한 것은 '선험적으로 합의된 만인의 의지'라는 개념이야. 인간이 '상상의 질서'를 실재한다고 믿기 때문에 사회가 유지된다는 유발 하라리의 생각과 사회체계의 형성이

— 2 장 자크 루소, 『인간 불평등 기원론』, 김중현 역, 펭귄클래식코리아, 93쪽 인용.

'만인의 합의된 의지'를 요구한다는 칸트의 생각이 닮은 것 같지 않아?

단아 '만인의 합의된 의지'라는 표현을 듣자마자 '상상의 질서'와 닮았다는 생각이 들었어. 다만, '사유재산 제도'에 대한 루소의 비판이나 칸트의 '합의된 만인의 의지'와 같이 단번에 이해하기 어려운 내용들을 '상상의 질서'라는 하나의 단어로 포괄해서 누구나 알기 쉽고 명료하게 정의했다는 점에서 『사피엔스』가 특별하지 않을까?

단우 『사피엔스』에는 유발 하라리의 독창적인 발상 말고도 인류사 속 여러 가지 철학, 문화 등이 녹아들어 있구나. 책에 포함된 다양한 시각과 내용을 놓치지 않으려면 책을 정말 꼼꼼히 읽어야겠어.

단아 관련된 책들을 읽고, 『사피엔스』에서 작가가 던지는 질문에 대한 답에 단서를 얻어 보는 것도 재밌을 것 같아. 혹시 『사피엔스』와 관련해서 생각을 심화시킬 수 있는 책이 있을까?

유승주 유발 하라리는 재레드 다이아몬드Jared Mason Diamond, 1937~의 『총, 균, 쇠』Guns, Germs, and Steel에서 큰 영향을 받았다고 하더라고. 그뿐만 아니라 재레드 다이아몬드랑 지상 대담을 나누기도 했다고 해. 유발 하라리는 『총, 균, 쇠』에 대해 다음과 같이 평했어. "『총, 균, 쇠』에서 가장 큰 영감을 받았습니다. 매우 큰 질문을 제기하고 과학적으로 답변하는 것이 가능하다는 사실을 재레드 다이아몬드 교수는 보여줬습니다."

단우 지금 대담을 찾아보다가 발견했는데, 유발 하라리가 자신의 서재에 꽂힌 책들에 대해 인터뷰한 적도 있네! 유발 하라리는 자신의 서재에 꽂힌 책에 관한 질문을 받았을 때도 『총, 균, 쇠』를 빼놓지 않고 이야기할 만큼 재레드 다이아몬드의 열렬한 팬인 것 같아. 『총, 균, 쇠』에서도 『사피엔스』처럼 문명의 발전과 인류사 전반에 관한 중대한 문제들을 다루고 있다고 해.

단아 두 책을 함께 읽으면 『사피엔스』의 질문에 대한 더 재미있는 대답이 떠오르지 않을까? 그리고 재레드 다이아몬드와 유발 하라리가 함께 저술한 『초예측』이나 두 사람이 함께 나눈 대담들도 『사피엔스』와 연결해서 재밌게 읽어볼 수 있을 것 같아. 『사피엔스』와 함께 '인류 3부작'이라 불리는 『호모 데우스』와 『21세기를 위한 21가지 제언』도 같이 읽어봐야겠다!

유승주 『호모 데우스』와 『21세기를 위한 21가지 제언』은 나도 아직 읽어 보지 않았어. 『사피엔스』를 읽은 사람이라면 그 두 책을 꼭 읽어야 한다더라? 『사피엔스』가 인류의 역사를 돌아보며 인류가 나아갈 방향에 대해 화두를 던지는 책이라면, 후속작 『호모 데우스』는 신으로 진화한 인간 '호모 데우스'가 진정으로 원하는 것이 무엇인지, 해답을 제시한 책이래. 『21세기를 위한 21가지 제언』은 인류 3부작의 완결편으로, 과거나 미래가 아닌 지금 당장 현생 인류가 마주한 문제들을 나열하고, 우리 사회를 진단하고 있는 책이라고 해.

단우 책은 아니지만, EBS 시사교양 프로그램 '위대한 수업, 그레이트 마인즈(91~94강)'에서 유발 하라리가 출연한 방송분도 재미있을 것 같아. 오늘 이야기들은 재밌었지만, 나는 아직 그 두꺼운 『사피엔스』를 다 읽을 자신은 없어서 영상으로 먼저 만나볼까 해. 분명 책으로 읽는 것과는 또 다른 재미가 있을 거야!

단아   그래도 영상으로 보는 것과 책을 처음부터 끝까지 읽는 것은 다르지 않아? 승주가 열심히 수고해 준 덕분에 토론이 잘 진행될 수 있었던 것 같아. 우리 같이 읽어 볼 책들 좀 짚어보자. 『오래된 미래』와 『제3의 물결』에 대해서는 언제 다뤄볼래? 그때는 내가 맡아서 이야기해 볼게!

유승주   기대할게!

참고 문헌

1. 저서

유발 하라리, 조현욱 옮김, 『사피엔스』, 김영사, 2015.

장 자크 루소, 김중현 옮김, 『인간 불평등 기원론』, 펭귄클래식코리아, 2010.

엘빈 토플러, 원창엽 옮김, 『제3의 물결 (미래의 충격으로 세계를 놀라게 했던 신문명론, 3판)』, 홍신문화사, 2006.

레이첼 카슨, 김은령 옮김, 『침묵의 봄』, 에코리브르, 2011.

헬레나 노르베리 호지, 양희승 옮김, 『오래된 미래』, 중앙북스, 2015.

임미원, 「칸트의 실천철학의 기초—자율성과 사회계약론을 중심으로」, 『법철학연구』, 22권 3호, 2019.

홍성욱, 「특집 II (1) 다윈은 누구이며 무엇을 했는가? - '종의 기원'으로 인간과 자연계를 바라보는 시각 바꾸다」, 『과학과 기술』 Vol.42 No.3, 2009.

신중섭, 「서평 : 『쿤의 「과학혁명의 구조」 해제』」, 『과학철학』, Vol.15 No.1, 2012.

2. 프로그램

2022 위대한 수업, 그레이트 마인즈 91강~94강: 21세기 인류의 도전과 미래(2022년 1월 3일~2022년 1월 6일 방송분), 『사피엔스』의 저자 유발 하라리가 인류 진보의 역사, 인류를 위협하는 세 가지, AI와 직업의 미래, 데이터 권력과 민주주의를 주제로 강연.

3. 사진 자료

alamy 홈페이지(https://www.alamy.com/)

iStock 홈페이지(https://www.istockphoto.com/kr)

김민수   제주대학교 사회교육과 교수

한나 아렌트의 정치사상 연구로 시작하여 근대 지성사와 정치철학 전반을 현대적으로 재해석하는 데 관심을 가지고 있다. 주요 논문으로는 「한나 아렌트의 인권의 정치와 환대의 윤리」, 「감정과 정동사이: 감정의 역사화를 위한 방법론적 시론」 등이 있다.

김원중   단국대학교 한문교육과 교수

동양 고전에 관한 깊이 있는 연구서 『사기란 무엇인가』를 비롯하여 『사기』, 『삼국유사』, 『논어』, 『맹자』, 『한비자』 등 20여 권의 대표적인 역서를 출간한 동양 고전의 전문가로서 널리 알려져 있으며 고전을 통한 강연자로도 손꼽힌다. 전공에서는 사서강독, 대학중용강독 등을 담당하고 있으며, 사마천의 『사기』나 한비자 노자와 관련된 많은 논문이 있다.

김유미 단국대학교 자유교양대학 교수

한국현대희곡을 전공하고 연극평론가로 활동하고 있다. 청소년극, 대중극, 고전극에 관심을 갖고 있다. 평론집 『내일을 위한 오늘의 연극』, 번역서 『전래동화를 활용한 드라마 만들기』, 공저 『대중서사 장르의 모든 것』, 『종합교양잡지와 연극비평지의 탄생』, 『연극과 젠더』 등이 있다.

김주언 단국대학교 자유교양대학 교수

소설가 김훈 연구와 세계 지성사의 교육 가능성에 관심을 갖고 있다. 주요 논저로는 『김훈을 읽는다』, 『세계의 고전을 읽는다』(공저) 등이 있다.

백주진 용인대학교 용오름대학 교수

데카르트 및 서양근대철학 전공. 의식과 신체의 관계, 과학과 종교의 가능조건에 관심을 가지고 있다. 주요 논문으로는 「데카르트 『정신지도규칙』에서 '보편수리학'(mathesis universalis)과 순수 지성의 자율성」, 「데카르트 윤리학에서 스토아적인 것: "적절한 행위"를 중심으로」, 「데카르트의 윤리학에서 사랑의 역할」 등이 있다."

성은애 단국대학교 영미인문학과 교수

19세기 여성작가, 산업혁명 이후 그리스 고전 수용사, 고전 번역 등에 관심을 두고 연구하고 있다. 최근 논문으로 「런던의 메데이아」, 「역사와 유령」, 「유대계 영문학의 분기점」, 「19세기 팬데믹과 영국소설」 등이 있다.

윤승준 단국대학교 자유교양대학 교수

글쓰기 교육과 고전교육을 담당하고 있으며, 대학의 교양교육 현황과 정책, 역사 및 국제 비교 연구에 관심을 가지고 있다. 주요 논저로는 『대학 고전교육, 어떻게 할 것인가』, 『한국 교양교육 현황 조사 연구』, 『대학 교양교육 국제 비교 연구』, 「한국의 고등교육 정책과 교양교육의 역사」, 「대학평가와 교양교육」 등이 있다.

이봉우 단국대학교 과학교육과 교수

물리교육 및 교사교육, 과학사, 과학관 및 과학대중화에 관심을 가지고 있다. 대표 논문으로는 「물리학자의 연구문제 발견 사례를 통한 과학적 탐구에 대한 시사점」, 「선행탐구 변경을 통한 탐구 주제 발견 활동에서 예비 과학교사의 전략 분석」이 있으며, 대표 저서로는 과학선생님, 영국가다』, 『과학선생님, 프랑스가다』, 『과학선생님, 독일가다』 등이 있다.

이유진 단국대학교 교양기초교육연구소 교수

조선시대부터 근대에 이르기까지 역사체험과 지식을 기록하고 유통하는 방식에 관심을 가지고 있다. 주요 연구 성과로는 「『쇄미록』에 투영된 임진란에 대한 책무의식과 감정의 파고」, 「이순신 문학의 역사적 전기와 그 의미: 애국계몽기 「이순신전」을 중심으로」, 「『삼국지연의』의 문학적 위상의 전변」, 『청춘, 고전에 길을 묻다(공저)』 시리즈 등이 있다.

조헌국 단국대학교 교육대학원 교수

과학과 예술의 융복합, 현대 과학사 및 과학철학, 인공지능을 활용한 학습성과 예측, 자연어 처리를 활용한 연구 분석 등 연구를 수행하고 있다. 대표 저서로는 『초등학교 3~6학년 "과학" 교과서』(대표저자), 『과학으로 보는 예술, 예술로 보는 과학』, 『AI융합교육개론』이 있다.

김은석, 나예림, 여지우, 조건희

단국대학교 미디어 커뮤니케이션학부 재학생

김은석은 광고홍보를 전공으로 하며 광고기획을 중심으로 공부하고 있다. 나예림은 저널리즘을 전공으로 하며 교내에서 잡지를 제작하며 편집장이라는 꿈을 키우고 있다. 여지우도 저널리즘을 전공으로 하고 있고 교내 신문사 기자로 다양한 글을 쓰고 있다. 조건희 또한 저널리즘을 전공으로 공부하면서 교내 언론기구 아나운서로서 활발히 활동하고 있다. 이하 네 명의 학생은 2022학년도 〈단국권장도서101〉 독서 토론대회에서 대상 수상을 계기로 『침묵의 봄』을 도서로 선정하여 문답식 해제에 참여하게 되었다.

오태연 단국대학교 정보통계학과 재학생

거대하고 모호한 데이터들 속 의미를 발견하고 미래를 예측하는 데이터 분석에 관심을 가지고 머신러닝 및 딥러닝을 공부하고 있다. 특히 마케팅이나 금융 관련 데이터 연구에 관심이 많아, 공모전, 동아리 활동 등에 참여하며 데이터 분석에 대한 이해를 넓혀가고 있다.

유승주 단국대학교 경영학부 재학생

ESG 경영에 관심을 가지고 4차 산업혁명 시대 경영자의 사회적 책임에 대해 고민한다. 사람, 자연, 기술이 조화를 이루는 지속 가능한 사회를 만들기 위해 경영학의 뉴 패러다임을 공부하고 있다. 2022학년도 〈단국권장도서101〉 독서 토론대회에서 최우수상을 수상 후, 교내 학부생 연구 프로그램(VIP)을 통해 문답식 해제 집필에 참여하게 되었다.